墨人 著

本全集保留作者手批手稿

墨人博士作品全集【全60冊】

第四十一冊 洛陽花似錦

文史哲出版社印行

國家圖書館出版品預行編目資料

墨人博士作品全集 / 墨人著 -- 初版 -- 臺北市:文史哲, 民 100.12
頁 : 公分
ISBN 978-957-549-987-7 (全套 60 冊 : 平裝)

1.現代文學 2. 中國文學 3.別集

848.6 100022602

墨人博士作品全集【全60冊】

第四十一冊 洛陽花似錦

著 者：墨 人
出 版 者：文史哲出版社
http://www.lapen.com.tw
登記證字號：行政院新聞局版臺業字五三三七號
發 行 人：彭 正 雄
發 行 所：文史哲出版社
印 刷 者：文史哲出版社
臺北市羅斯福路一段七十二巷四號
郵政劃撥帳號：一六一八〇一七五
電話886-2-23511028 · 傳真886-2-23965656

【全60冊】定價新臺幣 36,800 元

中華民國一百年（2011）十二月初版

ISBN 978-957-549-987-7 08992

墨人博士著作品全集　總目

一、散文類

二、長篇小說

三、中短篇小說散文合集

四、詩詞及論評

附：外篇

墨人的一部文學千秋史

張萬熙先生，筆名墨人，江西九江人，民國九年生。為一位享譽國內外名小說家、詩人、學者。歷任軍、公、教職。六十五歲始自從國民大會簡任一級加年功俸的資料組長兼圖書館長公職崗位退休，但已是中國文壇上一位閃亮的巨星。出版有：《全唐詩尋幽探微》、《紅樓夢的寫作技巧》、一百九十多萬字的大長篇小說《紅塵》、《白雪青山》、《春梅小史》；詩集：《哀祖國》；散文集：《小園昨夜又東風》……。民國五十年、五十一年連續以短篇小說，兩次入選維也納納富出版公司出版的《世界最佳小說選集》。七十歲時自東吳大學中文系教席二度退休，仍著述不輟，為國寶級文學家。墨人博士在臺勤於創作六十多年（在大陸時期已創作十年），並以其精通儒、釋、道之學養，綜理戎機、參贊政務、作育英才，更以其對傳統文學的精湛造詣，與對新文藝的創作，在國際上贏得無數榮譽，如：美國世界大學榮譽文學博士、美國馬奎士國際大學榮譽文學博士、美國艾因斯坦國際學院榮譽人文學博士（包括哲學、文學、藝術、語言四類）、英國劍橋國際傳記中心副總裁（代表亞洲）、英國莎士比亞詩、小說與人文學獎得主，現在出版《全集》中。

壹、家世・堂號

張萬熙先生，江西省德化人（今九江），先祖玉公，明末時以提督將軍身份鎮守雁門關，蒙古騎兵入侵，戰死於東昌，後封爲「河間王」。其子輔公，進士出身，歷任文官。後亦奉召領兵「三定交趾」，因戰功而封爲「定興王」。其子貞公亦有兵權，因受奸人陷害，自蘇州嘉定（即今上海市一區），謫居潯陽（今江西九江）。祖宗牌位對聯爲：嘉定源流遠，潯陽歲月長；右書「清河郡」、左寫「百忍堂」。

貳、來臺灣的過程

民國三十八年，時局甚亂，張萬熙先生攜家帶眷，在兵荒馬亂人心惶惶時，張先生從湖南長沙火車站，先將一千多度的近視眼弱妻，與四個七歲以下子女，從車窗口塞進車廂，自己則擠在廁所內動彈不得，千辛萬苦的從湖南長沙搭火車南下廣州，從廣州登商輪來臺。七月三日抵基隆，由同學顧天一先生，接到臺北縣永和鎮鄉下暫住。

參、在臺灣一甲子奮鬥的過程

一、初到臺灣的生活

家小安頓妥後，張萬熙先生先到臺北萬華，一家新創刊的《經濟快報》擔任主編，但因財務不濟，四個月不到便草草結束。幸而另謀新職，舉家遷往左營擔任海軍總司令辦公室秘書，負責紀錄整理所有軍務會報紀錄。

民國四十六年，張先生自左營來臺北任職國防部史政局編纂《北伐戰史》（歷時五年多浩大工程，編成綠布面精裝本、封面燙金字《北伐戰史》叢書），完成後在「八二三」炮戰前夕又調任國防部總政治部，主管陸、海、空、聯勤文宣業務，四十七歲自軍中正式退役後轉任文官，在臺北市中山堂的國民大會主編研究世界各國憲法政治的十六開大本的《憲政思潮》，作者、譯者都是台灣大學、政治大學的教授、系主任，首開政治學術化先例。

張先生從左營遷到臺北大直海軍眷舍，只是由克難的甘蔗板隔間眷舍改爲磚牆眷舍，大小一般，但邊間有一片不小的空地，子女也大了，不能再擠在一間房屋內，因此，張先生加蓋了三間竹屋安頓他們。但眷舍右上方山上是一大片白色天主教公墓，在心理上有一種「與鬼爲鄰」的感覺。張夫人有一千多度的近視眼，她看不清楚，子女看見嘴裡不講，心裡都不舒服。張先生自軍中假退役後，只拿八成俸。

張先生因爲有稿費、版稅，還有些積蓄，除在左營被姓譚的同學騙走二百銀元外，剩下的積蓄還可以做點別的事。因爲住左營時在銀行裡存了不少舊臺幣，那時左營中學附近的土地只要三塊多錢一坪，張先生可以買一萬多坪。但那時政府的口號是「一年準備，兩年反攻，三年掃蕩，五年成功。」張先生信以爲真，三十歲左右的人還是「少不更事」，平時又忙著上班、寫作，實在不懂政治、經濟大事，以爲政府和「最高領袖」不會騙人，五年以內真的可以回大陸，張先生又有「戰士授田證」。沒想到一改用新臺幣，張先生就損失一半存款，呼天不應。但天理不容，姓譚的同學不但無后，也死了三十多年，更沒沒無聞。張先生作人、看人的準則是：無論幹什麼都是「誠信」第一，因果比法律更公平、更準。欺人不可欺心，否則自食其果。

二、退休後的寫作生活

張先生四十七歲自軍職退休後，轉任台北市中山堂國大會主編十六開大本研究各國憲法政治的《憲政思潮》十八年，時任簡任一級資料組長兼圖書館長。並在東吳大學兼任副教授二十年、香港廣大學院指導教授、講座教授、指導論文寫作、不必上課。六十四歲時即請求自公職提前退休，以業務重要不准，但取得國民大會秘書長（北京朝陽大學法律系畢業）何宜武先生的首肯，六十五歲依法退休。當時國民大會、立法院、監察院簡任一級主管多延至七十歲退休，因所主管業務富有政治性，與單純的行政工作不同，六十五歲時張先生雖達法定退休年齡，還是延長了四個月才正式退休，何秘書長宜武大惑不解地問張先生：「別人請求延長退休而不可得，你為什麼反而要求退休？」張先生答以「專心寫作」，何秘書長才坦然不疑。退休後日夜寫作，因胸有成竹，很快完成了一百九十多萬字的大長篇小說《紅塵》，在鼎盛時期的《臺灣新生報》連載四年多，開中國新聞史中報紙連載最大長篇小說先河。但報社還不敢出版，經讀者熱烈反映，才出版前三大冊。當年十二月即獲行政院新聞局「著作金鼎獎」與嘉新文化基金會「優良著作獎」，亦無前例。《台灣新生報》又出九十三章至一百二十二章，只好名為《續集》。墨人在書前題五言律詩一首：

浩劫未埋身，揮淚寫紅塵，非名非利客，孰晉孰秦人？

毀譽何清問？吉凶自有因。天心應可測，憂道不憂貧。

二〇〇四年初，巴黎 youfeng 書局出版豪華典雅的法文本《紅塵》，亦開「五四」以來中文作家大長篇小說進入西方文學世界重鎮先河。時為巴黎舉辦「中國文化年」期間，兩岸作家多由政府資助出席，張先生未獲任何資助，亦未出席，但法文本《紅塵》卻在會場展出，實爲一大諷刺。張先生一生「只問耕耘，不問收穫」的寫作態度，七十多年來始終如一，不受任何外在因素影響。

肆、特殊事蹟與貢獻

一、《紅塵》出版與中法文學交流

《紅塵》寫作時間跨度長達一世紀，由清朝末年的北京龍氏家族的翰林第開始，寫到八國聯軍、滿清覆亡、民國初建、八年抗日、國共分治下的大陸與臺灣，續談臺灣的建設發展、開放大陸探親等政策。空間廣度更遍及大陸、臺灣、日本、緬甸、印度，是一部中外罕見的當代文學鉅著。墨人五十七歲時應邀出席在西方文藝復興聖地佛羅倫斯所舉辦的首屆國際文藝交流大會，會後環遊地球一周。七十歲時應邀訪問中國大陸四十天，次年即出版《大陸文學之旅》。《紅塵》一書最早於臺灣新生報連載四年多，並由該報連出三版，臺灣新生報易主後，將版權交由昭明出版社出版定本六卷。由於本書以百年來外患內亂的血淚史爲背景，寫出中國人在歷史劇變下所顯露的生命態度、文化認知、人性的進取與沉淪，引起中外許多讀者極大共鳴與回響。

旅法學者王家煜博士是法國研究中國思想的權威，曾參與中國古典文學的法文百科全書翻譯工作，他認爲深入的文化交流仍必須透過文學，而其關鍵就在於翻譯工作。從五四運動以來，中西文化交流一直是西書中譯的單向發展。直到九十年代文建會提出「中書外譯」計畫，臺灣作家才逐漸被介紹到西方，如此文學鉅著的翻譯，算是一個開始。

王家煜在巴黎大學任教中國上古思想史，他指出《紅塵》一書中所引用的詩詞以及蘊含中國思想的博大精深，是翻譯過程中最費工夫的部分。爲此，他遍尋參考資料，並與學者、詩人討論，歷時十年終於完成《紅塵》的翻譯工作，本書得以出版，感到無比的欣慰。他笑著說，這可說是「十年寒窗」。

《紅塵》法文譯本分上下兩大冊，已由法國最重要的中法文書局「友豐書店」出版。友豐負責人潘立輝謙沖寡言，三十年多來，因對中法文化交流有重大貢獻而獲得法國授予文化「騎士勳章」的榮譽。他於五年前開始成立出版部，成爲歐洲一家以出版中國圖書法文譯著爲主業的華人出版社。

潘立輝表示，王家煜先生的法文譯筆典雅、優美而流暢，使他收到「紅塵」譯稿時，愛得不忍釋手，他以一星期的時間一口氣看完，經常讀到凌晨四點。他表示出版此書不惜成本，不太可能賺錢，卻感到十分驕傲，因爲本書能讓不懂中文的旅法華人子弟，更瞭解自己文化根源的可貴之處，同時，本書的寫作技巧必對法國文壇有極大影響。

二、不擅作生意

張先生在六十五歲退休之前，完全是公餘寫作，在軍人、公務員生活中，張先生遭遇的挫折不少。軍職方面，張先生只升到中校就不做了，因爲過去稱張先生爲前輩、老長官的人都成爲張先生的上司，張先生怎麼能做？因爲張先生的現職是軍聞社資科室主任（他在南京時即任國防部新創立的「軍事新聞總社」實際編輯主任，因言守元先生是軍校六期老大哥，未學新聞，不在編輯之列）。但張先生以不求官，只求假退役，不擋人官路，這才退了下來。那時養來亨雞風氣盛行，在南京軍聞總社任外勤記者的姚秉凡先生頭腦靈活，他即時養來亭雞，張先生也「東施效顰」，結果將過去稿費積蓄全都賠光。

三、家庭生活與運動養生

張先生大兒子考取中國廣播公司編譯，結婚生子，廿七年後才退休，長孫修明取得美國南加州大學電機碩士學位，之後即在美國任電機工程師。五個子女均各婚嫁，小兒子選良以獎學金取得美國華盛頓大學化學工程博士，媳蔡傳惠爲伊利諾理工學院材料科學碩士，兩孫亦已大學畢業就業，落地生根。

張先生兩老活到九十一、九十二歲還能照顧自己。（近年以一印尼女「外勞」代做家事）張先生一伏案寫作四、五小時都不休息，與臺大外文系畢業的長子選翰兩人都信佛，六十五歲退休後即吃全素。低血壓十多年來都在五十五至五十九之間，高血壓則在一百一十左右，走路「行如風」，年輕人很多都跟不上張先生，比起初來臺灣時毫不遜色，這和張先生運動有關。因爲張先生住大直後山海軍眷舍八年，眷舍右上方有一大片白色天主教公墓，諸事不順，公家宿舍小，又當西曬，張先生靠稿費維持七口之家和五個子女的教育費。三伏天右手墊填著毛巾，背後電扇長吹，三年下來，得了風濕病，手都舉不起來，花了不少錢都未治好。後來章斗航教授告訴張先生，圓山飯店前五百完人塚廣場上，有一位山西省主席閻錫山的保鑣王延年先生在教太極拳，勸張先生天一亮就趕到那裡學拳，一定可以治好。張先生一向從善如流，第二天清早就向王延年先生報名請教，王先生有教無類，收張先生這個年已四十的學生，王先生先不教拳，只教基本軟身功攀腿，卻受益非淺。

四、耿直的公務員性格

張先生任職時向來是「不在其位，不謀其政」。後來升簡任一級組長，有一位「地下律師」的專員，平時鑽研六法全書，混吃混喝，與西門町混混都有來往，他的前任爲大畫家齊白石女婿，平日公私不分，是非不明，借錢不還，沒有口德，人緣太差，又常約那位「地下律師」專員到家中打牌。那專員平日不簽到，甚至將簽到簿撕毀他都不哼一聲，因爲爲他多報年齡，屆齡退休時想更改年齡，但是得罪人太多，金錢方面更不清楚，所以不准再改年齡，組長由張先生繼任。

張先生第一次主持組務會報時，那位地下律師就在會報中攻擊圖書科長，張先生立即申斥，並宣佈記過。簽報上去處長都不敢得罪那地下律師，又說這是小事，想馬虎過去，張先生以秘書處名譽紀律爲重，非記過不可，讓他去法院告張先生好了。何宜武祕書長是學法的，他看了張先生簽呈同意記過，那位地下律師「專員」不但不敢告，只暗中找一位不明事理的國大「代表」來找張先生的麻煩。因事先有人告訴他，張先生完全不理那位代表，他站在張先生辦公室門口不敢進來，幾分鐘後悄然而退。人不怕鬼，鬼就怕人。諺云：「一正壓三邪」，這是經驗之談。直到張先生退休，那位專員都不敢惹事生非，西門町流氓也沒有找張先生的麻煩，當年的代表十之八九已上「西天」，張先生活到九十二歲還走路「行如風」，一坐到書桌，能連續寫作四、五小時而不倦，不然張先生怎麼能在兩岸出版約三千萬字的作品？

（原載新文豊《紮根台灣六十年》，墨人民國一百年十一月十三日校正）

墨人博士作品全集

文學是千秋藝業
秦皇漢武今何在
李白杜甫仍風流

全集共分四大類
一、散文類　二、小說類
三、文學理論類
四、新詩古典詩詞類

我出生於一個「萬般皆下品，惟有讀書高」的傳統文化家庭，且深受佛家思想影響，因祖母信佛，兩個姑母先後出家，大姑母是帶著賠嫁的錢購買依山傍水風景很好，上名山廬山的必經之地的「天后宮」出家的，小姑母的廟則在鬧中取靜的市區。我是父母求神拜佛後出生的男子，並寄名佛下，乳名聖保，上有二姊下有一妹都夭折了，在那個重男輕女的時代！我自然水漲船高了。我記得四、五歲時一位面目清秀，三十來歲文質彬彬的李瞎子替我算命，母親問李瞎子，我的命根穩不穩？能不能養大成人？李瞎子說我十歲行運，幼年難免多病，可以養大成人，但是會遠走高飛。母親聽了憂喜交集，在那個時代不但妻以夫貴。也以子貴，有兒子在身邊就多了一層保障。母親的心理壓力很大，李瞎子的「遠走高飛」那句話可不是一句好話。

到現在八十多年了，我還記得十分清楚。母親暗自憂心。何況科舉已經廢了，不必「進京趕考」，更不會「當兵吃糧」，安安穩穩作個太平紳士或是教書先生不是很好嗎？我們張家又是大族，人多勢眾，不會受人欺侮，何況二伯父的話此法律更有權威，人人敬仰，去外地「打流」又有什麼好處？因此我剛滿六歲就正式拜孔夫子入學啓蒙，從《三字經》、《百家姓》、《千字文》、《千家詩》、《論語》、《大學》、《中庸》……《孟子》、《詩經》、《左傳》讀完了都要整本背，在十幾位學生中，也只有我一人能背，我背書如唱歌，窗外還有人偷聽，他們實在缺少娛樂。除了我父親下雨天會吹吹笛子、簫，消遣之外，沒有別的娛樂，我自幼歡喜絲竹之音，但是很少聽到。讀書的人也只有我們三房、二房兩兄弟，二伯父在城裡當紳士，偶爾下鄉排難解紛，他是一族之長，更受人尊敬，因爲他大公無私，又有一百八十公分左右的身高，眉眼自有威嚴，能言善道，他的話比法律更有效力，加之民性純樸，真是「夜不閉戶，道不失遺」。只有「夏都」廬山才有這麼好的治安。我十二歲前就讀完了四書、詩經、左傳、千家詩。我最喜歡的是《千家詩》和《詩經》。

關關雎鳩，在河之洲，
窈窕淑女，君子好逑。

我覺得這種詩和講話差不多，可是更有韻味。我就喜歡這個調調。《千家詩》我也喜歡，我背得更熟。開頭那首七言絕句詩就很好懂：

雲淡風清近午天，傍花隨柳過前川。
時人不識余心樂，將謂偷閒學少年。

老師不會作詩，也不講解，只教學生背，我覺得這種詩和講話差不多，但是更有韻味。我也了解大意，我以讀書爲樂，不以爲苦。這時老師方教我四聲平仄，他所知也止於此。

我也喜歡《詩經》，這是中國最古老的詩歌文學，是集中國北方詩歌的大成。可惜三千多首被孔子刪得只剩三百首。孔子的目的是：「詩三百，一言以蔽之，曰思無邪。」孔老夫子將《詩經》當作教條。詩是人的思想情感的自然流露，是最可以表現人性的。先民質樸，孔子既然知道「食色性也」，對先民的集體創作的詩歌就不必要求太嚴，以免喪失許多文學遺產和地域特性。楚辭和詩經不同，就是地域特性和風俗民情的不同。文學藝術不是求其同，而是求其異。這樣才會多彩多姿。文學不應成爲政治工具，但可以移風易俗，亦可淨化人心。我十二歲以前所受的基礎教育，獲益良多，但也出現了一大危機，沒有老師能再教下玄。幸而有一位年近二十歲的姓王的學生在廬山一未立案的國學院求學，他問我想不想去？我自然想去，但廬山夏涼，冬天太冷，父親知道我的心意，並不反對，他對新式的人手是刀尺的教育沒有興趣，我便在飄雪的寒冬同姓王的爬上廬山，我生在平原，這是第一次爬上高山。

在廬山我有幸遇到一位湖南岳陽籍的閻毅字任之的好老師，他只有三十二歲，飽讀詩書，與民國初期的江西大詩人散原老人唱和，他的王字也寫的好。有一天他要六七十位年齡大小不一的學生各寫一首絕句給他看，我寫了一首五絕交上去，廬山松樹不少，我生在平原是看不到松樹的，我是即景生情，信手寫來，想不到閻老師特別將我從大教室調到他的書房去，在他右邊靠牆壁另加一桌一椅，教我讀書寫字，並且將我的名字「熹」改為「熙」，視我如子。原來是他很欣賞我那首五絕中的「疏松月影亂」這一句。我只有十二歲，不懂人情世故，也不了解他的深意。時任漢口市長張群的侄子張繼文還小我一歲，卻是個天不怕、地不怕的小太保，江西省主席熊式輝的兩個小舅子大我幾歲，閻老師的侄子卻高齡二十八歲。學歷也很懸殊，有上過大學的、高中的，多是對國學有興趣，支持學校的袞袞諸公也都是有心人士，新式學校教育日漸西化，國粹將難傳承，所以創辦了這樣一個尚未立案的國學院，也未大張旗鼓正式掛牌招生，但聞風而至的要人子弟不少，校方也本著「有教無類」的原則施教，閻老師也是義務施教，他與隱居廬山的要人嚴立三先生也有交往。（抗日戰爭一開始嚴立三即出山任湖北省主席，諸閻老師任省政府秘書，此是後話。）同學中權貴子弟亦多，我雖不是當代權貴子弟，但九江先組玉公以提督將軍身分抵抗蒙古騎兵入侵雁門關戰死東昌（雁門關內北京以西縣名，一九九〇年我應邀訪問大陸四十天時去過。）而封河間王；其子輔公。以進士身分出仕，後亦應昭領兵三定交趾而封定興王；其子貞公亦有兵權，因受政客讒害而自嘉定謫居潯陽。大詩人白居易亦曾謫爲江州司馬，我另一筆名即用江州司馬。我是黃帝第五子揮的後裔，他因善造弓箭而賜姓張。遠祖張良是推薦韓信爲劉邦擊敗楚霸王項羽的漢初三傑之首。他有知人之明，深知劉邦可以共患難，不能共安樂，所以悄然引退，作逍遙遊，不像韓信爲劉邦拼命打天下，立下汗馬功勞，雖封三齊王卻死於未央宮呂后之手。這就是不知進退的後果。我很敬佩張良這位遠祖，抗日戰爭初期（一九三八）我爲不作「亡國奴」，即輾轉赴臨時首都武昌以優異成績考取軍校，一位落榜的姓熊的同學帶我們過江去漢口。中共未公開招生的「抗日大學」（當時國共合作抗日，中共在漢口以「抗大」名義吸收人才。）辦事處參觀，接待我們的是一位讀完大學二年級才貌雙全，口才奇佳的女生獨對我說負責保送我免試進「抗大」一期，因未提其他同學，我不去。一年後我又在軍校提前一個月畢業，因我又考取陪都重慶中央政府培養高級軍政幹部的中央訓練團，而特設的新聞「新聞研究班」第一期，與我同期的有爲新詩奉獻心力的覃子豪兄（可惜五十二歲早逝）和中央社東京分社主任兼國際記者協會主席的李嘉兄。他在我訪問東京時曾與我合影留念，並親贈我精裝《日本專欄》三本。他七十歲時過世，這兩張照片我都編入「全集」一百九十多萬字的空前大長篇小說（紅塵）照片類中。而今在台同學只有兩位了。

民國二十八年（一九三九）九月我以軍官、記者雙重身分，奉派到第三戰區最前線的第三十二集團軍上官雲相總部所在地，唐宋八大家之一，又是大政治家王安石，尊稱王荆公的家鄉臨川，（屬撫州市）作軍事記者，時年十九歲，因第一篇戰地特寫《臨川新貌》經第三戰區長官部主辦的行銷甚廣的《前線日報》發表，隨即由淪陷區上海市美國人經營的《大美晚報》轉載，而轉爲文學創作，因我已意識到新聞性的作品易成「明日黃花」，文學創作則可大可久，我爲了寫大長篇《紅塵》、六十四歲時就請求提前退休，學法出身的秘書長何宜武先生大惑不解，他對我說：

「別人想幹你這個工作我都不給他，你爲什麼要退？」我幹了十幾年他只知道我是個奉公守法的張萬熙，不知道我是「作家」墨人，有一次國立師範大學校長劉真先生告訴他張萬熙就是墨人，劉校長看了我在當時的「中國時報」發表的幾篇有關中國文化的理論文章，他希望我繼續寫，劉校長真是有心人。沒想到他在何宜武秘書長面前過獎，使我不能提前退休，要我幹到六十五歲多四個月才退了下來。現在事隔二十多年我才提這件事。鼎盛時期的（台灣新生報）連載四年多的拙作《紅塵》出版前三冊時就同時獲得新聞局著作金鼎獎和嘉新文化基金會「優良著作獎」，劉真校長也是嘉新文化基金會的評審委員之一，他一定也是投贊成票的。「世有伯樂而後有千里馬」。我九十二歲了，現在經濟雖不景氣，但我還是重讀重校了拙作「全集」我一向只問耕耘，不問收穫，我歷任軍、公、教三種性質不同的職務，經過重重考核關卡，寫作七十三年，經過編者的考核更多，我自己從來不辦出版社。我重視分工合作。我頭腦清醒，是非分明，歷史人物中我更敬佩遠祖張良，不是劉邦。張良的進退自如我更歎服。在政治角力場中要保持頭腦清醒，人性尊嚴並非易事。我們張姓歷代名人甚多，我對遠祖張良的進退自如尤爲歎服，因此我將民國四十年在台灣出生的幼子依譜序取名選良。他早年留美取得化學工程博士學位，雖有獎學金，但生活仍然艱苦，美國地方大，出入非有汽車不可，這就不是獎學金所能應付的，我不能不額外支持，他取得化學工程博士學位與取得材料科學碩士學位的媳婦蔡傳惠雙雙回台北探親，且各有所成，幼子曾研究生產了飛機太空船用的抗高溫的纖維，媳婦則是一家公司的經理，下屬多是白人，兩孫亦各有專長，在台北出生的長孫是美國南加州大學的電機碩士，在經濟不景氣中亦獲任工程師，我不要第三代走這條文學小徑，是現實客觀環境的教訓，我何必讓第三代跟我一樣忍受生活的煎熬，這會使有文學良心的人精神崩潰的。我因經常運動，又吃全素二十多年，九十二歲還能連寫四、五小時而不倦。我寫作了七十多年，也苦中有樂，但心臟強，又無高血壓，一是得天獨厚，二是生活自我節制，我到現在血壓還是60—**110**之間，沒有變動，寫作也少戴老花眼鏡，走路仍然「行如風」，十分輕快，我在國民大會主編《憲政思潮》十八年，看到不少在大陸選出來的老代表，走路兩腳在地上蹉跎，這就來日不多了。個人的健康與否看他走路就可以判斷，作家寫作如在八十歲以後還不戴老花眼鏡，沒有高血壓，長命百歲絕無問題。如再能看輕名利，不在意得失，自然是仙翁了。健康長壽對任何人都很重要，對詩人作家更重要。

一九九〇年我七十歲應邀訪問大陸四十天作「文學之旅」時，首站北京，我先看望已九十高齡的老前輩散文作家，大家閨秀型的風範，平易近人，不慍不火的冰心，她也「勞改」過，但仍心平氣和。本來我也想看看老舍，但老舍已投湖而死，他的公子舒乙是中國現代文學館的副館長，他也出面接待我，還送了我一本他編寫的《老舍之死》，隨後又出席了北京詩人作家與我的座談會，參加七十賤辰的慶生宴，彈指之間卻已二十多年了。我訪問大陸四十天，次年即由台北「文史哲出版社」出版照片文字俱備的四二五頁的《大陸文學之旅》。不虛此行。大陸文友看了這本書的無不驚異，他們想不到我七十一高齡還有這樣的快筆，而又公正詳實。他們不知我行前的準備工作花了多少時間，也不知道我一開筆就很快。

我拜會的第二位是跌斷了右臂的詩人艾青，他住協和醫院，我們一見如故，他是浙江金華人，卻體格高大，性情直爽如燕趙之士，完全不像南方金華人。我們一見面他就緊握著我的手不放，侃侃而談，我不知道他編《詩刊》時選過我的新詩。在此之前我交往過的詩人作家不少，沒有像他如此豪放真誠，我告別時他突然放聲大哭，陪我去看他的北京新華社社長族侄張選國先生，陪我四十天作《大陸文學之旅》的廣州電視台深圳站站長高麗華女士，文字攝影記者譚海屏先生等多人，不但我爲艾青感傷，陪同我去看艾青的人也心有戚戚焉，所幸他去世後安葬在八寶山中共要人公墓，他是大陸唯一的詩人作家有此殊榮。台灣單身詩人同上校軍文黃仲琮先生，死後屍臭才有人知道，他小我二歲，如我不生前買好八坪墓地，連子女也只好將我兩老草草火化，這是與我共患難一生的老伴死也不甘心的，抗日戰爭時她父親就是我單獨送上江西南城北門外義山土葬的。這是中國人「入土爲安」的共識。也許有讀者會問這和文學創作有什麼關係？但文學創作不是單純的文字工作，而是作者整個文化觀、文學觀，人生觀的具體表現，不可分離。詩人作家不能「瞎子摸象」，還要有「舉一反三」的能力。我做人很低調。寫作也不唱高調，但也會作不平之鳴、仗義直言。我不鄉愿，我重視一步一個腳印，「打高空」可以譁眾邀寵於一時，但「旁觀者清」，讀者中藏龍臥虎，那些不輕易表態的多是高人。高人一旦直言不隱，會使洋洋自得者現出原形。作品一旦公諸於世，一切後果都要由作者自己負責，這也是天經地義的事。

我寫作七十多年無功無祿，我因熬夜寫作頭暈住馬偕醫院一個星期也沒有人知道，更不像大陸的當代作家、詩人是有給制，有同教授的待過，而稿費、版稅都歸作者所有。依據民國九十八年一月十日「中國時報」A十四版「二〇〇八年中國作家富豪榜單」二十五名收入人民幣的數字統計，第一高的郭敬明一年是一千三百萬人民幣，第二名鄭淵潔是一千一百萬人民幣，第三名楊紅櫻是九百八十萬人民幣。最少的第二十五名的李西閩也有一百萬人民幣，以人民幣與台幣最近的匯率近一比四・五而言，現在大陸作家一年的收入就如此之多，是我一九九〇年應邀訪問大陸四十天作文學之旅時所未想像到的，而現在的台灣作家與我年紀相近的二十年前即已停筆，原因之一是發表出版兩難，二是年齡太大了。民國九十八年（二〇〇九）以前就有張漱菡（本名欣禾）、尹雪曼、劉枋、王書川、艾雯、嚴友梅六位去世，嚴友梅還小我四、五歲，小我兩歲的小說家楊念慈則行動不便，鬍鬚相當長，可以賣老了。我托天佑，又自我節制，二十多年來吃全素，又未停止運動，也未停筆，最近在台北榮民總醫院驗血檢查，健康正常。我也有我的養生之道，每天吃枸杞子明目，吃南瓜子抑制攝護腺肥大，多走路、少坐車，伏案寫作四、五小時而不疲倦，此非一日之功。

民國九十八（二〇〇九）己丑，是我來台六十周年，這六十年來只搬過兩次家，第一次從左營搬到台北大直海軍眷舍，在那一大片天主教白色公墓之下，我原先不重視風水，也無錢自購住宅，想不到鄰居的子女有得神經病的，有在金門車禍死亡的，大人有坐牢的，有槍斃的，也有得神經病的，我退役養雞也賠光了過去稿費的積蓄，讀台大外文系的大兒子也生病，我則諸事不順，直到搬到大屯山下坐北朝南的兩層樓的獨門獨院自宅後，自然諸事順遂，我退休後更能安心寫作，遠離台北市區，真是「市遠無兼味，地僻客來稀。」同里鄰的多是市井小民，但治安很好，誰也不知道我是爬格子的，連警察先生也不光顧舍下，除了近十年常有人打電話來騙我，幸未上大當外，我安心過自己的生活。當年「移民潮」去不了美國的也會去加拿大，我是「美國人」的祖父，我不移民美國，更別說去加拿大了。娑婆世界無常，早年即移民美國的琦君（本名潘希真）、彭歌，最後還是回到台灣來了，這不能說台灣是「天堂」，以我的體驗而言是台北市氣候宜人，夏天三十四度以上的日子少，冬天十度以下的日子也很少，老年人更不能適應零度以下的氣溫，我只有冬天上大屯山、七星山頂才能見雪。有高血壓、心臟病的老人更不能適應。我不想做美國公民，做台灣平民六十多年，也沒有自卑感。

娑婆世界是一個無常的世界，天有不測風雲，人有旦夕禍福，老子早說過：「福兮禍所倚，禍兮福所伏。」禍福無門，唯人自招。我一生不起歪念，更不損人利己，與人爲善。雖常吃暗虧，只當作上了一課。這個花花世界是我學不完的大教室，萬丈紅塵其中也有黑洞，我心存善念，更不造文字孽，不投機取巧，不違背良知，蒼天自有公斷，我本著文學良心寫作，盡其在我而已，讀者是最好的裁判。

民國一〇〇年（二〇一一）辛卯七月二十九日下午六時二十三分於紅塵寄廬

1951 年墨人 31 歲與夫人曾麗春女士（30 歲）結婚十周年紀念合影於左營

墨人博士七十壽辰與夫人曾麗春女士合影。此照為大翻譯家、文學理論家黃文範先生所攝，並在照片背後題「南山北海惟仁者壽」。

民國二十九年（1940）作者墨人在江西南城戎裝照。

1939 年墨人即自戰時陪都四川重慶奉派至江西臨川王安石家鄉，第三戰區前線任軍事記者創辦軍報，提供抗日官兵精神食糧。時年 19 歲。

2010 年「五四」作者墨人 91 歲在花蓮和南寺家人合影

2003 年 8 月 26 日作者墨人（中）在含鄱口觀山景點與
作者長女韻華、長子選翰、三女韻湘、二女韻真合影。

2005 年 2 月作者次子選良（右一）回台北與父（右二）及
作者夫人（中）三女韻湘（左二）二女韻真（左一）合影。

作者墨人在書房留影，時年八十五歲。

《墨人博士大長篇小說〈紅塵〉法文譯本封面照片》

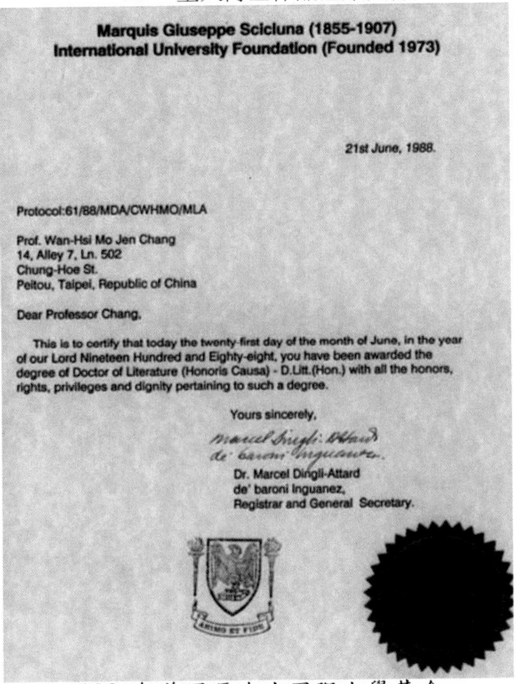

Marquis Giuseppe Scicluna (1855-1907)
International University Foundation (Founded 1973)

21st June, 1988.

Protocol:61/88/MDA/CWHMO/MLA

Prof. Wan-Hsi Mo Jen Chang
14, Alley 7, Ln. 502
Chung-Hoe St.
Peitou, Taipei, Republic of China

Dear Professor Chang,

This is to certify that today the twenty-first day of the month of June, in the year of our Lord Nineteen Hundred and Eighty-eight, you have been awarded the degree of Doctor of Literature (Honoris Causa) - D.Litt.(Hon.) with all the honors, rights, privileges and dignity pertaining to such a degree.

Yours sincerely,

Dr. Marcel Dingli-Attard
de' baroni Inguanez,
Registrar and General Secretary.

1988 年美國馬奎士國際大學基金會，授予張萬熙墨人教授榮譽文學博士學位證書。

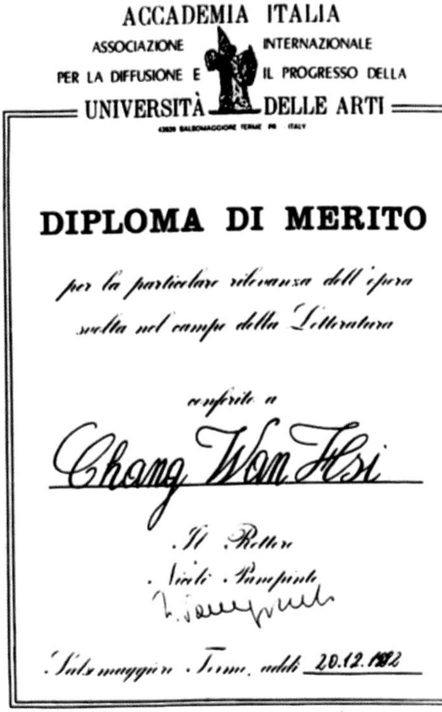

ACCADEMIA ITALIA
ASSOCIAZIONE INTERNAZIONALE
PER LA DIFFUSIONE E IL PROGRESSO DELLA
UNIVERSITÀ DELLE ARTI

DIPLOMA DI MERITO

per la particolare rilevanza dell'opera svolta nel campo della Letteratura

conferito a

Chang Wan Hsi

Il Rettore

Salsomaggiore Terme, addì 20.12.1982

義大利出版英、法、德、義四種文字的「國際文學史」的 ACCADEMIA ITALIA, 1982 年授予墨人的文學功績證書。

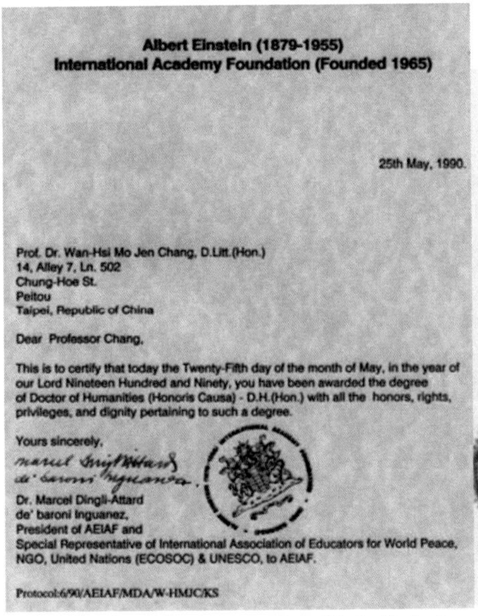

Albert Einstein (1879-1955)
International Academy Foundation (Founded 1965)

25th May, 1990.

Prof. Dr. Wan-Hsi Mo Jen Chang, D.Litt.(Hon.)
14, Alley 7, Ln. 502
Chung-Hoe St.
Peitou
Taipei, Republic of China

Dear Professor Chang,

This is to certify that today the Twenty-Fifth day of the month of May, in the year of our Lord Nineteen Hundred and Ninety, you have been awarded the degree of Doctor of Humanities (Honoris Causa) - D.H.(Hon.) with all the honors, rights, privileges, and dignity pertaining to such a degree.

Yours sincerely,

Dr. Marcel Dingli-Attard
de' baroni Inguanez,
President of AEIAF and
Special Representative of International Association of Educators for World Peace, NGO, United Nations (ECOSOC) & UNESCO, to AEIAF.

Protocol:6/90/AEIAF/MDA/W-HMJC/KS

1990 年美國愛因斯坦國際學院基金會授予張萬熙墨人教授榮譽人文學（含哲學文學藝術語言四種）博士學位

WORLD UNIVERSITY ROUNDTABLE
In Corporate Affiliation with the World University

Greetings

In recognition of Distinguished Achievement within the principles and purposes of the World University development, the Trustees of the Corporation, upon the nomination of the Secretariat, confer doctoral membership and this honorary award upon

Chang Wan-Hsi (Mo Jen)

The Cultural Doctorate in Literature

with all rights and privileges there to pertaining.

Witness our hand and seal at the International Secretariat Regional Campus, Benson, Arizona
April 17, 1989

President of the Board of Trustees

Secretary of the Board of Trustees

1989 年美國世界大學授予張萬熙墨人榮譽文學博士學位，文化大學創辦人張其昀（曉峰）先生亦獲此榮譽。

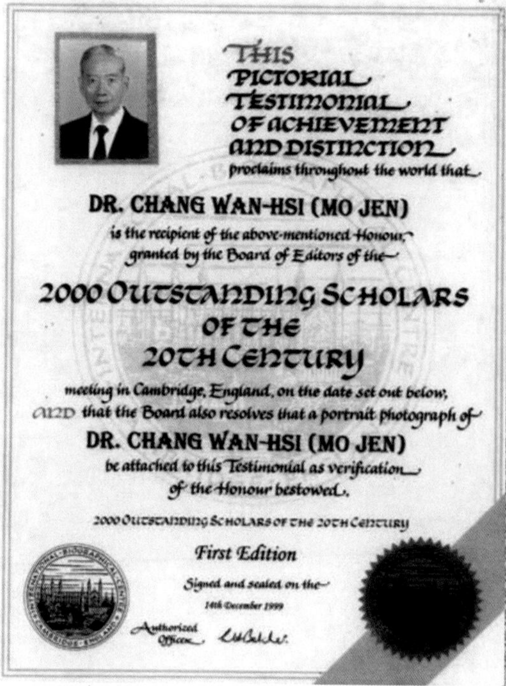

THIS PICTORIAL TESTIMONIAL OF ACHIEVEMENT AND DISTINCTION
proclaims throughout the world that
DR. CHANG WAN-HSI (MO JEN)
is the recipient of the above-mentioned Honour, granted by the Board of Editors of the
2000 OUTSTANDING SCHOLARS OF THE 20TH CENTURY
meeting in Cambridge, England, on the date set out below,
AND that the Board also resolves that a portrait photograph of
DR. CHANG WAN-HSI (MO JEN)
be attached to this Testimonial as verification of the Honour bestowed.
2000 OUTSTANDING SCHOLARS OF THE 20TH CENTURY
First Edition
Signed and sealed on the
14th December 1999
Authorized Officer

1999年10月張萬熙墨人博士榮登英國劍橋國際傳記中心《二十世二千位傑出學者》第一版證書。

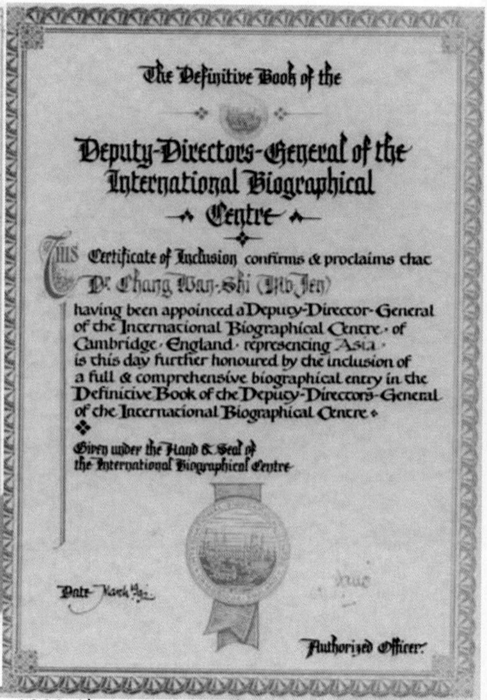

The Definitive Book of the
Deputy-Directors-General of the International Biographical Centre
This Certificate of Inclusion confirms & proclaims that
Dr. Chang Wan-Shi (Mo Jen)
having been appointed a Deputy-Director-General of the International Biographical Centre, of Cambridge, England, representing Asia, is this day further honoured by the inclusion of a full & comprehensive biographical entry in the Definitive Book of the Deputy-Directors-General of the International Biographical Centre.
Given under the Hand & Seal of the International Biographical Centre
Date
Authorized Officer

1992英國劍橋國際傳記中心（I.B.C.）任張萬熙墨人博士為代表亞洲的副總裁。

THE INTERNATIONAL SHAKESPEARE AWARD
FOR LITERARY ACHIEVEMENT
This Illuminated Certificate of Merit
commemorates and celebrates the life and work of
Dr. Chang Wan-Hsi (Mo Jen) DDG
Poetry, Novels and the Humanities
16th March 2009
Director General
Editor-In-Chief

2009年3月16日英國劍橋國傳記中心總裁與總編輯聯合授予張萬熙墨人博士國際莎士比亞文學成就獎。

International Biographical Centre Cambridge CB2 3QP England
IBC
REF : LAA/MED/MW-13640
13 November 2002
Dr Chang Wan-Hsi (Mo Jen) DDG
14 Alley 7, Lane 502
Chung Ho Street
Peitou
Taipei
Taiwan
Dear Dr Chang
Please find enclosed the Medal in respect of the **Lifetime Achievement Award** which I hope meets with your approval.
Yours sincerely
MICHELLE WHITEHALL
Personal Assistant to the Director General
Enc

英國劍橋國傳記中心(I.B.C.)2002年頒發詩人作家張萬熙（墨人）博士終身成就獎，英文信及金牌正反面照片墨人早年即被I.B.C.推選為副總裁。

墨人博士作品全集

洛陽花似錦

目次

第一章 夏日庭院春意開 書香世家樂趣多

韓素梅辛苦了十來天，考完了期終考彷彿卸掉一千斤重擔，一身輕鬆。

她抱着小花貓在院子裏散步。她的院子彷彿一個小小的動物園、植物園。動物方面除了她手中抱着的漂亮的小花貓咪咪之外，還有跟在她脚邊轉的獅子狗凱萊，白的洋老鼠，黑的烏龜，紅的金魚、洛島紅鷄、紅頭番鴨、花十姊妹、白兎、猴子以及穿山甲。植物方面有一棵大榕樹，這棵樹枝葉婆娑，濃蔭滿地，高過她的日式房屋；此外還有夾竹桃、扶桑花、白蘭花、木瓜樹、葡萄、蝴蝶蘭、玫瑰、山茶等等。

猴子坐在榕樹枒上，搔搔屁股，搔搔胸前，兩手不停，兩眼望着韓素梅骨碌碌地轉，嘴巴不時吱吱地叫。

「孫悟空，你叫什麼？」韓素梅站在樹下，抬起頭來問猴子。

猴子吱吱兩聲，跳來跳去，牠頸上有根鍊子，跳不下來，也跳不遠，只能在樹枒上活動，牠伸出一隻手來向韓素梅討東西吃，韓素梅搖搖頭，攤開一隻手，猴子焦急地把手在樹枒上拍了幾下，吱吱兩聲。韓素梅打量了四周一眼，發現圍牆角落一棵木瓜樹上有個拳頭般的小木瓜，皮色有點泛黃，她便走過去，踮起腳尖摘了下來。

「孫悟空，翻個跟斗，翻個跟斗！」她把木瓜在猴子面前晃晃。

猴子高興得吱吱叫，身子一滑，雙手吊在樹椏上，像人翻單槓一樣，翻了兩個圓圈，又一屁股坐在樹椏上，把手向韓素梅一伸，韓素梅笑着把木瓜拋給牠，牠凌空接住，雙手抱着啃了起來，不再理會韓素梅。

「壞東西！」韓素梅向猴子一指，輕輕地駡了一句。又低着頭撫摸小花貓，踱到小魚池這邊來。

魚池只有五尺長，三尺寬，水深不過兩尺，池面浮着綠色的水藻。三四寸長的紅色金魚在水藻中間游來游去，逗得她懷中的小花貓咪咪叫。

「咪咪，你也嘴饞？」她輕輕地摸摸小花貓，又貼着臉親了一下。

幾隻烏龜伏在水底下不動，只是伸伸頭，歪着頸子，望望上面，池底的飯屑，饅頭屑還沒有吃完。

她在池邊假山的一塊石頭上坐下，一面撫摸着小花貓，一面欣賞金魚游泳，獅子狗凱萊躺在牠的脚邊。

屋簷下的十姊妹在籠子裏跳上跳下，啾啾叫；洋老鼠在翻車，翻得很快，這個翻了一會，那個又鑽進去繼續翻動。

一隻大洛島紅公鷄帶着五隻母鷄在院子裏覓食，散步，公鷄像一位高貴的紳士，高視闊步，如果找着了食物，牠自己不吃，低着頭咯咯幾聲，母鷄都圍攏過來，把牠圍在中間，搶到了食物的母鷄，連忙跑開，別的母鷄有的去追，有的鼓着兩隻眼睛望着公鷄，公鷄拍拍翅膀，頸子一伸，喔喔地啼叫起來，牠的聲音雄渾、嘹喨、悠長，不像一般土公鷄和來亨公鷄叫得那麼尖銳，急促。

韓素梅給這隻公鷄取了一個綽號，叫做「圓桌武士」，因爲牠雄糾糾，氣昂昂，很有英雄氣概。有一天牠溜出院子，追逐一隻土母鷄，和一隻土公鷄發生遭遇戰，牠比土公鷄幾乎大一倍，身強力壯，起初土公鷄還能騰撲跳躍，周旋幾個回合，但雙方嘴巴一接觸，兩脚一蹬，土公鷄便被彈出幾尺遠，冠子出血，羽毛脫落，再經接觸又被牠打翻，身子在地上滾了幾滾，才能爬起來。土公鷄要全力飛躍，才能夠得上牠，而牠一伸嘴就啄住土公鷄頭頂上的冠，再兩脚一蹬，土公鷄彈出兩三尺遠，這種強弱懸殊的戰鬪，土公鷄吃虧很大，但並不立即逃跑，還是繼續纏鬪，只是飛不起，跳不高，兜着圓圈跑，這樣消耗體力更多，而洛島紅公鷄大步一跨，就追上牠，啄着牠的頭頂兩脚一蹬，又把牠打翻，最後牠實在吃不消，只好拖着長尾巴一直逃跑。韓素梅看見這種情形，連忙把洛島紅公鷄趕回來，同時給牠取了一個「圓桌武士」的綽號。

「圓桌武士」雄渾的啼聲，引起韓素梅的注意，她叫喚幾聲，牠便昂首濶步地走了過來，牠從小在掌上吃慣了東西，所以很馴，她伸手摸摸牠漂亮的羽毛，牠並不驚慌地逃開，反而歪着頸子看看她手上有沒有食物？直到一隻白兎鑽出鐵絲網圍成的小天地，獅子狗衝過去追趕時，「圓桌武士」才向旁邊一躍，讓開道路。

韓素梅看獅子狗去追白兎，連忙站起來跟了過去，嘴裏輕輕地吆喝：

「凱萊？凱萊？」

凱萊並不是一隻兇猛的狗，其實牠比白兎也大不了多少，就是頑皮，牠追白兎大半是爲了好玩，跟在白兎的屁股後面蹦蹦跳跳。韓素梅趕過去時，白兎已經從一個進出口的小洞鑽進鐵絲網，凱萊站在鐵絲網外面向白兎裝腔作勢地吠叫，白兎却站在鐵絲網裏面睜着一對紅寶石般的眼睛，挑逗地望着牠。

「小東西，眞頑皮。」韓素梅摸摸凱萊的頭，又指指白兎。

猴子吃完了木瓜，把皮拋了下來，又朝着韓素梅吱吱地叫。韓素梅望了猴子一眼，檢起木瓜皮，拋給兎子吃，猴子看韓素梅沒有理牠，兩隻手便在自己身上東摸一下，西抓一下。牠身上彷佛生了蝨子似的，兩隻手總是摸個不停，除非吃東西。韓素梅看了好笑，指着猴子說：

「怎樣教你也變不成人，總是改不掉你老祖宗的習性。」

「素梅，妳和孫悟空談個什麼勁？」韓老太太從窗口伸出半個頭來，笑着問。

「媽，孫悟空兩隻手總是在身上東摸摸，西抓抓，樣子難看得很。」韓素梅笑着回答。

「孫悟空一半像人，一半還是畜牲。」韓老太太笑着說：「牠又沒有上大學，怎麼改得掉那個醜習性？」

「媽，您又指着和尚罵禿子，我不依您。」韓素梅笑着走近窗口撒嬌地說

「媽說的是實話，」韓老太太一笑：「孫悟空要是眞的上了大學，妳看牠會不會西裝革履，一副紳士派頭？我們的老祖宗又能比牠高明多少？」

「媽，您眞是三句不離本行，您又扯到考古人類學上去了。」

「妳一提起孫悟空，我就會想到我們的老祖宗，我們的老祖宗如果不是比牠聰明一點，會把經驗變成知識，我們還不是和孫悟空一樣不穿衣服？妳還學什麼文學，畫什麼畫兒？」韓老太太望着女兒慈祥地一笑。

「媽，您說得有理，我又服了您啦！」韓素梅摸摸溫馴的小花貓，恭順地說。

「妳該不是做反面文章吧？」韓老太太幽默地說：「我看妳是口服心不服囉？」

「媽，您也眞是！」韓素梅笑着說：「我幾時在您面前說過假話？」

「妳們學文學的，眞正的東西倒不容易學到，最容易學會的就是那些浮詞濫調，到處討好賣俏，妳可別在媽面前耍這一套？」韓老太太亦莊亦諧地說。

「媽，您這次是存心罵我了，我眞不依您！」韓素梅兩脚輕輕一頓，一副哭笑不得的樣子。

「三姐，妳是媽的心肝寶貝，媽怎麼捨得罵妳？」韓素梅的弟弟韓道生，一跨進院子就連忙接嘴。

獅子狗凱萊連忙跳到他的面前搖頭擺尾歡迎。

「小弟，你還不知道，」韓素梅轉過身來望着韓道生說：「媽最會兜着圈子罵人！她嘴裏明明講的是三皇五帝，可是話邊兒一掃嘛，就把你掃到外國九洲去了！」

韓老太太望着女兒的背影微笑，韓道生把書包從肩上卸下來，笑着對韓素梅說：

「三姐，媽要罵人也只罵我，怎麼會罵到妳頭上去？」

「公婆只疼頭生子，爺娘偏愛斷腸兒。小弟，你是媽的小兒子，媽自然偏心啦！」韓素梅笑着向弟弟擠擠眼睛。

「媽，三姐說橫話，您還疼她？」韓道生故意大聲地說。

「她是我考古時亂石堆裏檢回來的，媽才不疼她。」韓老太太笑着說。

韓素梅聽了嗤的一笑，指着韓道生說：

「小弟，你死壞，專門挑撥離間。」

韓道生從褲子口袋裏掏出兩包牛肉乾，先向韓素梅手一揚：

「三姐，招鏢！」

一包牛肉乾剛好落在韓素梅的懷裏。他接着又向站在窗口的韓老太太拋出一包：

「媽，這包孝敬您。」

韓老太太雙手接住，笑盈盈地說：

「還是兒子好。」

韓素梅轉身向韓老太太一笑：

「媽，小弟不是好東西，您貪小利，小心上大當！」

「他就是給媽一包毒藥，媽也會吃下去。」韓老太太笑盈盈地塞了一塊牛肉乾在嘴裏。

韓素梅又好氣又好笑，韓道生却拿着一片牛肉乾逗狗：

「凱萊，拜拜！」

獅子狗馬上立起來，兩隻前脚合在一起，連忙作揖。他拋起那片牛肉乾，凱萊跳着張嘴接住。隨後他又拿出一片牛肉乾，逗凱萊拜拜，凱萊照做不誤，他把牛肉乾向空中一拋，凱萊跳起來想接，他却嘴巴一張，攔腰接住，凱萊睜着一對圓眼睛望着他。韓老太太看了哈哈笑，韓素梅却笑着向凱萊把手一招：

「凱萊過來，小弟死壞！」

她遞了一片牛肉乾給凱萊吃，凱萊向她搖頭擺尾。

韓道生又拿了一片牛肉乾在手裏逗凱萊「握手」，凱萊看看他手中的牛肉乾，馬上跑過去，伸出右前脚，讓他握住，他笑着對韓素梅說：

「三姐，妳看見沒有？凱萊有奶就是娘，妳再疼牠也沒有用。」

韓梅韓一笑，拿出一片牛肉乾餵小花貓，小花貓嘴裏發出快樂滿足的嗚嗚聲。

韓老太太慈祥滿意地望了兒子女兒一眼，悄悄地退了進去。

韓道生餵完了牛肉乾，雙手一拍，提起書包走進屋去。他脫掉上衣，拿了一份大專聯合招生的表格出來，向韓素梅一揚：

「三姐，妳先給我參謀一下，看看怎樣塡法？」

「你到底考那一組嘛？」韓素梅放下花貓，接過表格，掠了一眼，望着韓道生說。

「自然是甲組啦！」韓道生毫不考慮地說。

「第一志願呢？」

「這就要和妳研究了。」韓道生躬着身子一笑。

「我讀乙組，你考甲組，我們道不同，不相爲謀。」韓素梅故意把表格向弟弟手中一塞。

「三姐，我們不應該擠在一條死衚子裏，」他向姐姐一笑：「爸爸教的是心理學，媽媽教的是考古，大哥學醫，二哥學軍事，你學外文，我怎麼不可以學別的東西？」

「你的數理趕得上大哥嗎？」她望着他說。

「雖然我數理趕不上大哥，文章寫不過妳，可是比上不足，比下有餘。」

「你的口氣倒很不小！」她輕輕地白了他一眼。

「本來嘛！同學們叫我「十項全能」，我也只差一點就可以保送，我不相信我不能考甲組！我們高三是不作興分組的。」他自負地說。

「你到底想讀那一系？你說嘛！」他的豪氣使她高興地一笑。

「大哥是未來的surgeon，二哥想當marshal，你想當master，我何嘗不想當李政道，楊振寧？」

「有志氣，有志氣！」她笑着把尖尖的大姆指一翹。

「所以我想讀物理系。」

「那你就填作第一志願吧！」

「還有許多系，那怎麼填？」

「你愛怎麼填就怎麼填，但是公立學校優先考慮。」

「假如我只能考取數學系、化學系，或是工學院的土木、電機，機械這些系，那怎麼辦？」

「二年級可以轉物理系，就怕你考不取？」

「三姐，妳太看不起我！」韓道生向韓素梅苦笑：「妳是保送的，自然該妳驕傲，大哥也考取第一志願，我也佩服，說不定我也來個錦上添花哩！」

「但願如此。」她淺淺一笑。

他高興地把凱萊抱了起來，走到榕樹下去逗猴子，猴子見了狗吱吱叫，狗見了猴子有點畏縮。

韓素梅不願意狗和猴子鬬，把凱萊接了過來，韓道生笑着向她說：

「三姐，我眞想看看孫悟空和凱萊打一架。」

「你就是這樣討厭！牠們河水不犯井水，你爲什麼要逗他們打架？」

「功課太緊張嘛，輕鬆一下。」他聳肩一笑。

「池裏有金魚，籠裏有十姊妹，看牠們游，聽牠們叫，都是賞心樂事，打架多野？」韓素梅指指金魚池和鳥籠，又望着韓道生說。

「是！三姐。」他兩脚跟一併，雙手往大腿上一貼，胸脯一挺，作了一個立正姿勢，大聲地說。臉上掛着一絲頑皮的笑。

「想不到你還有這一手？」她望着弟弟站得筆挺的樣子，不禁莞爾一笑。

「三姐，兩百一十六個小時的軍訓，還有白廢的？我的術科不會比二哥賴。」他笑着說。

「你又犯了老毛病——吹牛！」她輕輕地白了他一眼。

「吹牛還能算數？」他輕鬆地說：「三姐，我不怕妳妒忌，坦白告訴妳，我這學期的軍訓成績八十五分！這點妳就辦不到。」

「該你神氣。」她盈盈一笑。唸高中時她每門功課都是八九十分，只有軍訓沒有上過八十分，這是她最弱的一門，上了大學亦復如此，她不能不認輸。

「可是別的功課我就比不上妳了。」他兩手一攤，肩膀一聳：「三姐，這學期妳是不是又考第一？」

「剛剛考完，怎麼知道？」

「拿了獎學金可不要藏私？妳知道我就是愛看看電影，上上小館子？」

「哼，」她笑着從鼻子裏輕輕一哼：「我知道你的毛病還多。」

「三姐，妳怎麼像個啄木鳥？專門挑眼兒？」

「你一身毛病嘛！」

「三姐，妳總是把我看成小三子，好像我一無是處？在學校我可出人頭地，沒有誰看我不起。」

她聽了好笑，馬上友愛地說：

「你本來是老么嘛！在家裏你還能充老大？」

「眞倒楣！」他搖搖頭，聳聳肩：「當初投娘胎的時候，我怎麼比妳落後一步？要是搶在妳前面多好？」

「那還有我過的日子？」

「說眞的，妳要是妹妹我會抓住妳的小辮子，吊在榕樹上擺來擺去。」他得意地說：「讓妳和孫悟空一道過日子。」

「壞東西！」她指着他笑罵。

他哈哈地笑了起來。

韓老先生提着皮包回來了，顯得有點疲倦的樣子。韓素梅放下凱萊，連忙跑過去迎接，韓道生也跟了過去。

「素梅，妳這次期終考成績如何？」韓老先生把皮包交給女兒，笑着問她。

「爸，外甥打燈籠，照「舅」！」韓素梅笑着回答，

韓老先生笑着點點頭，連說了兩個「好」字。又望望小兒子韓道生：

「老四，你主意打定了沒有？」

「小弟想作李政道，楊振寧，決定讀物理系。」

「好哇！你們都趕熱門。」韓老先生望着兒子女兒哈哈笑：「我懂得你們的心理。」

「爸，你和媽一樣，也是三句不離本行。」韓素梅說。「我可不是趕熱門。」

「英文也是熱門，」韓老先生望着女兒一笑：「只有我和你媽才是吃冷猪肉的。」

兒子女兒都笑了起來，一邊一個，擁着他瘦長的身體走進屋去。

第二章 甲組乙組各有志 韓家文學重創新

晚飯後，韓素梅的同學夏雲來玩。她一進門韓家就熱鬧起來。她和韓素梅自中學直到大學，都是同班，常來常往，在韓家像在自己的家裏一樣。

她一看見韓道生就問他考那一組？韓素梅代韓道生答覆了她，隨後又問：

「夏青考那一組？」

「他老先生的事兒難說的很！」夏雲兩肩一聳：「考甲組嘛，數理化不行，考乙組嘛，文史地理又差勁！」

「丙組怎樣？」

「嗨！」夏雲大聲一笑：「別說丙組也不容易考，他還好高！」

「他好什麼高？」

「我估量他考不起農業工程和農業化學系，我勸他考最冷門的昆蟲組和畜牧系，妳猜他怎麼回答我？」

「我怎麽知道？」

「那才氣人！」夏雲笑着說：「他鼻子一哼，一副不吃冷猪肉的樣子，陰陽怪氣地說：抓蟲子，放牛，我才不幹！」

「那他要學什麽嘛？」韓素梅笑着問。

「他根本沒有心思讀書！吃、喝、玩、樂，倒頂有興趣。」

「其實你弟弟人倒是頂聰明的。」

「就是一肚子的歪主意！」

「他要是玩歸玩，讀書歸讀書，又趕得上妳這份聰明，那就好了。」

「嗨！別提我吧！」夏雲爽朗地一笑：「我和他是一個娘生的，還不是半斤八兩？」

「不管怎樣，妳總進了大學。」韓道生說：「我和夏青還沒有過關。」

「那次我也是伍子胥混昭關，駭出一身冷汗。」

「眞要命！考學校就像打仗，初中，高中，大學，留洋，眞像關雲長過五關斬六將。」韓素梅感慨地一笑。

「三姐，妳已經連闖三關，今年這一關妳可要替我護航？」韓道生說。

「你老老實實準備功課，別想打歪主意。」

「他倒用不着妳護航。」夏雲笑着接腔：「我弟弟呀，他自己不讀書，老早就跟我下定錢了！」

「那怎麼行？」韓素梅說。

「妳說不行，他可希望我代他讀哩！他自己一點也不肯用腦筋。」

「那怎麼考得取？」

「考不取活該！妳以爲我眞會替他護航？」

「妳就是有心護航也辦不到。」韓素梅瞟了弟弟一眼。

「三姐，妳不肯幫忙乾脆拒絕好了，何必和我兜這麼大的圈子？」韓道生望着韓素梅說：「妳簡直和媽一樣，走彎路，打邊鼓。」

夏雲哈哈大笑，韓素梅抱起小花貓，輕盈淺笑，韓老太太聞聲笑着從房裏走了出來，望着兒子說：

「道生，你和姐姐辦交涉，怎麼褒貶起媽來了？」

夏雲搶着叫一聲伯母，韓老太太向她點頭微笑，韓素梅迎着母親說：

「媽，小弟打歪主意，考學校想我護航，您說這怎麼可以？」

「我們韓家的孩子還作興來這一手？」韓老太太望着兒子一笑：「說出來都丟人。」

「媽，我並不是眞想三姐護航，不過是試試她的心。」韓道生接着說。

「你試出來沒有？」韓老太太幽默地問。

「媽，三姐完全是隔岸觀火，她才不管我的死活！」

韓素梅抿着嘴笑，輕輕地拍着小花貓，夏雲插嘴說：

「小弟，你不要說冤枉話，你三姐才眞關心你。」

「算了吧！貓哭老鼠，假慈悲。妳們自己上了岸，坐在黃鶴樓上看翻船，還說風涼話。」

夏雲摟着韓素梅笑作一團，韓老太太也好笑，望着兒子憐愛地說：

「道生，你就爭口氣，考上台大物理系，不要讓哥哥姐姐笑你。」

「媽，您說得容易，那眞比從前考狀元還難。」

「媽，小弟根本沒有信心，這怎麼成？」韓素梅接着說。

「不，妳錯了，」韓老太太笑着說：「道生不是沒有信心，他是不願吹牛，你看，將來他一定考上第一志願。」

「媽，您何必往我臉上貼金？」韓道生望着母親說：「要是考不取那才見不得人！」

「放心，姐姐不替你護航，媽作你的啦啦隊。從明天起，給你增加一瓶新鮮牛奶，兩隻來亨蛋。」

韓道生高興得跳起兩三尺高，落在韓老太太面前，笑着說：

「還是媽好。」

「媽，這不公平，我考大學您什麼也沒有給我吃，您眞偏心。」韓素梅笑着抗議。

「您根本沒有考嘛！」韓老太太慈祥地一笑：「再說，妳要是吃得和媽一樣胖，將來媽怎麼找得到女婿？」

夏雲和韓道生拍手大笑，韓素梅臉孔微微一紅，嬌嗔地說：

「媽，您又說溜了嘴，我眞不依您！」

「哦，我眞是老糊塗了！」韓老太太故意裝糊塗自言自語：「我本意是怕妳胖了影響妳競選中國小姐，怎麼說了個文不對題？」

「伯母眞有意思。」夏雲格格地笑了起來，像母鷄生蛋。

韓素梅也忍不住笑，又輕輕地說：

「我才不競選中國小姐。」

「現在是妳們的世界，難道媽還能去競選不成？」

韓素梅望望韓老太太汽油桶般的腰身，不禁噗嗤一聲：

「媽，您要是去競選，這三圍怎麼算法？」

夏雲和韓道生也笑了起來，韓道生握着韓老太太的手臂對韓素梅說：

「三姐，媽的臂膀比妳的腰還粗，妳來量量看？」

韓素梅笑得伸不直腰，往沙發上一靠，夏雲倒在她旁邊，笑出了眼淚。

韓老先生本來在書房開着收音機聽京戲，音量開得很小，他也聽得入迷，聽見客廳裏快樂的笑聲，他才啣着煙斗踱到房門口，打量了大家一眼。

韓老太太看他站在書房門口，笑着對他說：

「孩子們都尋我開心，你看我二十年前可是這隻大汽油桶？」

「Oh! Very Very Slender!」韓老先生托着煙斗笑着回答。

三個年輕人都哄笑起來。

「老頭子，當初我以爲你會變成一個大羅漢，想不到你還是一根瘦竹竿，我倒變成一隻大汽油桶！」韓老太太望着韓老先生說

「妳吃慣了冷猪肉，心廣體胖。」韓老先生笑着着走進客廳，在一張雙人沙發上坐下。

韓老太太也走過去，坐在他的旁邊。

韓老先生取下煙斗，握在手上，滿意地望望兩個孫女，又笑着問夏雲：

「夏雲，妳父親的塑膠生意好吧？」

「大概不壞。」夏雲回答。

「怎麼大概不壞？」韓素梅笑着看了她一眼。

「妳不知道，我爸爸從來不和我談他生意上的事情，好像那是什麼國防機密似的。」

「做生意也好像打仗，現在商人的頭腦也越來越精了。」韓老先生說。

「現在什麼都講保密，只有我們一切公開。」韓老太太笑着接腔。

「我們是大冷門，公開講演都沒有人聽。」韓老先生自嘲地說。「連孩子們都不走我們這條路。」

「爸，您別說寃枉話，您的普通心理學，我也唸過兩個學分哪！」韓素梅笑盈盈地說。

「謝謝妳捧爸爸的場，不然爸爸眞要放進氷箱了。」韓老先生風趣地說。

夏雲格格地笑了起來，韓素梅接着說：

「爸，等我唸完外文系以後，再向您學心理學。」

「如果妳眞想當個作家，這門學問妳得多學一點。」韓老先生把煙斗慢慢塞進嘴裏。

「爸，三姐不但想當作家，還想當個了不起的大作家。」韓道生搶着說。

「小弟，你又胡扯！」韓素梅瞪了韓道生一眼：「我幾時跟你講過這種話？」

「三姐，妳以爲我沒有唸過心理學，就不懂得妳的心理？」韓道生笑着回答：「其實妳一舉一動我都看在眼裏，妳瞞得過別人還瞞得過我？」

「你眞是一雙賊眼。」韓素梅笑着罵他一句。

韓老先生和韓老太太欣慰地一笑，韓老先生取下煙斗，摸摸嘴巴，笑着對韓素梅和夏雲說：

「其實妳們學文學的最高目的應該是當個作家，如果只是研究莎士比亞，狄更斯，雪萊，濟慈，或是李白，杜甫，跟在人家屁股後面跑，那有什麽意思？寫篇把紅樓夢論文，在外國拿個博士學位，同樣沒有什麽價值。」

「爸，我們的教授作的就是這些工作，他們都是這方面的權威，你說這些沒有價值，那還有什麽更有價值？」韓素梅問。

「孩子，科學貴在發明，文學貴在創作，莎士比亞的權威並不等於莎士比亞，紅樓夢的權威也不等於曹雪芹，只有寫出和他們同等偉大的作品，甚至超過他們，才是最了不起的事，不然只是個字紙簍兒。」韓老先生說完又把煙斗往嘴裏一塞，吸了一口，噴出一縷淡淡的藍煙。

「韓伯伯，照您這樣說，我連做字紙簍兒的資格都不夠啦。」夏雲格格地笑。

「本來嘛，文學並不好學，創作更難，妳們學英文的能把文字搞通寫寫普通文章，也就不錯了。」

「爸，照您這樣說，我眞不敢再癡心妄想了。」韓素梅困惑地說。

「如果妳眞想作一個作家，就不要急功近利，化上四年功夫妳可拿到學士文憑，但是化上十年功夫不一定能成爲一個作家。大器不妨晚成，不要喪氣，妳還年輕得很哩！」

「爸，要是我能考上物理系，什麼時候能當上科學家？」韓道生插嘴。

「二十幾歲的科學家多的是，李政道楊振寧拿諾貝爾奬金那年也不過卅多點。」韓老先生把煙斗在煙缸上敲敲，又用火柴棍子將煙灰剔掉。

「你們學文學也好，學物理也好，都比我這門吃香，我和你爸爸要是年輕卅歲，也想轉系了。」韓老太太笑着插嘴。

「妳轉我可不轉。」韓老先生望着太太一笑。

「爲什麼？」韓老太太奇怪地望着丈夫：「你這一門還神氣得起來？」

「人是奇妙的動物，我對我這一門很有興趣。」韓老先生說：「當妳看到一個昂首濶步的人時，妳會以爲他是眞神氣，我會發現他有很重的自卑心理，這多有意思？」

「爸，您可不能拿我們來分析？」韓素梅笑着接腔。

「你們都是金魚缸子，我看得清清楚楚，用不着分析。」韓老先生摸摸嘴巴說。

夏雲伸伸舌頭，眨眨眼睛，笑着站了起來。

「夏雲，妳不多坐一下？」韓老太太笑着問她。

「我想同素梅去看最後一場電影。」夏雲回答。

「看什麼片子嘛？」韓素梅問。

「夏日煙雲。」

「是不是什麼新潮派？」韓道生連忙問。

「報紙上是這麼說。」夏雲點點頭。

「我也去！」韓道生興奮地說。

「你不趕快準備功課，還有心思去看電影？」韓素梅提醒他：「小心考個大鴨蛋！」

「三姐，我已經兩個月沒有看電影了！」韓道生訴苦地說。

「從前的人十年寒窗，你兩個月沒有看電影有什麼了不起？」韓素梅說。

「三姐，爸又沒有請妳當訓導主任，妳怎麼老是訓我？」

韓老先生夫婦和夏雲都笑了起來，韓素梅也好笑，隨即柔聲地對韓道生說：

「你好好地準備功課，考取了大學我再請你看電影，上館子，這該對路吧？」

「這還像句人話！」韓道生笑着說：「您可不能開空頭支票？」

「小弟，三姐不請我請，你儘管放心。」夏雲爽朗地說。

「只要你考得取，媽也會請你。」韓老太太慈祥地說。

「媽，一場電影能花幾個錢？我還請得起。就怕小弟考不上，我有錢也無處使？」韓素梅回眸一笑。

韓道生一臉的尷尬，哭笑不得。

夏雲笑哈哈地把韓素梅用力一拉，兩人笑着走了出來。

她們趕到巷口，剛好有一輛巴士停住，兩人手牽着手跑了過去，像沙丁魚似地硬塞進車廂。兩人被堵在車門口，韓素梅背着車門站着，夏雲一隻脚站在下面，一隻脚站在上面，很不舒服，她用力往上擠，可是擠不進去，到第二站，她們才調整位置，鬆一口氣，直站到新生戲院下車。

夏雲一馬當先，趕去買票，她託一個站在前面的軍官帶了兩張，免得自己排隊。一買好票她就退了回來，和韓素梅走到門口透透空氣，恰好碰見同班同學姚琢吾。

姚琢吾還沒有買票，問她們兩人買票沒有？夏雲把手中的票子一揚，得意地說：

「我一走到就買到了票，你也可以託人帶一張。」

「我的面子沒有妳的大。」姚琢吾笑着回答。

「別娘娘腔，我去託人替你帶，」夏雲向他把手一伸：「拿錢來！」

姚琢吾掏出兩張十元鈔票交給她，她轉身就走，韓素梅笑着對她說：

「小心警察把妳當黃牛？」

夏雲回過頭來大眼睛一溜，迅速跑到窗口，託了一個人買了一張票回來。長蛇陣中有幾個人睜着眼睛望着她，她裝作沒有看見。

「妳眞有一手。」韓素梅向她一笑。

「等他老先生去排隊要排到什麼時候？」夏雲指着姚琢吾說：「說不定好不容易挨到窗口，窗子啪噠一聲關上，那才冤枉！」

姚琢吾向她說聲謝謝，她要姚琢吾請客，姚琢吾帶她們兩人到對面冷飲店去喝酸梅湯。

「你在當家教，晚上那有空出來看電影？」坐定之後，韓素梅問他。

「兩個大人有應酬，曠課；上完兩個孩子的課，我就趕到這裏來。想不到碰到妳們，眞巧。」姚琢吾說。

「期終考一完，我們就沒有事，以後可能要天天泡電影院了。」夏雲說。

「妳們願不願意當家教？」姚琢吾問她們：「又有兩個新主顧，我一個人忙不來。如果妳們願意，我可以推薦。」

「一年難得一個暑假，正好玩玩，我才不幹！」夏雲說。

「妳不幹我幹。」韓素梅笑着說。

「妳又何必捉隻蝨子在頭上抓？玩玩不好？」夏雲不以爲然地說。

「我要學畫，不能再向家裏拿錢，反正暑假沒有事，閒着也是閒着，白天畫幾筆，晚上教教書，不也很有意思？」韓素梅說。

「對，我們這麼大的人了，也應該自食其力。」姚琢吾說。

「我父親不在乎我用這幾個錢，我可要好好地作幾年大小姐，玩個痛快。」夏雲說。

「妳也不想學學畫，讀讀名著？」姚琢吾問她。

「我不像你一天到晚捧着書，也不像她一心想當作家，畫家，我胸中無大志，混張學士文憑算了，大不了當當我爸爸的英文秘書。」

夏雲心直口快，話如連珠，說得姚琢吾和韓素梅都笑了起來。

「夏雲，其實妳是頂聰明的，妳要是好好地寫作，一定能出人頭地。」韓素梅說，

「我可沒有那麼大的傻勁，三篇稿子一退，就會退得我垂頭喪氣，一輩子也不敢提筆！」夏雲說着說着竟自笑了起來。

「妳這樣說來我也有點兒害怕了。」韓素梅笑着說。

「妳已經是個小作家啦，還怕什麼？」夏雲大聲地說。

「別讓人笑掉大牙，在校刊上寫過一兩篇文章，那算老幾？」韓素梅掩着嘴笑。

「那也不容易呀！」夏雲笑着說：「我就不够格啦！」

「妳也不妨試試？」姚琢吾說。

「算了吧！要是校刊編輯退了我的稿，我會找他打架，還是不惹閒氣好。」

「妳這樣不講理，當編輯的就倒楣了。」韓素梅笑着說。

「我也受不了退稿的氣，所以乾脆拉倒。」夏雲笑着回答：「除非妳當編輯？」

「眞的，素梅，下次改選編輯委員，我們選妳好了。」姚琢吾對韓素梅說。

「上次編輯委員選了你，你爲什麽不幹？」韓素梅問他。

「我因爲要當家教，又怕荒廢功課，顧不了。妳倒很合適。」

「我雖然不一定要當家教，但想抽點時間學畫。」韓素梅掠掠頭髮：「再說，我也沒有那樣的高才。」

「妳何必客氣？」夏雲接着說：「我要是有妳那一手，我就當仁不讓了。」

七點半的電影終於散了場，人潮湧了出來。夏雲一躍而起，雙手把他們兩人一拉：

「走，我們進場。」

他們兩人跟着她穿過馬路，擠進戲院。

夏雲和韓素梅的票子是聯號，姚琢吾一個人單吊，夏雲向旁邊一位男士商量，那人很好，願意和姚琢吾交換座位，於是他們三人又坐在一塊了。

這部片子的演員不壞，表演得也相當暴露，但他們很難抓住主題，不免有點迷惘。

「新潮派的電影除了大膽暴露以外，我實在看不出它表演的是什麽？」出院以後，夏雲帶着幾分遺憾說。

「這些電影都是從現代小說來的，現代小說就是不講究主題，不講究故事結構，反對典型，反對傳統的。」姚琢吾說。

「不講究主題我們能看出什麽？不講究故事結構那不是一團糟？」韓素梅說。

「所以看這類的作品如墮五里霧中，看這類電影也有點莫明其妙。」姚琢吾說。

「那不和現代詩一樣教人猜謎？」夏雲插嘴。

「謎還有個謎底，現代詩天上一句，地下一句，像喝醉了酒的人胡言亂語，甚至字體歪歪倒倒，妳怎樣猜？」姚琢吾說。

「讓我套句現代派大詩人胡子餘的話：不是他們寫不好，是我們的欣賞能力太低。」韓素梅幽默地說。

「他算什麽現代派？」姚琢吾冷笑一聲：「他是打眞正的現代派陸瘋子不倒，結果作了陸瘋子的尾巴，又調轉屁股篡陸瘋子的位，反而神氣活現起來。他既沒有獨立不移的主張，又沒有陸瘋子的創作天才，始終模倣別人，還擺出一副強橫霸道的樣子，他算什麼現代派？」

「你怎麼敢批評他？多少批評他的人都被他打倒。」

「只怪那些批評他的人都是外行，才被他唬住。最近陳牧一舉手就抓住他的小辮子，他乖乖地見風轉舵了。」

「這份「雅量」倒很難得。」韓素梅讚賞一句。

「[illegible]太狂妄。泰戈爾說：『當我們十二分謙遜之時，便是我們接近偉大之時』，這才像得諾貝爾獎金的詩人。」

「琢吾，你發表這半天高論，將來可以寫成博士論文。」夏雲攔腰插進一句。

「拿到了博士雖然可以當上教授，但對於當個作家並沒有多大幫助。」姚琢吾淡然一笑。

「想不到你和韓伯伯的意見不謀而合？」

「令尊有什麼高見？」姚琢吾轉問韓素梅。

韓素梅複述了一遍，姚琢吾笑着說：

「照妳這樣說，下學期我要特別選他的課了。」

「歡迎你捧爸爸的場，免得他吃冷[redacted]。」韓素梅一笑。

他們兩人也好笑。

夏雲的那路巴士還沒有來，姚琢吾又鄭重地問她願不願意當家教？

她用力搖搖頭。姚琢吾又轉問韓素梅：

「妳呢？」

韓素梅點點頭。姚琢吾高興地說：

「好，我們一言爲定，明天我就推薦妳去。」

夏雲和韓素梅姚琢吾不同路，車子一到，她就擠了上去。上車之後她從窗口伸出頭來對姚琢吾說：

「你送素梅回去。」

姚琢吾點點頭。

車子一到，姚琢吾就護着韓素梅上車。姚琢吾住在郊區軍眷宿舍。他半途下車，把韓素梅送到門口，才轉回來趕下班車。韓素梅要送他，他笑着對韓素梅說：

「何必送來送去？」

韓素梅向他輕輕地說聲「謝謝，再見！」就舉手按電鈴。

凱萊知道是她回來，在門裏喜悅地叫。韓道生趕過來開門，她親切地對他說：

「小弟，你還沒有睡？」

「我在開夜車。」韓道生回答。

「難得，難得，這才像個好學生。」她輕輕地讚賞兩句。

「三姐，我怕丟人，我一定要爭這口氣，免得妳瞧我不起！」

韓素梅盈盈一笑。凱萊在她脚邊搖頭擺尾，孫悟空在樹上吱吱叫。

第三章 素梅家教遇太妹——琢女繪畫有翎毛

第二天上午，姚琢吾來找韓素梅，邀她一道去接洽家教。

韓素梅把這件事告訴韓老太太，韓老太太慈祥地說：

「妳剛考完，應該好好地休息一個暑假，何必忙着當家教？」

「媽，暑假我不上課，閒着也是閒着，學畫的錢怎麼好意思再向您要？」

「一個月三百塊錢，媽還湊得起來。」

「我還要買宣紙筆墨呀，一個月也得兩三百塊。」

「妳不當家教還不是學了畫？」

「她願意當家教也是好事，妳就讓她試試。」韓老先生握着煙斗，笑着從裏房走了出來。

姚琢吾站起來叫了一聲「韓伯伯」，韓老先生作了一個手勢要姚琢吾坐下。

韓老太太聽丈夫這樣說，向女兒一笑：

「妳可不能誤人子弟呀！」

「伯母，您放心，是兩個初三學生，素梅沒有問題。」姚琢吾插嘴。

「媽這樣一說，眞使我害怕起來。」韓素梅望望姚琢吾。

「不要看得那麼嚴重，我當了一年家教了。」姚琢吾鼓勵她。

「妳放心去教，不要被媽唬住了。」韓老先生笑着說。

「她也當教書匠，你不怕她搶了我們的飯盌？」韓老太太望着丈夫幽默地說。

韓老先生和女兒都大笑起來，韓素梅忍住笑說，

「媽，您放心，我當教授還早得很哩！」

「說眞的，媽倒希望妳早點當教授，我二十四歲就教書，教了三十多年，雖然發不了財，作不到官，倒也心安理得，樂在其中哩。」

「妳別王婆賣瓜，自賣自誇，」韓老先生笑着對太太說：「她愛幹什麼就幹什麼，隨她。米斯特姚，妳說對不對？」

姚琢吾笑着望望他，又望望韓老太太，不好表示意見。

韓素梅站起來對姚琢吾說：

「我們走吧？你同對方約好沒有？」

「早晨我打過電話，約好了。」姚琢吾站起來回答。

「好，你們早去早回吧，琢吾，中午在我家吃便飯。」韓老太太說。

「伯母，謝謝，我還有事。」姚琢吾躬身回答。

「媽，他忙得很，」韓素梅接着說：「白天唸書，翻譯，晚上教書，他的時間沒有一點兒浪費，今天上午算是白白地犧牲了。」

「難得，難得！」韓老先生望着姚琢吾點點頭。

「那就改天來好了，只要你有空，我們隨時歡迎。」韓老太太笑着說。

姚琢吾一再稱謝，才和韓素梅一道出去。

他們搭了一段巴士，走了一段路，來到一座花園洋房門口，停了下來。朱紅大門上釘了一塊名牌，上面嵌着三個閃亮的銅字：「陶新富」。名牌右邊角上用白漆寫了「內有惡犬」四個字。

姚琢吾舉手按了一下門鈴，最先響應的是狗的沉濁的吠聲，韓素梅輕輕地拍拍胸口。

一個年輕的俏麗的下女過來把門拉開一條縫，問了他們幾句才讓他們進去。

一條大黑狼狗關在狗屋裏，看見他們進來，作勢欲撲，樣子兇得很，只是衝不出來。

院子比韓素梅家的大得多，花木也不少，不過沒有好好地整理，看來不能給人一種清新優美的感覺。

下女招待他們在客廳坐下，給他們倒了一杯冷開水，悄悄地走上樓去。

過了一會，一位中年婦人穿着一身華麗的睡衣走了下來，睡衣比人漂亮，但她的派頭倒很不小。

姚琢吾連忙站起來替雙方介紹：

「這是陶太太，這是韓小姐。」

陶太太和韓素梅握了一下手，就在對面的沙發上坐下，從K金煙盒裏掏出一枝煙，逕自吸了起來。

「姚先生，韓小姐是你的同學？」

「是，我們同班。」姚琢吾點點頭。

「你教王先生王太太的英文教得很好。」她稱讚姚琢吾一句。

「韓同學的英文比我好。」姚琢吾指指韓素梅說。

「我的孩子程度低，韓小姐自然沒有問題。」陶太太噴了一口煙說。

「陶太太的少爺小姐是不是準備今年的升學考試。」韓素梅問。

「那來不及，」陶太太搖搖頭：「他們初三還得再讀一年，我想請韓小姐教教他們的英文數學，準備明年的考試。」

「那就從容一點，」素韓梅說：「我可以抽點時間幫助小弟弟小妹妹溫習。」

「韓小姐希望怎樣的待遇？」

韓素梅不好意思開口，姚琢吾代她回答：

「照我在王先生家裏的待遇好了，那是最公平的。」

「一人三百？」陶太太問。

姚琢吾點點頭。

「貴倒是不貴，」陶太太沉吟地說，又抬起頭來望望韓素梅：「只要韓小姐認眞教，就是加一點也沒有關係。」

「我答應了的事我一定負責。」韓素梅說。

「那很好，」陶太太說：「要是我和我先生抽得出時間，我們也準備向韓小姐學學英文。」

「只怕我教不下來。」韓素梅謙虛地回答。

「那裏的話？」陶太太也客氣地說：「我們眞的要從字母學起哩！」

「那就要多花一點兒時間。」姚琢吾說。

「我就是沒有時間囉！」陶太太雙手輕輕一拍：「人家說英文百日通，我希望五十天能讀通才好。」

韓素梅輕輕一笑，姚琢吾說：

「陶太太，那辦不到，我們讀了這麼多年，還不敢說讀通。」

「那要多少時間才能讀通呀？」陶太太睜大眼睛問。

「總得二三十年」姚琢吾回答。

「哎喲！我的天！」陶太太叫了起來：「那我早死掉了！」

「陶太太，姚同學說的是文學方面的事，一般人用不着那麼好的英文。」韓素梅笑着解釋。

「是呀，我們也只要能講幾句洋話就行，」陶太太又振奮起來：「我和我先生的應酬多，有時遇着了洋人，就不能開口，別人嘰哩咕嚕，我們像個木頭人，那多彆扭？」

「那比較好辦。」姚琢吾笑着說。

「那要多久時間？」陶太太又問。

「最少也得三四年。」

「哎喲！——」陶太太把身體往沙發上一靠，重重地嘆了一口氣，又望着姚琢吾：「人家都說英文好學，你怎麼講得這麼難？那不要人的命？」

「只要專心學，按步就班，也不太難。」韓素梅說：

「有沒有辦法偷巧？」陶太太問她。

「就是不能偷巧。」韓素梅一笑。

「怎麼中山北路的那些酒女也能講英文？她們又有什麼學問？不偷巧怎麼辦得到？」

「那不能算是英文，只是幾句普通英語，她們天天和洋人混在一塊，自然會講幾句了。」姚琢吾說。

「我們也不想學得太多，只要會講幾句普通話就行。」陶太太說。

「陶太太，你們是有地位的人，幾句普通話不行。」姚琢吾說：「王先生王太太是做生意的，他們還想學一點呢。」

「唉，眞難！」陶太太又嘆口氣：「我們現在眞是靑黃不接，兒子女兒還早得很，我們年紀大了，臨時抱佛脚又來不及，何况應酬又多得很，眞抽不出時間啦！」

下女用盤子端出三盤木瓜，在他們每人面前放了一盤，木瓜是從冰箱裏拿出來的，削好了皮，還有一股冷氣。

陶太太自己先拿起叉子，又叫他們兩人吃，他們只好恭敬不如從命了。

「陶太太，妳少爺小姐是一三五上課還是二四六上課？」姚琢吾問。

「就一三五好了。」陶太太說。

「白天還是晚上？」韓素梅問。

「晚上比較好，七點半到九點半如何？」

韓素梅點點頭。姚琢吾接着問：

「那天開始？」

「打鐵趁熱，學校剛放暑假，不要讓他們玩野了心，請韓小姐明天就來。」陶太太說。

韓素梅點點頭，陶太太馬上吩咐下女：

「妳叫少爺小姐下來，先見見老師。」

「太太，少爺早出去了。」下女說。

「我說了不要讓他亂跑，妳怎麼不管管他？」陶太太瞪了下女一眼。

「我叫他不要出去，他理都不理。」

「妳怎麼不告訴我？」

「太太，您在享福，我不敢吵醒您。」

「那妳可以告訴先生。」

「先生上班了。」

「那妳叫小姐下來。」陶太太板着臉說。

下女服從地走上樓去。過了一會帶了一位穿牛仔褲，紅襯衫，燙髮，體態豐滿的少女下來。

她一下樓就大聲大氣地問她母親：

「媽，妳找我有什麼事？」

「來，見見韓老師。」陶太太指着韓素梅說。

她打量了韓素梅一眼，像交際場中的女人那麼世故地望人，似笑非笑地向韓素梅點點頭。然後又向陶太太說：

「媽，人家剛放學，妳又逼着上課，大熱天，也不怕逼壞人？」

「誰教妳的功課那麼賴？」陶太太望着女兒說：「今年再不加油，明年妳還是讀初三，看妳好不好意思？」

「本來我不要讀書，是你們逼我的。」她把嘴巴一嘟，腰一扭。

「妳不讀書幹什麼？妳看人家韓老師，比妳大不了多少，大學都快畢業了。」

她偷看了韓素梅一眼，不再作聲。

韓素梅望望姚琢吾，想走，姚琢吾會意，站起來告辭。陶太太拉着女兒把他們兩人送出來，那隻大狼狗又向他們狂叫，陶小姐吹了一聲尖銳的口哨，大聲地對狼狗說：

「凱撒，不准亂叫，小心我揍你。」

那隻狗眞的不叫，韓素梅奇怪地望望她，她得意地一笑。

「我看陶小姐是個太字號的人物。」走出陶公館，韓素梅輕輕地對姚琢吾說。

「如果這種人家的子女也用功讀書，我們當誰的家教？」姚琢吾笑着回答。

「難道你教的那兩個學生也是一樣？」

「一個笨得像牛，一個懶得像猪。」

韓素梅嗤的一笑。

「別笑，他們家裏有的是錢，不在乎。」姚琢吾說。

他們邊走邊談，很快地到了巴士站，又順利地上了車，這不是上下班和放學的時間，車子不算擁擠，他們都找到了座位。

車子快到韓素梅家那一站時，韓素梅對姚琢吾說：

「你到我家吃午飯好不好？」

「謝謝，以後碰上了再吃好了。」姚琢吾說。

韓素梅下車後，姚琢吾在窗口向她搖搖手，她也向他揚揚手。

她一走進院子獅子狗凱萊就跑過來歡迎，搖頭擺尾。小花貓咪咪也圍在她脚邊咪咪叫，她把咪咪抱了起來。孫悟空在樹上跳來跳去，吱吱叫。他弟弟道生剛從學校回家不久，三步兩步跳到門口，笑着問她：

「三姐，媽說妳要當家敎，成功了沒有？」

「明天晚上上課。」她笑着回答。

「嘿，三姐，妳會賺錢了！」他高興得雙脚一跳。

「怎麽這樣大驚小怪？」她笑着白了他一眼。

「以後妳該多請我看幾場電影了？」他輕輕地說。

她望了他一眼，逕自走進屋來。他在後面跟着。

韓老太太笑着探問接洽經過，韓素梅一五一十地告訴她，她高興地點點頭。

「媽，我看錢不好賺。」韓素梅突然提高聲音說。

「錢本來不容易賺嘛。」韓老太太望着女兒說。

「我還只看到一位太妹，那一位嘛，八成兒也是個小太保。」韓素梅又接着說。

「三姐，妳管他什麼太妹太保？妳上妳的課，聽不聽隨他，妳還怕他們的大人不給錢？」韓道生插道嘴。

「不光是爲了錢哪。」

「三姐，別說得那麼漂亮？」韓道生盯着她說：「不爲了錢妳爲什麼不教我？」

韓素梅嗤的一笑，抱着小花貓跑進自己的小房間。

她房間裡擺滿了中外文學名著，這些書大半是從學校圖書館借來的，在外面買不到，也買不起，古典的和美國最新出版的她都有，她們的圖書館有個好處，因爲書多，不急於索還，有人從一年級借的書，直到畢業時才歸還。她的房間也像個小圖書館，除了書以外就是畫，這些都是她自己的作品，只裱過兩幅最得意的，其他的多用圖釘釘在牆壁上，不時檢討欣賞。沒有畫的宣紙都堆在桌上。她的房間才六蓆，桌子就佔了一蓆，這張桌子是專爲繪畫買的。

她的房間不讓別人進來，除非是得了她的特別允許，韓老先生和韓老太太也不越雷池一步。下女阿珠也省了一些事，因爲打掃工作都是她親自動手。

韓道生看她走進自己的房間，在門口望了一眼就倒退回來。

中午她抱着小花貓睡了一陣午覺。下午三點他又去高白塵家裏學畫山水，花卉，翎毛，蟲魚她已經先向其他幾位名家學過了。

韓老太太看她拿着洋傘又要出去，慈祥地問她：

「梅，這麽大熱天，妳又出去幹什麽？」

「媽，今天又該去高先生家學畫了。」

「這又不算學分，孩子，大熱天，妳就休息休息好了。」

「媽，少壯不努力，老大徒傷悲呀！」她笑着撐開小洋傘。

「妳眞是兩門抱，既想當作家，又想當畫家。」韓老太太望着女兒窈窕的背影欣慰地一笑。

「媽，三姐眞是心比天高，野心大得很哩！」韓道生說。

「媽眞躭心她變成個書呆啦！」韓老太太打起哈哈來：「話說回來，你倒應該學學三姐。」

「媽，您又兜圈子啦！」韓道生大叫起來。

母子兩人相視大笑。

第四章 夏雲人到聲先到 素梅臉紅心更紅

韓素梅正伏案繪畫，夏雲和另外兩位同學朱紫娟、張莉莉結伴而來。夏雲是人在院子門外，聲音早就傳進韓素梅的房間，她像檢到發財票樣地咯咯笑，嘴裏還大聲地喊：

「素梅，素梅！」

韓素梅放下畫筆，趕了出來，夏雲先進了院子。韓素梅笑着問她：

「妳怎麼這樣鷄貓子喊叫的？」

「紫娟怕狗，妳的小凱萊衝過來，她駭得連滾帶爬，眼鏡都差點摔掉。」她指着躲在門外的朱紫娟笑哈哈地回答。

朱紫娟的臉還有點紅，韓素梅連忙走過去握着她的手，笑着說：

「紫娟，凱萊不咬人。」

「凱萊雖小，樣子倒蠻兇。」張莉莉說。

「牠是程咬金三板斧。」韓素梅指着凱萊一笑：「唬你三次，妳不怕牠，牠就夾着尾巴跑回來。」

「我把提包一揚，牠就夾着尾巴跑了。」夏雲得意地揚揚手上的提包，她的提包大得很，像個小旅行箱子。

「妳帶這麼個大皮包幹什麼？」韓素梅問她。

「放游泳衣，我們來邀妳去碧潭游泳。」夏雲說。

「我在畫畫，還沒有畫完。」

「妳眞是何苦，放了假也不玩玩？」夏雲責怪地說：「今天非跟我們一道去碧潭不可！」

「妳看我的房間，這樣亂七八糟怎麼行？」韓素梅指指自己的房間說。

她們在房門口望了一眼，夏雲不由分說地走進去，收檢起來。

韓素梅也只好請張莉莉和朱紫娟一道進去。

「喲！你功課那麼棒，畫也畫得這麼好！」朱紫娟看了牆壁上的畫，讚嘆地說。

「老天就是這麼不公平，」夏雲馬上接嘴。「好風好水都被她一個人佔盡，也不分點給我們。」

「妳怎麼能怨天尤人？誰教妳那麼好玩？」韓素梅說。

「人有幾百年好活？」夏雲望着韓素梅說：「現在不玩就錯過了機會，一旦成了老太婆，想玩也不行了。」

「妳這是什麼哲學？」韓素梅笑着問她。

「玩的哲學。」夏雲衝口而出。

張莉莉和朱紫娟都笑了起來。

夏雲已經替韓素梅收拾好書桌，又催促韓素梅拿游泳衣，韓素梅猶豫了一下，她越俎代庖地把韓素梅的衣橱打開，在小抽屜裏翻了起來。

「眞是秀才遇到兵，有理講不清，妳這樣翻箱倒籠幹什麼？」韓素梅笑着說。

「妳快去報警，我們替妳作見證。」朱紫娟笑着推推韓素梅。

夏雲終於找到了韓素梅的游泳衣，往自己的提包裏一塞，大聲地問韓素梅：

「去是不去？」

「妳這簡直是綁票嘛！」韓素梅笑着搖頭。

「我們也是她綁來的。」張莉莉說。

韓老太太悄悄地走到房門口，笑着問：

「誰在我家裏綁票？」

她們幾個人同時回頭，連忙喊了一聲「伯母」，韓素梅接着說：

「媽，除了夏雲還有誰？」

韓老太太望了夏雲一眼，夏雲搶着說：

「伯母，素梅不讀書就是畫畫，簡直變成了個小書獃，我要她去碧潭游泳，您說應不應該？」

「應該，應該！」韓老太太笑哈哈地說：「不過妳們可要小心，不能游到潭底去了。」

「伯母，這您放心，我們不像那些男孩子傻瓜蛋，為了要在我們面前露兩手，連命也不要。」夏雲笑着回答。

韓老太太嗤的一笑，韓素梅和朱紫娟張莉莉笑作一團，朱紫娟還用手打了夏雲一下。

「一點不假，男孩子就是這麼傻！」夏雲又補充兩句。

「我才不那麼傻！」韓道生突然出現在他母親後面，大聲地說。

「小弟，你不做功課來這裏插什麼嘴？」韓素梅訓他。「再過兩天就要考了。」

「三姐，妳才是狗咬耗子，媽都沒有管我，妳倒管起我來了？」韓道生笑着回答。

「素梅，我們游泳去，別和小弟胡扯。」夏雲伸手把韓素梅一拉。

「我也去。」韓道生搶着說。

「你要去一個人去，別和我們混在一塊。」夏雲領先走了出來，把提包往肩上一揹。

「道生，你考完以後再去，媽陪你。」韓老太太把兒子拉到身邊。

她們幾個人笑着走到門口，夏雲還故意回過頭來望韓道生一眼。

夏雲一馬當先，帶着她們三個人去趕公路局到新店的車子。半途搭車人比較擁擠，上車後一直站到景美才先後找到座位。

夏天的碧潭和春天的陽明山一樣，熱鬧得很。她們到達時，潭邊擠滿了人，坐的坐，站的站，帳蓬，大陽傘，都撐在沙灘上，小艇有些在岸邊，有些已經被人租去，划到潭中。水面上浮着不少人頭，潭水碧綠，看來有一種清涼的感覺。

她們在帳蓬裏換了游泳衣，租了一隻小艇，四個人一齊擠了上去。

小艇剛划開，一個年輕的洋人從帳蓬裏跑了出來，大聲地喊夏雲的英文名字：

「Lucy！Lucy！」

夏雲定神一看，也高興地回答：

「OH！Mr. Wood！」

伍德三步兩步跑到潭邊，和夏雲唧唧哇哇。張莉莉悄悄地把船倒划，漸漸離開了伍德也三兩步走向水中，水深過腰時率性繞着她們的小艇游了起來。

他要夏雲下水游泳，夏雲望望韓素梅她們，她們覺得小艇有點超載，張莉莉對她說：

「你和他去游吧，讓我們清靜一下。」

「莉莉，妳這不是趕我走路？」夏雲笑着問她。

「我們不趕妳，妳心裏癢癢的。」張莉莉回答。

韓素梅和朱紫娟嗤的一笑。

伍德聽不懂中國話，歪着頭望着她們，像水鴨子望着空中的老鷹。

「莉莉，妳死壞！」夏雲笑着罵張莉莉：「等會我擰妳的嘴？」

「嘿，妳有男朋友也不告訴我們，等會罰妳！」朱紫娟說。

「妳別瞎胡扯，我們才跳過兩次舞。」夏雲一面說一面沿着船舷溜下水去。

她放開手，船身隨即左右搖擺了幾下。

伍德一看見夏雲下水，就高興地一個鯉魚翻身，向外游開，夏雲也跟着他游走。

「伍德這傢伙長得很帥」。張莉莉輕輕地說。

「想不到夏雲交了個洋朋友！」韓素梅說。

「她才不在乎，只要玩得來。」朱紫娟說。

張莉莉把小槳往上一翹，讓小艇停在潭中，笑問韓素梅和朱紫娟：

「妳們要不要下去游游？」

「紫娟妳先下去。」韓素梅望望碧綠的潭水說。

「讓莉莉在船上，我們先下水，等會輪流照顧。」

朱紫娟說着就先溜下水，韓素梅望了張莉莉一眼也跟着下水，張莉莉對她們兩人說：

「夏雲綁票似地把我們綁來，一碰上了Boy Friend，就把我們女同學摔在一邊了。」

「眞是豈有此理，等會非罰她不可！」朱紫娟攀住船舷笑着說。

「莉莉，這也不能完全怪她，是你叫她和伍德一道去游的。」韓素梅說。

「我不叫她走，伍德老是像隻大頭蒼蠅一樣纏着我們，那多討厭？」張莉莉笑着用槳葉潑水。

「美國Boy就是那麼熱烘烘的，沒有一點含蓄。」韓素梅笑着說。

「不知道Wood是不是個Cowboy？」張莉莉望了伍德一眼，他和夏雲游了好遠，他的黑游泳衣，夏雲的紅游泳衣，看來都很顯目。

韓素梅和朱紫娟沒有回話，她們兩人在小艇附近慢慢游，像一對散步的魚。

韓素梅游了一會先爬上小艇，讓張莉莉下來游。她們這樣做完全是爲了安全。

張莉莉和朱紫娟游到那裏，韓素梅就把小艇划到那裏，總是保持三五公尺的距離。

夏雲單獨游了回來，韓素梅她們有點詫異，她一爬上小艇，韓素梅就問她：

「怎麼讓伍德一個人畱吊？」

「我再不回來，妳們一定會罵我。」夏雲取下尼龍帽，望望她們三人。

朱紫娟和張莉莉也爬上小艇，張莉莉笑着說：

「我早罵過了。」

「妳怎麼能把Wood撇開？」朱紫娟問。

「我答應他週末的party。」夏雲坦率地說。

「妳小心惹火燒身，最好疏遠一點。」韓素梅說。

「跳跳舞有什麽關係？」夏雲滿不在乎地說：「妳又不是中文系的，怎麽也有點冬烘氣？」

「Wood太熱，我怕他把妳融化！」韓素梅笑着回答。

「人本來就應該熱情的，我就討厭陰死鬼。」夏雲說。

「跳跳舞可以，可不能嫁他。」張莉莉說。

「妳眞是瞎胡扯！」夏雲白了張莉莉一眼：「跳幾次舞就會嫁他？」

「越跳越親嘛！」張莉莉笑嘻嘻地說：「妳又是個小火山，那還不一拍即合？」

「妳瞎胡扯，看我擰不擰妳的嘴？」

夏雲伸手去擰張莉莉，張莉莉本來是坐在船舷上，身子向後一仰，卜通一聲，掉進水裏去了。

韓素梅喊了一聲「糟糕！」張莉莉眞的喝了一口水，韓素梅把遞槳給她，她一個鯉魚翻身，浮了起來，抓住槳爬上小艇。

「再不能開玩笑了。」韓素梅望着她們兩人說。

「讓她喝兩口水也好，不然她還會胡說八道。」夏雲得意地一笑。

「妳不要忠言逆耳，吃了虧就後悔不及。」張莉莉抹抹臉上的水珠。

「和洋人交朋友，倒眞要小心一點。」朱紫娟說。

「我是本位主義，最好不要和洋人戀愛。」韓素梅說。

「哼！」夏雲指着韓素梅撇撇嘴：「妳是有了姚琢吾才這樣說。」

「姚琢吾是我們大家的同學嘛，妳怎麽胡扯起來？」韓素梅有點窘。

「妳何必在眞人面前說假話？」夏雲嗤的一笑：「你們心裏的那點秘密我還看不出來？」

「該死！」韓素梅的臉微微一紅：「妳又不是我肚子裏的蛔蟲，怎麽知道我的心事？」

「妳不要以爲妳的涵養好，心思深，水底下的魚有時也會浮出水面來，還不是會被人捉住？」

「妳捉住什麽？」張莉莉和朱紫娟搶着問夏雲。

「她當然不像我這樣草包，一切心思都現在臉上，掛在嘴上。」夏雲向她們一笑，又瞟了韓素梅一眼說：「但是我會捉住她的眼神。」

張莉莉和朱紫娟都笑了起來，韓素梅笑着說：

「她是捕風捉影。」

「素梅，妳也不必此地無銀三百兩，」張莉莉接着說：「姚琢吾課功好，人品好，身體也棒，一面讀書，一面當家教，還抽空寫點翻點，我們班上的男生也只有他配得上妳，我看他對妳是另眼相看，妳對他也好在心裏，這就對了！比夏雲和伍德那要深得多啦！」

「喂喂，妳不要扯我好不好？」夏雲搶着說：「我和Wood不過跳過兩次舞，怎麽能和他們兩人相比？」

「我們連一次舞都沒有跳呀！」韓素梅笑着說。

「素梅，這我好有一比。」朱紫娟說：「夏雲和Wood是蹦蹦跳跳的朋友，妳和姚琢吾盡在不言中，小半仙，妳說對不對？」

「小半仙」是張莉莉的綽號，因爲她懂得一點相法。

「All right！All right！」張莉莉點頭一笑：「夏雲和Wood是胡鬧，素梅和姚琢吾才是眞相愛。」

「好！小半仙，妳儘說風凉話？小心我擰妳的嘴！」夏雲兩眉一掀。

張莉莉連忙搖手：

「再不能動手動腳，淹死了可要償命。」

夏雲還想講話，但她發現伍德游了過來，馬上向他手一揚，嗨了一聲，伍德像個侍臣聽見了女王的召喚，馬上加速游來，他的自由式游得很漂亮。

「妳快點下去吧，免得他像隻大頭蒼蠅一樣纏着我們。」韓素梅笑着對夏雲說。

夏雲戴上尼龍帽，走到小艇頭上，一躍入水，像隻青蛙直竄過去。

「素梅，把船划到岸邊去。」張莉莉輕輕地說。

「把夏雲摔下來？」韓素梅笑着問。

「她有Wood護駕，妳躭什麽心？」張莉莉說。

朱紫娟也要韓素梅把船划到岸邊，她只好照辦。

夏雲在小艇上休息了一會，游得更起勁，她沒有注意她們三個人已經悄悄地把船停在岸邊。

韓素梅她們換好了衣服，提着夏雲的手提包坐在沙灘上的布棚裏喝汽水，吃西瓜，休息，聊天，看別人游泳。

夏雲游得很好，她的精力好像過剩，每天不蹦蹦跳跳，，吵吵鬧鬧就難得安靜，她和伍德玩在一塊，眞很對路。

韓素梅因爲晚上要去陶家上課，便對張莉莉和朱素娟說：

「我七點半有課，得先走一步。」

「放假了，妳還上什麼課？」她們不知道韓素梅當家教，不免有點奇怪。平時韓素梅也常利用晚間聽聽專題講演，一放暑假連這種活動也停止了，還有什麼課？

「我也在當家教，」韓素梅說：「剛爲人師表，不能黃牛。」

「好，妳眞的和姚琢吾走一條路了？」她們兩人笑着叫了起來。

「我要學畫嘛！不能不自己賺點錢？」韓素梅站起來說。

「素梅，妳這樣更使我慚愧了。」朱紫娟托托眼鏡說。

「各人的情形不同嘛，我只是比妳們貪心。」韓素梅笑着說：「拜託妳們代我向夏雲告罪，不然她會找我的麻煩。」

「妳放心走好了，我們自然會對付她。」她們兩人同時揚揚手。

第五章 下女輕聲傳心法 太保狂言掀底牌

韓素梅到陶家時，陶太太打扮成一副貴夫人的模樣，正準備出去。她看見韓素梅便停留下來，看看腕上的金錶，又把頭微微一抬：

「韓小姐，妳來得正好，我還以爲妳不會來呢？」

「陶太太，我答應了的事怎麼能不來？」韓素梅很有禮貌地回答：「妳有事請便，不必照顧我。」

「好，我要銀嬌帶妳上樓。」陶太太隨即吩咐下女帶她上去。

陶太太的兒子女兒雙雙地出現樓梯口，兒子陶朱歪着頭打量韓素梅，陶太太看見兒子便指指韓素梅對他說：

「這是韓老師，初見面，應該行個禮。」

陶朱鳳凰點頭般地點了一下，陶太太又說：

「我出去應酬一下，你和姐姐要用心做功課，聽老師的話。」

「媽，妳什麼時候回家？」女兒陶丹問。

「最遲十二點。」陶太太說了轉身就走。

「媽，妳又騙我！」女兒大聲地說：「妳一出去最少十二圈，妳幾時十二點回過家？」

「陶丹，不許妳亂說亂話。」陶太太轉過身來教訓女兒。

「是！媽！」陶丹怪模怪樣地作了一個立正的姿勢。

陶朱看了一笑，陶太太忙着出去打牌，沒有時間再教訓她了。

她看見母親走了，自己也嘻嘻地笑。然後和陶朱推推攘攘地跑進書房。

「韓老師，我們的少爺小姐就是這個樣子。」俏下女銀嬌輕輕地對韓素梅說。

「那我應該怎樣教他們？」韓素梅小心地問。

「韓老師，我老實告訴妳，不要太認眞，妳不是第一個家庭教師。」

「以前的家庭教師教得怎樣？」

「一個氣得不幹，一個被他們趕跑了。」

韓素梅聽了心裏一怔，不免七上八下，她原先以爲只要認眞教就行，根本沒有注意到這些問題。

「妳在這裏妳久了？」韓素梅想從下女身上瞭解一點情況。

「三年。」銀嬌說。

「妳怎麽能幹這麽久？」韓素梅有點奇怪，下女決不比家庭教師好幹。

「韓老師，我和妳們大學生不同，我完全是看在錢的份上。」銀嬌世故地一笑。

「妳在這裏拿多少工錢？」

「正薪六百，每月還有幾場牌，有點賞錢。」

「那很不錯啦。」

「馬馬虎虎，不然誰幹？」

銀嬌把韓素梅帶到陶丹陶朱兩姊弟的書房，這個房間有八個塌塌米大，裏面沙發，收音機，電扇，樣樣俱全，他們每人擁有一張五斗大書桌，書桌上堆滿了薄本子的武俠，一兩寸厚的紅紅綠綠的「長篇文藝創作小說」，和一些電影雜誌，畫報，課本却少得可憐，冷冷落落地放在一邊。

他們姊弟兩人坐在旋轉的椅子上，看了韓素梅進來滿不在乎，把椅子左右轉動了幾下，表示

「歡迎」

韓素梅在沙發上坐下，銀嬌替她倒了一杯凉開水。陶朱伸出食指向裏面勾了一下，大模大樣地對下女說：

「銀嬌，給我一杯。」

銀嬌又從玻璃瓶裏倒了一杯給他。陶丹馬上對她說：

「銀嬌，我也要一杯。」

銀嬌也倒了一杯給她，同時對她說：

「小姐，現在是你們上課的時候了，我下樓去，不能在這裏打擾。」

「好，妳滾出去。」陶朱向她手一揮。

銀嬌剛出房門，他又對她說：

「記得給我送西瓜上來！」

「是，少爺！」銀嬌回頭應了一聲，望了韓素梅一眼，搖搖頭走下樓去。

韓素梅看在眼裏，心裏却在納悶。她一直是讀的第一流的公立學校，從來沒有這樣的同學。夏雲雖然性格外向，但功課不壞，對人禮貌不差，沒有流氣。她自己的哥哥弟弟，也都是進的公立學校，沒有誰要課外補習。對陶家這兩姐弟，她眞感到不好應付。

喝了開水之後，她笑着問他們：

「你們兩位是英文好還是數學好？」

陶朱嗤的一笑，隨即大模大樣地說：

「兩樣都好！」

韓素梅微微一怔，以爲自己看走了眼。陶丹却掩着嘴笑，韓素梅問她究竟是怎麼一回事？她用手向陶朱一指：

「他瞎胡吹！他數學考零蛋，我英文考十分。」

陶朱哈哈地笑了起來，指着陶丹說：

「姐姐，我們兩人加起來不剛好一百分？」

陶丹也嘻嘻地笑。韓素梅看了也不禁噗嗤一笑，隨即正容地說：

「那你們兩人要好好地用功，一人拿一百分才對。」

「嗨！讓我抄書我也抄不到呀！」陶朱拍着大腿說：「老師，除非妳替我考？」

「那怎麼可以？」韓素梅正色地說。

「不然我還是考個大零蛋。」他用手做了一個大圓圈。

「用心讀書就不會。」

「用心讀書？」他望着韓素梅頑皮地說：「那多麻煩！」

韓素梅啼笑皆非，陶丹却銀鈴似的地笑了起來。

「你們今年十幾？」停了一會韓素梅問他們兩人。

「我十六，」陶朱用食指在自己的鼻子上一指，又指指陶丹：「她十八。」

「呵！那你們早該上高中了。」韓素梅說。

「妳說得那麼簡單？」陶朱瞟了韓素梅一眼：「明年我們也上不了！」

「那你們今年就該特別用功。」

「老師，就是唸不進嘛！」陶丹翹起小嘴說。

「沒有這回事，只怪妳自己心不在焉。」

「老師，讀書有什麼意思?」陶朱大聲地對韓素梅說：「我媽一場小麻將，輸贏最少一千多，我們的老師要幹一個多月。我爸請一次客，就夠他們幹一兩年哪！老師的學問都比我爸爸媽媽好，那有個屁用?」

「不能這樣說，讀書不完全是爲了賺錢，還有更高的意義。」韓素梅說。

「沒有錢就沒有飯吃，肚子餓得咕咕叫，有個屁的意義?」陶朱把嘴巴一撇，陶丹嗤的一笑。

韓素梅怔怔地望着他們兩姊弟，陶朱以爲自己的話很有効力，又接着說：

「我爸爸連 FATHER, HUSBAND 都不認識，他照樣進出汽車。他手下的王秘書，英文呱呱叫，還不是乖乖地聽我爸爸的?學問有什麼了不起?」

「你年輕，還不懂事，你這種觀念不大正確。」韓素梅說。

「韓老師，你也大不了我們幾歲嘛，何必賣老?」陶朱說。

「我只大你姐姐兩歲，我不是賣老。你不知道，你媽媽跟我講過他們兩人也想學英文哩！」

「這倒是個新聞！」陶丹拍手大笑：「要是爸爸媽媽也學英文，就不敢在我們面前裝威風了！」

「韓老師，妳可要給他們一個下馬威，免得他們總是說我們不行，他們不知道生字有多難記？」陶朱搶着說。

「好，好，現在你們開始上課。」韓素梅抓住機會，走到陶朱身邊，把陶丹也叫了過來，要他們兩人坐在一塊。

陶丹年紀大些，總算講點禮貌，讓韓素梅坐在中間的轉椅上。

韓素梅分配他們一天唸英文，一天上數學，第一天教他們英文，她要他們拿出三年級上學期的英文課本，先要陶朱自己唸第一課。

陶朱的發音很差，不但td分不清，sh和ch也含含糊糊，she和see讀成一樣的音，而且還有生字，一遇見生字他就把桌子一拍：

「媽的！一隻攔路虎！」

然後兩眼望着韓素梅，韓素梅教他唸，他也跟着唸，但唸了幾句，他又碰見生字，自動停下來，望着生字一笑：

「嘻，又是一隻攔路虎！」

「怎麼？唸過的書你都忘記了？」韓素梅笑着搖頭。

「這學期的都記不得，上學期的不早就還給老師了？」陶丹說。

「英文眞討厭，像拖尾巴蛆！」陶朱把桌子一拍，又指着Magnificent這個字對韓素梅說：「妳看，這個字簡直像條蚯蚓，怎麼記得住？」

韓素梅忍不住一笑，又撫慰他說：

「多寫多讀，自然就會記住。」

「洋人專門整我們中國人，造這些鬼字！」陶朱把課本一推。

陶丹笑了起來，韓素梅也好笑。她知道陶朱不肯再唸下去，就要陶丹唸。

陶丹的發音比較準，女孩子在這方面好像强些。只是生字仍然很多。

於是她領着他們兩人唸，一面講解，一面糾正他們的發音。她教了兩遍，就讓他們自己唸，她坐在沙發上聽，隨時糾正。

陶丹唸了一遍就回到她自己的位子上去，陶丹一走，陶朱就不再唸，他看着錶，說一聲「豈有此理，銀嬌怎麼還不送西瓜上來？」就跑了出去，站在樓梯口大叫：

「銀嬌，妳和野男人睡覺了？怎麼還不送西瓜上來？」

韓素梅聽了兩眉一皺，不好作聲。

銀嬌端了兩大塊西瓜上來，一片給陶丹，一片給韓素梅，陶朱早拿了一片在手裏，邊走邊吃進來。

韓素梅等陶朱吃完西瓜之後，對他說：

「你現在好好地唸兩遍，等會我再分配你作練習。」

「老師，妳不要逼我，我請妳多吃兩塊西瓜好不好？」陶朱用手擦擦嘴說，「我們的西瓜比西瓜大王的還好。」

韓素梅望望銀嬌。啼笑皆非。銀嬌對陶朱說：

「少爺，韓老師是來教你唸書的，她不在乎我們的西瓜。」

「去，去，去！」他向銀嬌兩手一揮：「妳少廢話！」

銀嬌望了他一眼，端着三塊西瓜皮，搖搖頭走了。

「銀嬌，妳發了擺頭瘋是不是？」陶朱望着她的後腦說：「要不要我給妳治一治？」

「謝謝你，少爺！」銀嬌回頭望了他一眼，匆匆地走下樓去。

「小心我好好地整妳一頓！」他望着銀嬌的背影說。

「不要和下人一樣，你應該用心唸書。」韓素梅說。

「老師，今天算了吧，我從來沒有唸過這麼久哩！」陶朱說。

韓素梅看着錶，只有十分鐘了。她知道這不是一天的事，要慢慢來，也就不再勉強，便規定他們作練習：

「你們把第一課抄寫兩遍，課文要讀熟，下次要背，還要拚生字。」

「老師，這不行哪！辦不到的！」陶丹扭腰擺臀地說。

「暑假沒有事，這點功課還辦不到嗎？」韓素梅奇怪地說。

「老師，這麼多，打死我也辦不到。」陶朱說。

「不寫不唸，英文不會進步。」韓素梅望望他們兩人：「你們看，應該怎麼辦？」

「第一不要背書。」陶丹說：「我的記性不好，今天背得滾瓜爛熟，明天一句也記不得，完全是白費氣力。」

「對，我的記性也壞，生字最好不拚。」陶朱接着說。

「抄寫兩遍也太多了，一遍足夠。」陶丹說。

「我覺得一遍都太多了，最好不抄。」陶朱說。

「這樣你們的英文一輩子也不會進步的。」韓素梅說。

「老師，妳何必那麼急，日子長得很，慢慢來嘛！」陶丹說。

「陶丹，照妳的年齡來講，應該上大學了，妳怎麼這麼寬的心呢？」

「老師，上大學又怎麼樣呀？」陶丹把腰一扭：「大學畢業還不是嫁人？女人讀再多的書還不是要空出肚皮來生孩子？現在女人寶貴得很，還怕嫁不出去？」

韓素梅倒退一步，陶朱卻拍手笑了起來，邊拍邊說：

「妙！姐姐的話眞妙！女人要讀什麼書？生得漂亮就行了！」

「陶朱，你可不是女人，你怎麼不好好地讀書？」韓素梅正色地說。

「男人只要有錢有勢，什麼事情辦不到？窮書獃子可憐兮兮，還得看大爺的臉色。我情願用肚皮裝鈔票，也不裝那些爛字紙？」

韓素梅又倒退一步，兩眼直瞪瞪地望着陶朱，她眞奇怪他怎麽會說出這樣的話來？

陶朱看她沒有作聲，十分得意地打量她幾眼。她看看錶，還差五分鐘下課，不好意思早退，又不願意挺在他們面前，便對陶丹說：

「不論你們的想法怎樣？多讀點書總有益處。課文你們最少要抄一遍，妳是姐姐，你該作個示範。」

「老師，算了吧！」陶朱大聲地說：「妳一走，她就會跳扭扭，恰恰了，她示範個屁！」

『你還不是看你的武俠？』陶丹白了陶朱一眼。

「妳再說我給妳一記天雷掌！」陶朱把手一揚，作勢欲擊：「震得妳粉身碎骨！」

「吹牛！」陶丹輕輕一笑：「你連螞蟻也震不死！」

他把手在桌上用力一拍，掌心碰到玻璃板的邊沿，痛得兩眉一皺，陶丹笑了起來，他自我解嘲地說：

『我的功夫還沒有練到家，火候不够。」

韓素梅看了又好氣又好笑，看着錶已經九點半，拿起皮包準備走。陶丹討好地對她說：

「老師，我的書多得很，妳要不要帶幾本去看？」

韓素梅望望她桌上的武俠和那些紅紅綠綠的厚書，搖搖頭說：

「我不要看。」

「老師，我給妳一本好書，是個女作家寫的。」陶丹輕輕地對韓素梅說，隨即從抽屜裏拿出一本厚書『情場』，往韓素梅的皮包裏一塞：「老師，這本書談到第十藝術，我有點不大明白。」

「什麼第十藝術？」韓素梅從來沒有聽到這個名詞，不免奇怪。

「這是文藝小說，那位女作家說這是新的技巧，老師，妳的學問比我好，看過以後一定明白。」陶丹輕輕地對韓素梅說。

韓素梅迷惘地望着她，迷惘地帶着「情場」走出他們兩姐弟的書房。

樓下只有銀嬌一個人，陶太太沒有回來，陶先生的影子也沒有看到。銀嬌打開院門，把她送到門外。

她深深地呼吸了一口新鮮空氣。

第六章 母女閒談真心話 姐弟聯考有秘方

韓素梅回家時，發現弟弟正在台燈下埋頭做功課，心裏一陣喜悅。陶丹今年十八歲，初三留級，明年還不一定能考得取高中，道生才十七歲，明天就考大學，她相信他一定會考取，只是當面不敢誇他，還故意貶他，但是和陶丹陶朱兩姐弟相比，她不僅感到欣慰，甚至有點驕傲了。

她在院子外面靜靜站了一會，看道生低着頭手不停揮，簡直不忍驚動他，要不是凱萊跳着叫着跑過來，她眞不想按鈴。

她正舉手準備按鈴，道生已經把筆放下，隨即走了出來，邊走邊問：

「是不是三姐？」

「不是我是誰？」她笑着回答。

「喲，三姐，一當老師就更神氣了！」他打開門，笑嘻嘻地說。

「你就是這樣討厭，油嘴！」她笑着瞪了他一眼。

「三姐，我好心好意替妳開門，妳不謝我一聲，反而罵我，好人還有人做嗎？」

她嗤的一聲，看了他一眼，又以姐姐的口氣問他：

「你怎麼不早點睡？」

「嗨！三姐，明天聯考，還敢貪睡？」韓道生雙手把大腿一拍。

「就是因爲明天要考，你更應該早點睡，好好地養精蓄銳，晚上開多了夜車，早晨起來頭腦暈暈沉沉，那不成了枯竹子搾油？」韓素梅望着弟弟說。

「三姐，妳考高中時頭天晚上有沒有開夜車？」韓素梅升大學是保送，考高中時的情形韓道生已經記不得了。

「我睡大覺，第二天精神特別好，所以才考上北一女。」

「眞有這回事？」韓道生一笑：「那我也去睡覺！不過要是考不取，妳可要負責？」

「不要耍賴，」她笑着說：「平時多燒香，臨時就不必抱佛脚，你一夜還能讀完三年的書？」

「三姐，妳總有理！」韓道生抹抹頭。

「早點睡，明天早晨我陪你去。」她拍拍他，像拍着凱萊。

「三姐，妳既然這樣好，率性代我考吧？」韓道生笑着蹦上台階。

「你就是這樣得寸進尺。」她白了他一眼。

他笑着跑進廚房。

韓素梅洗過澡後，又到院子裏散散步，乘乘凉，十姊妹已經躲到小閣房裏睡了，洋老鼠也不再翻車，雞也進了塒，把頭塞進翅膀裏，只有孫悟空看見她還吱吱地叫。

她在小魚池邊坐下，青石清凉，金魚的紅鱗在池裏閃動，星星映在池中，像散落的銀屑，微微搖幌。

天氣熱，偶爾有一陣風吹過，遍體生凉。

韓道生已經熄燈睡覺，韓老太太却悄悄地走了出來，韓素梅迎着她說：

「媽，您還沒有睡？」

「天氣熱，媽這麼胖，一身是火，不出來清凉清凉，怎麼睡得着？」韓老太太笑着回答。

「爸睡了？」韓素梅輕輕地問。

「睡了。你爸是隻瘦鴨子，大熱天，眞好福氣！」

韓素梅輕輕一笑。韓老太太輕輕問她：

「第一次當家教，味道如何？」

她一五一十地告訴母親，母女兩人不時發笑，韓素梅講完之後又低聲說：

「媽，比起陶家兩姐弟來，小弟不知道好到那裏去了。」

「道生本來就好，妳總說媽偏心，現在妳該知道了？以後可別損他。」

「媽，我不是損小弟，只是不敢捧他。怕他一跤跌下來受不了。」

「他本來很可以自負，妳和道良就像兩隻天牌地牌，硬把他壓住了，因此在家裏就神氣不起來，還要看妳的顏色。」韓老太太高興地說。

「媽，小弟過了這一關，不也就神氣了？」

「可不是？以後妳也應該捧捧他。」韓老太太望着女兒說：「說一兩句奉承話，又不要本錢，妳做姐姐的又何樂不爲呢？」

韓素梅看母親那麼輕鬆幽默，不禁笑了起來。

「別笑，媽誇獎他十句，他也不稀奇，妳誇獎他一句，他就會跳起來。」韓老太太笑着說。

「媽，您的獎狀發得太多，所以沒有價値。」

「他要是考取第一志願，媽眞想給他一個靑天白日勳章呢！」韓老太太望望小兒子的房間說

。

「媽，您別把小弟寵壞了。」

「他是么兒子，我應該寵他一點，」韓老太太笑着說：「明天我還準備陪他去考哩。」

「媽，我已經給小弟說過，陪他去考，這麼大熱天，您何必去受罪？」

「那好，」韓老太太一笑：「既然妳陪，我就不搶這筆生意了。」

「媽，您又和我兜圈子！」韓素梅知道上了圈套，不禁笑了起來。

韓老太太笑得一身肌肉顫動，她生怕吵醒了小兒子，又連忙刹住。

母女兩人在院子裏談了一會，走了幾圈，才一道進屋去睡。

第二天韓素梅起了個早，把點心、水果包好，放進提包，鋼筆吸滿墨水，給韓道生備用。

姐弟兩人吃過早餐，就一道出發，韓老先生夫婦把他們送到院子門口，韓老先生對兒子說：

「輕鬆一點，不用緊張，膽要大，心要細。」

韓老太太接着說：

「道生，爸爸是教心理學的，這是考場心理，你要把握這個原則。」

「媽，題目會作，我自然輕鬆，題目作不出來，自然會急出一頭大汗。」韓道生笑着回答。

「作得出來，不要得意忘形；作不出來，也不要心慌。我剛才的話就是要你冷靜。」韓老先生說。

韓道生點點頭，韓老太太吩咐女兒：

「素梅，妳好好地照顧道生，休息時不要亂吃東西，考完了就回來，媽有好東西給你們吃。」

「媽，您放心，我們不是三歲的孩子。」韓素梅笑着回答。

「媽看你們還是三歲啦。」韓老太太慈祥地一笑，兩隻眼睛幾乎瞇成一條縫。

今天的公共汽車特別擁擠，大部份是趕考的學生，都帶着憂喜參半的心情排隊，有些學生還不肯放過這片刻機會，拿出書本閱讀，有些人的眼睛是紅的，顯然是開了夜車。

他們姐弟兩人像沙丁魚塞進車廂，擠到考場。

一到考場，韓素梅就陪着弟弟去看座位，韓道生的位子靠在走廊窗邊，他把書包放在窗上，第一堂考國文，他拿出高三的國文課本溫習，韓素梅在走廊上散步，別人還以爲她是考生。

監考的人上樓之後，所有的考生都紛紛入座，陪考的人也紛紛下樓。韓素梅提起弟弟的書包，把吸滿了墨水的鋼筆交給他，輕輕地囑咐：

「記住爸爸的話，小心、謹愼，不要慌。作完了多檢查兩遍再交，我在操場樹蔭下等你。」

「三姐妳放心，我是十項全能，決不會使妳丟人。」韓道生輕鬆地說。在這個教室裏他的同學不少，有兩個還是他的鄰座，都是高材生，他的膽氣更壯。

韓素梅聽他這樣說，心裏也很高興，笑着背起書包下樓了。

她向家長休息室那一排房子走去，集中在那裏的都是些陪考的人，教室裏，走廊上，樹蔭下，坐的坐，站的站。賣飲食的也在那邊。

她還沒有走到，夏雲就在人堆裏向她把手一揚，笑着叫着跑了出來。她也碎步跑過去。

「妳怎麼也來了？」韓素梅笑問夏雲。

「陪我弟弟嘛！」夏雲說。

「夏青也考甲組？」韓素梅有點驚訝。「怎麼沒有聽妳說過？」

「我懶得管他的事，那有什麼好說的？」夏雲把腰一扭。

「其實妳也應該指導指導，甲組並不好考。」

「你弟弟是十項全能，他是一項不能，隨便考那一組不都是一樣？他聽說讀甲組出國方便，在美國有辦法，他就報考甲組了。」

韓素梅聽了一笑：

「你弟弟也眞有意思。」

「我說了他就是會打歪主意。」夏雲也好笑：「這次還不是陪着公子趕考，還會有他的份？」

「那也說不定？多少也有點運氣。」韓素梅客氣地說。

「運氣？他要是考上了，那才眞是瞎猫碰着死老鼠！」

「夏雲，妳也眞是！我媽說我不捧弟弟的場，妳比我更差勁。」

「嗨！」夏雲脚一頓：「要是夏青有道生那樣棒，我會把他捧上九重天，無奈他是四兩猪頭肉，上不了台盤，我怎樣捧法？」

「夏靑要是聽到妳這些話，他會氣死！」韓素梅說。

「他臉皮厚得很，才不在乎。」夏雲笑着說。

「你爸爸也不管他？」

「爸爸忙着做生意，那有時間管他？」

「妳媽呢？」

「他像一條野馬，媽根本管不住他。」

「妳做姐姐的也應該管管他？」

「妳知道我比他好不了多少，」夏雲輕輕地說：「自己打老子怎麽能勸別人行孝？他才不聽我這一套。」

韓素梅笑了起來。

夏雲在人堆裏找了兩個位子坐下，買了兩瓶橘子水和韓素梅邊喝邊說，她不時高聲大笑，旁若無人。

突然她發現姚琢吾站在樹蔭下看報，她把手肘碰了韓素梅一下，又向姚琢吾一指：

「妳看，姚琢吾也在那裏。」

韓素梅還沒有看清楚，她又把韓素梅的手一拉，拖着她從人堆裏擠了出來，同時向姚琢吾叫喊：

「姚琢吾！姚琢吾！」

姚琢吾抬頭一看，發現她們兩人，向她們微笑招手，夏雲一馬當先跑了過去。

「你陪誰來考？」夏雲問他。

「我妹妹。」姚琢吾回答。

「你妹妹也考甲組？」夏雲歪着頭問。

「她想作居禮夫人和吳健雄博士，志氣大得很。」姚琢吾說。

韓素梅已經走到樹蔭底下，笑着接腔：

「你妹妹也趕熱門？」

「她對數理很有興趣，那就讓她走她自己的路。」姚琢吾笑着回答：「素梅，妳弟弟的第一志願是什麼？」

「台大物理系。」

「說不定他們兩人將來也會同班？」

「我弟弟的事我還不敢說，你妹妹的功課一定很好？」

「她是妳的後期同學，功課倒也不錯。」

「好，你們的弟弟妹妹都可以考取第一志願，我弟弟註定是給他們兩人陪考了！」夏雲大聲插嘴。

「不會吧？」姚琢吾說。

「你不知道我弟弟的功課有多賴？說出來都丟人。」

夏雲一笑而罷，不再說下去。姚琢吾也不追問，雙脚一盤，往草地上一坐。

她們兩人看他坐下，也掏出手絹，鋪在草上，坐了下去。

韓素梅從姚琢吾手上拿過 Chnia Post 來看，又被夏雲搶了過去，往屁股底下一塞，望着韓素梅說：

「難得在一塊兒談談，看什麼鬼報？」

「妳別糟踏東西，好好的報紙經妳這一坐那不完蛋？」韓素梅說。

「喲！姚琢吾都沒有講話，妳怎麼這麼小器？」夏雲望了姚琢吾一眼，又轉向韓素梅說。

「妳怎麼亂咬人，弄壞了妳不可惜？」韓素梅笑着回答。

「一份報紙能值幾文？何必這麼寶貴？」夏雲把報紙抽出來往韓素梅懷裏一塞。

「古人片紙隻字都不隨便丟棄，何況大張報紙？」韓素梅拿起報紙高興地一笑。

「小書獃子，酸氣！酸氣！」夏雲指着韓素梅罵。

韓素梅沒有理她，低頭看報。

夏雲和姚琢吾唧唧哇哇，她的話像連珠砲，不管姚琢吾有沒有反應，劈劈啪啪講個不停。

姚琢吾靠在樹幹上，望着她笑，一語不發，她講着講着，突然一頓，指着姚琢吾笑罵：

「姚琢吾，你眞豈有此理，我講了半天，你怎麼像個泥巴菩薩？」

韓素梅聽了好笑，抬起頭來望望他們，姚琢吾笑着回答夏雲：

「妳在劈劈啪啪放鞭炮，我怎樣插嘴？」

「你根本就是死相，存心看我的笑話。」夏雲罵他。

姚琢吾和韓素梅都笑了起來，韓素梅指着夏雲說：

「妳這人眞蠻不講理，妳講話也要人家講話，怎麼這麼專制？」

「我一個人講話，他不附和那多沒有意思？」夏雲望着韓素梅說：「得了！妳不幫我的忙，反而幫他的腔，是何道理？」

「妳太霸道嘛！」韓素梅笑着說。

「哼！分明是妳存心護他，」夏雲向姚琢吾一指：「怎麼是我霸道？」

「夏雲，別再含血噴人好不好？」韓素梅發急地說。

「下次妳還幫不幫他的腔？」夏雲得意地問。

韓素梅笑而不答，姚琢吾接着說：

「得道多助，像妳這樣強橫霸道，誰會幫妳？」

「姚琢吾，你不要得意！」夏雲指着他說：「你得什麼鬼的道？你的事我心裏還不明白？」

姚琢吾望望她，又望望韓素梅，不好作聲，夏雲又調侃地說：

「你們兩人當着我打什麽電話？」

「眞瞎胡扯！」韓素梅笑着罵她。

她得意地格格大笑。

姚琢吾問韓素梅的家教情形，韓素梅告訴他，夏雲聽了又格格大笑起來。

夏雲的弟弟夏青，不待終場就先出來，他聽見夏雲的笑聲，就一直向這邊走，他的個子雖不高大，但很結實，他既不高興，也不頹喪，彷彿他不是參加一場大考下來，他還沒有走到樹下，夏雲就大聲地問他：

「你怎麽這麽早出來？」

「老獃在敎室裏多無聊？」他輕鬆地回答。

「你考得怎樣？」夏雲問他。

「我怎麽知道？」他笑着說。

「你作完沒有？」夏雲有點生氣，聲音隨着提高。

「作文寫了六七百字，文言翻白話，我不懂，瞎湊了幾句，其他的題目也很難，馬馬虎虎答了一些。」

「國文你不好好地考，英文數學你更糟糕！」夏雲指着他說：「國文再好也考不到一百分，再壞也不會吃零蛋，何必緊張？」他從容地回答，望了姚琢吾一眼，他不認識姚琢吾。

韓素梅問他一些考場的情形，他輕描淡寫地回答了幾句，就走到飲食攤上去買東西吃，又提了三瓶橘子水回來，分給他們每人一瓶，大方得很。

「你不要只管吃喝玩樂，你也好好地利用時間看看書。」夏雲對他說。

他無可奈何地拿出一本英文，往草地上一躺，翹起二郎腿，唸唸生字。

樓上樓下的考生陸續出來，有的興高彩烈，有的垂頭喪氣，大多數考生都不作聲，默默地打開書本，準備下一堂的考試。

姚琢吾的妹妹姚玉華，穿着綠衣黑裙笑着走了過來，她有一對黑白分明充滿智慧的眼睛。姚琢吾介紹她和韓素梅、夏雲、夏青認識，夏青看見她連忙坐起來，雙手抱膝地望着她，她看見他的學校制服，就不再多看他一眼，特別打量了韓素梅一會，又望望她哥哥姚琢吾。

韓道生蹦蹦跳跳地跑過來，他和夏雲夏青姊弟，姚琢吾三人都熟，就是不認識姚玉華。韓素

梅介紹了一下，又問他考得怎樣？他高興地回答，

「全作了，大致不差。」

「玉華，妳怎樣？」姚琢吾問她妹妹。

「放榜以後再說，現在言之過早。」她向姚琢吾一笑，在他身邊坐下，打開書本用功。

「你看人家的樣子？」夏雲指指姚玉華對夏青說。

「妳別充正人君子，妳自己又多用功？」夏青白了夏雲一眼，一躍而起，走到另外一棵樹下去了。

「沒有辦法，上樑不正下樑歪，我管他不住。」夏雲搖頭一笑。

韓素梅遞了一隻蘋果給姚玉華，姚玉華謙讓了一下，韓素梅說：

「別客氣，快點吃，等會又要考了。」

姚玉華這才接下，韓道生立刻掏出小刀遞給她，問了一句：

「要不要我替你削？」

她笑着謝了。

韓素梅隨後又拿出一隻蘋果要弟弟道生送給夏青，道生拿着蘋果走到半途叫了一聲夏青，把蘋果像投棒球一般投擲過去，夏青身子一躍，手一伸，把蘋果攫住，姿勢好看得很，韓素梅姚琢吾不禁一笑，夏雲也笑着說：

「他就只有這點本事。」

「他會的東西多啦！」韓道生接嘴：「聽說還會打Boxing哩！」

「那有什麼用？我們家裏又不需要打手。」

韓素梅要弟弟看書，不要再扯野話。道生看姚玉華一面吃蘋果還一面看書，也就不再言語，低頭看書。

距第二堂考試還差五分鐘，他和姚玉華就提前去考場，樹蔭下，走廊下的其他考生，也紛紛進去。夏青落在最後，一個人懶洋洋地向考場走去，鈴響了他也不跑一步。

「看了你們的弟弟妹妹，再看夏青那吊兒郎當的樣子，我眞有點生氣。」夏雲望了她弟弟一眼說。

「也許他胸有成竹？」韓素梅說。

「他一肚子的草，我還不知道？今天我陪他來眞是白費，你們兩人倒還值得。」

韓素梅和姚琢吾安慰地一笑。

休息室和樹蔭下的家長們喞喞喳喳，推測他們的子弟上一堂的分數。

考場裏面的幾千考生却鴉雀無聲，一片肅靜。

太陽的光芒耀眼，樹葉搖都不搖一下。這種天氣特別困人，有些胖家長竟靠在長椅上，張着嘴打起鼾來。

第七章 陶丹崇拜新潮派 素梅不齒名女人

韓素梅吃過晚飯後，匆匆地趕到陶公館。

男女主人都不在家，陶丹陶朱姊弟兩人歪坐在長沙發上看晚報。

下女銀嬌開門把韓素梅迎接進來，陶丹一躍而起，蹦到韓素梅面前，笑着說：

「老師，今天這麼熱，你還來教？」

陶朱扭動了一下身體，懶散地把報紙往旁邊一扔，嘟啾着說。

「老師，今天太熱，放一天假算了。」

韓素梅在裙子口袋裏掏出手絹揩揩額上的汗，在沙發上坐下，笑着對他們說：

「你們休息一下再上課好了。」

「我早跟爸爸說了要裝冷氣，他只管忙他自己的事，還要我們在這個大熱天補習，眞不公道！」陶丹說。

「你們府上電扇很多，並不算熱。」韓素梅說。

「電扇可趕不上冷氣。」陶朱說。

「窮人連電扇都買不起，房子又矮又小，還不是照樣作事？」韓素梅說。

「窮人沒有錢怪誰？我們又不是裝不起冷氣，爲什麼有福不享，要受窮罪？」陶丹說。

「小姐，你們這麼享福還說受窮罪？人家鄉下人在大太陽底下跪在田裏作工，人家也沒有叫苦。」銀嬌說。

「銀嬌，我們說話妳多什麼嘴？」陶朱氣勢凌人地說。

「陶朱，銀嬌的話沒有錯。」韓素梅說。

「老師，我是說她不懂規矩。」陶朱申辯。

韓素梅沒有作聲，銀嬌却接着說：

「好，少爺，我錯了，我不懂規矩，下次不敢。」

韓素梅聽了好笑，隨後又對他們兩人說：

「現在上樓去做功課吧！」

「老師，不能免一次？」陶丹撒嬌地扭扭身子。

「一星期才三次，免一次是你們的損失，不是我的損失。」韓素梅站起來，逕自上樓。

陶丹陶朱也只好跟在她的後面上去。

指定的練習他們兩人都沒有做，韓素梅也只好上課。

立地電扇對着他們吹，陶丹陶朱還是靜不下心來，嘴裏不時嚷熱，手在身上東抓一把，西抓一把，他們自己不肯用一點思想，完全仰賴韓素梅教。兩個小時下來，眞把韓素梅累出一身汗。

臨走時她在手提袋裡拿出上次帶回去的那本《情場》還給陶丹，陶丹連忙問她：

「老師，這本書好不好看？」

韓素梅臉孔一紅，隨後一沉：

「陶丹，這種書妳不能看。」

「老師，這是女作家寫的，人家名氣可不小呀，她說這是什麼新潮派呢，我就是歡喜新派，怎麼能不看？」

「妳信她瞎胡扯？文學上那有什麼新潮派？」

「老師，人家是名作家呀，怎麼會瞎胡扯？」

「妳不要以為她是個名作家，其實她只是個名女人，她只能唬唬你們。」

「老師，你的話不對，如果她不是真有兩手，為什麼很多人捧她？」陶朱插嘴。

「陶朱，越是不正經的女人越有人捧，你明不明白這個道理？」韓素梅問他。

「有人捧就好，我管它什麼正經不正經？女人越邪越帶勁！」陶朱咧嘴一笑。

韓素梅啼笑皆非，拎起提袋就走，陶朱趕上一步：

「老師，妳不要看不起人家，妳懂不懂什麼是第十藝術？」

韓素梅臉一紅，脚一跺，登登地跑下樓。

陶丹陶朱在後面格格地笑。

韓素梅一下樓，就看見陶太太。陶太太笑着向她招呼，她也向陶太太禮貌地一笑：

「陶太太，妳怎麼這麼早回來？」

「打了十二圈，他們不敢再打，只好散場了。」陶太太得意地說。

韓素梅哦了一聲，想走，陶太太把她攔住：

「玩一會兒，妳太辛苦了，這麼大熱天，也應該歇歇。我要銀嬌開西瓜給妳吃，冰鎮的，淸涼得很。」

隨後陶太太就吩咐銀嬌開西瓜，韓素梅不得不留下來。

「韓小姐，我想問問妳，我陶丹陶朱的功課，到底怎樣？」

韓素梅不好直講，停了一會才說：

「他們還定不下心來。」

「嗯，」陶太太點點頭：「他們的心太野，麻煩妳多管管他們。」

「陶太太，我和他們在一起的時間太少，只一三五兩個鐘頭。」韓素梅說。

「韓小姐，妳二四六也來好不好？補習費加倍。」陶太太爽快地說。

韓素梅猶豫了一下，隨後抱歉地回答：

「陶太太，對不起，二四六我不能來，我還要學畫。」

「唉！眞想不到，妳年紀輕輕的，志氣這麼高？」陶太太慨嘆起來。

「那倒談不上，不過我歡喜讀書畫畫。」韓素梅謙虛地回答。

「唉！眞氣人，我這兩個寶貝就是不肯讀書。」

「陶太太，他們不一定不肯讀書，就是不讀正當的書，亂七八糟的書他們倒愛讀得很。」

「他們讀了什麼壞書嗎？」陶太太偏着頭問。

「陶太太，妳去他們桌上看看就知道。」

「唉！」陶太太兩手一拍：「我就是太忙，很少注意這些事。再說，我也實在分不出那是好書那是壞書？我以爲只要白紙印上了黑字，就是聖賢書啥！」

「陶先生也不看看？」韓素梅偏着頭望着陶太太。

「唉！他比我更忙，連看報的時間都沒有。」陶太太嘆口氣，搖搖頭。

銀嬌端來兩大片西瓜，一人一盤。陶太太又吩咐銀嬌：

「送兩盤上樓去。」

銀嬌應了一聲「是」，隨即送西瓜上樓。

陶丹陶朱一人拿着一片西瓜邊吃邊跑下樓來。陶丹驚訝地問韓素梅：

「老師，妳還沒有走？」

「妳媽要我坐一會兒。」韓素梅回答。

「媽，今天妳怎麼回得這麼早？」陶朱問。

「我怕你們在家裏玩，不讀書。」陶太太說。

「鬼話！」陶朱一笑：「一定是三缺一？」

「你別胡扯！你的功課怎樣了？」陶太太故意拉長臉。

「剛才我們還在樓上用功，聽說妳回來了，才下來看妳的。」陶朱向陶丹眨眨眼睛。

陶太太的圓臉馬上恢復原狀，而且露出一絲笑容。

「媽，看樣子妳今天贏了錢是不是？」陶丹察顏觀色，笑着探問。

「死丫頭！」陶太太笑罵：「你眞是一雙賊眼！」

「媽，我會看相嘛！」陶丹笑着回答：「妳要是輸了錢哪，嗯！那樣子才難看！好像我們也欠了妳一屁股債！」

陶太太笑了起來，又罵了女兒一句。

「媽，妳贏了多少？照理應該請客。」陶朱把西瓜皮往桌上一拋，用手巾擦擦嘴。

「不過三千塊錢，有什麼稀奇？」陶太太輕鬆地說。

「媽，妳會給我們好了，保險一個月不向妳要零用錢。」陶丹把手一伸。

「你們兩人只知道吃，喝，玩，一點也不用功讀書，還好意思向我要錢？」

「媽，我們很用功嘛！不信你問韓老師，是不是比以前好？」陶丹靠着陶太太，揉揉她的肩。

「我早知道了，妳還騙我？」陶太太輕輕白女兒一眼。

陶丹陶朱不約而同地望望韓素梅，韓素梅沒有出聲，陶丹鼓着腮，嘟着嘴說：

「老師，妳也不講一句公道話？」

「你們以前的情形我不大清楚，照現在看來，不能算用功。」韓素梅說。

「老師，我們比以前好多了！」陶朱馬上接嘴：「再用功就要我的老命！我才不幹！」

「陶朱，你看人家韓老師，一面當家教，一面還要學畫，你們本份的功課都做不好，還要死要活，虧你好意思？」

「媽，十個指頭有長短，人比人，氣死人，妳怎麼能把我們和老師相比？」陶丹接腔。

「我也不是聖人，只要你們用功就是一樣。」韓素梅說，

「老師，說來容易，做起來可眞難！用功要早起晏睡，大熱天也抱着書啃，那簡直是受洋罪

！」陶丹搖搖頭。

「吃得苦中苦，方爲人上人。」陶太太說。

「媽，妳也不要儘說我們，妳又吃了多少苦？」陶朱說。

陶太太望着韓素梅一笑，又回過頭來對兒子說：

「陶朱，你越說越不像話了，小心我要你爸爸剝你的皮！」

「爸爸自己的事都忙不了，才不會管我們的事。」陶朱嘴一撇，輕鬆地回答。

陶丹抿着嘴，吃吃地笑。

韓素梅起身告辭，陶太太感嘆地說。

「唉，韓小姐，我和陶先生都太忙，我眞希望妳能天天來。」

第八章 小弟試後好歇伏 三姐犒賞大西瓜

韓道生考完聯考以後，一身輕鬆，他不再摸書本，一心一意地玩，打球，聽收音機，做手工，整理院子，從早到晚，手脚不停。

他把院子裡面打掃得乾乾淨淨，沿着籬笆種植的千日紅也修剪得整整齊齊，花是花，樹是樹，整個院子看來賞心悅目。

韓素梅一走到院中，眉眼間就透出幾分喜悅，本來她就喜愛這個院子，經韓道生一整理，她更加喜愛了。

她輕搖着白鵝毛扇，笑着向榕樹下走來。榕樹下掃得乾乾淨淨，連一片落葉也沒有。韓道生躺在藤沙發上，抱着電晶體收音機，音量開得不大，他閉着眼睛靜靜地欣賞。

「小弟，你倒很會享福？」韓素梅笑着說。

「三姐，現在該我享福了。」韓道生微微睜開眼睛，頑皮地一笑。

「聯考還沒有放榜，你不要享得太早了。」韓素梅站在他面前，搖着羽毛扇說。

韓道生一個鯉魚翻身，站了起來，得意地指着自己的鼻尖說：

「三姐，不是我吹，這次我一定會考取臺大，六門功課我最少可以拿四百分。」

「你算過了？」韓素梅笑着說，緩緩地坐在藤沙發上。

「喔！算了好幾遍，這是最低的估計。」韓道生彎着身子說。

「難怪你這麼心安理得，把院子整理得這麼好。」韓素梅笑着，望望周圍的環境。

「大哥在成功嶺受訓，二哥在鳳山軍校，三姐，妳又只顧讀書畫畫兒，我不整理難道還要爸爸媽媽動手？」韓道生笑問。

「喲！你眞是個好學生。」韓素梅嗤的一笑。

樹上的猴子也吱吱地叫，拍手。韓素梅站了起來。逗着猴子說：

「孫悟空，你叫個什麼勁？你知道我們說什麼？」

「三姐，孫悟空向你討好，想東西吃，猴子還會存什麼好心？」韓道生走過去接嘴。

「你去拿點什麼東西給牠吃好不好？」

「我才不拿，」韓道生頭一搖：「牠吃得髒死了！」

韓素梅望望籬邊的木瓜樹，上面沒有木瓜了，臺北的氣候不對，木瓜結得很少，而且長不大，多半是一點點大就凋謝的。她只好搖搖頭，對猴子說。

「孫悟空，不要叫，待會兒我買地瓜給你吃。」

「三姐，你對孫悟空這麼好，她又不知道感恩圖報，還不如買點東西給我吃？」韓道生笑着說。

「好吧！」韓素梅點點頭：「這幾天你沒有功勞也有苦勞，我皮包裡還有點錢，你拿去買個西瓜回來，你吃瓜瓤，孫悟空吃瓜皮，一舉兩得。」

「OK！」韓道生高興得行了個舉手禮，身子一旋，跑進屋去。

韓素梅也踱過去看看雞，看看小白兎，韓道生怕牠們弄髒了院子，不讓牠們出籠。

韓道生拿了錢蹦蹦跳跳地跑出去，正好和從外面跑進來的夏雲在院子門口碰個正着，夏雲喲了一聲，埋怨地說：

「道生，你眼睛長到那裡去了？這麼瞎碰瞎撞的？差點撞死人了！」

韓道生笑着拱手作揖，抱歉地說：

「夏姐姐，眞對不起，我去買西瓜，歸我請客。」

夏雲又噗哧一笑，韓素梅望着他們說：

「你們兩個冒失鬼，今天可碰着了！」

「哼！要不是他買西瓜請客，我可不依他！」夏雲兩眉一掀，笑着向韓素梅走來。

韓道生眼睛一睞，跑了出去。

「道生是慷他人之慨，他請妳什麼客？」韓素梅挽着夏雲一笑。

「他不是說買西瓜嗎？」

「那是我要他買的，他做的是順水人情。」

「想不到道生還有這份刁勁！」夏雲不禁失笑。

「哼！他鬼得很。」韓素梅鼻子裡輕輕哼一聲。

猴子看見她們兩人走來，又吱吱叫。夏雲走過去逗她，猴子看她手上沒有吃的東西，就懶得理她，她用食指向猴子一指，罵了一句。

「孫悟空死坯！」

然後又跑去看金魚。她腳步咚咚地跑過去，金魚都駭得潛到水底，不敢游動。她有點掃興，又走到屋簷下去看十姊妹，十姊妹一看見她又連忙鑽進窩裡躲着不出來。她氣得在韓素梅肩上搥了一下，抱怨地說：

「怎麽搞的？妳家裡的小東西對我都不友好，一定是妳這個鬼教坏的！」

「妳別寃我好不好？」韓素梅揉揉肩說：「是牠們膽小，妳怎麽能怪我？」

「妳也應該教牠們一點禮貌，我來了應該擺隊相迎才是？怎麽像個小媳婦一樣，躲着不肯出來？」

「說實在話，妳要是也斯文一點，牠們就不會大驚小怪。」

「哈哈，妳要我也像妳那個樣兒？一口大氣也不出，那我可要鷩死。」夏雲格格地笑起來。

韓老太太聽見夏雲的笑聲，從窗口伸出頭來，幽默地說：

「是夏雲吧？妳驚醒了我的好夢，我們該怎樣算帳？」

「喲！伯母，這我可擔待不起了。」夏雲頸子一縮，舌頭一伸。

「怎麽妳來了也不先向我報個到兒？」韓老太太笑着說。

「伯母，我猜您在睡午覺，我怕驚動您呀！」夏雲格格一笑。

「結果妳還不是把我吵醒了？」韓老太太詞鋒銳利，夏雲手足無措，只好笑着鞠躬：

「伯母，我認罪，我認罪！」

韓老太太的胖臉上浮起一絲微笑，韓素梅也笑着說：

「媽，謝謝您替我翻了本。」

「當然，媽總不能看妳落輸啦！夏雲，妳說是不是？」韓老太太伏在窗上，她那胖大的身體，幾乎把窗口塞滿了。

「伯母，這不公平，原來您是存心護素梅的？」夏雲馬上抗議。

「三姐是媽的心肝寶貝，自然要護着一些。」韓道生提了一個大西瓜進來，連忙接腔。他後面跟着姚琢吾姚玉華兄妹兩人。

夏雲和韓素梅看見姚家兄妹，連忙跑過去迎接，夏雲人未到聲音先到：

「姚琢吾，眞巧！什麼風把你們兩兄妹吹來了？」

「聯考過了，妹妹閒着無事，我帶她來看看伯母。」姚琢吾說。隨即介紹他妹妹和韓老太太見面。

姚玉華向韓老太太一鞠躬，叫了一聲「韓伯母」。

「難得，難得！」韓老太太打量了姚玉華一眼，連忙走了出來，滿臉堆笑地說：「看樣子小妹妹蠻聰明的，功課一定很好。」

「媽的眼力眞不錯，」韓素梅笑着說：「她是北一女的，和小弟一樣，也想學物理，作科學家。」

「熱門，熱門，」韓老太太望着姚玉華一笑，又望望韓素梅：「那你們是先後同學了，更親，更親。」

「媽，將來玉華妹妹可能和小弟同系呢。」韓素梅說。

「妳別說早了，還不知道道生考不考得起呢？」韓老太太望了兒子一眼笑着說。

「媽，您放心好了。」韓道生把西瓜放在榕樹根上，忙着跑進屋去搬椅子，從韓老太太身邊擦過，輕鬆地說。

「伯母，我看道生沒有問題。」姚琢吾說。

「我看他們兩人都沒有問題，」夏雲拉拉姚玉華說：「就只我那位寶貝弟弟過不了關。」

姚玉華默不作聲，靜靜地站在姚琢吾身邊。

韓道生一手提着一把藤椅，左脇還夾了一張圓櫈，像隻賴窩的大母鷄樣搖搖晃晃跑出來。韓素梅過去接了一把藤椅，對姚琢吾他們說：

「來，請在樹蔭下面坐坐，外面比屋裡涼快。」

「韓姐姐，你們的院子眞乾淨。」久不說話的姚玉華，突然開口。

「這倒是小弟的功勞。」韓素梅笑着指指韓道生：「他考完以後，作了這麼一件德政。」

「伯母，那您應該賞賞道生？」夏雲望着韓老太太說。

「媽不用賞，我已經賞過了。」韓素梅說。

「妳賞了什麼？」

「您看！」韓素梅指指樹根上的西瓜說。

「那不成，我們不能揩道生的油。」夏雲搖搖頭。

「對，」韓道生馬上附和：「夏姐姐講了一句公道話，三姐，這個西瓜不算，妳應該另外嘉獎。」

「小弟，你手辣心狠，我的皮包一定被你掏空了，再拿什麼獎你？」

韓道生笑着眏眏眼睛，輕輕地說：

「三姐，我不會做得那麼絕，我還給妳留了兩毛錢。」

「該死！」韓素梅笑着罵他：「你比不留更坯。」

「素梅，這個西瓜算妳請客，道生我另外賞他好了。」韓老太太笑吟吟地說。

「伯母的話很公道，」夏雲搶着說：「素梅，我們謝了。」

「我和妹妹的口福不淺，」姚琢吾說：「我們剛一下車，就碰見道生提了這個大西瓜。」

「今天我們都叨了道生的光，我們應該謝謝道生。」夏雲說。

「免了，免了。」韓道生笑着向夏雲拱拱手：「妳少罵我兩句就行。」

夏雲噗哧一笑。韓素梅輕輕地對她說：

「妳現在該知道他多坯吧？」

「他坯得可愛，比夏青好多了。」夏雲笑着回答。

韓老太太一直笑哈哈，她選了一張藤椅坐下，把那隻藤椅塞得滿滿的。她要姚玉華在她身邊坐下，不時摸摸她的短髮。姚玉華和韓素梅夏雲兩人不同，完全是中學生的打扮，短髮，綠襯衣，黑裙子。韓素梅雖未燙髮，頭髮却長多了；夏雲的頭髮燙得很漂亮，像個大人的樣子。

韓道生又端了兩張藤椅，拿了一把菜刀出來。下女阿珠端了一大臉盆清水，跟在後面。她把西瓜放在臉盆裡洗乾淨，交給韓道生切。

韓道生像個老內行的樣子，把西瓜剖開，切成許多片，韓素梅和阿珠分給大家吃。韓老太太特別挑了一片大的給姚玉華。

「三姐，我切西瓜比得上西瓜大王吧？」韓道生笑着問韓素梅。

「你是牛皮大王，窮吹。」韓素梅笑着回答。

「道生，你這個西瓜挑得不賴，甜，水份多。」韓老太太邊吃邊說。

「媽，這點小事兒我還會做錯？」韓道生得意地回答：「手指一彈，就知道好壞。」

「道生，你眞有一手。」姚琢吾讚揚他。

「你別再給他戴高帽子，」韓素梅對姚琢吾說：「你一捧他，他更趾高氣揚了。」

韓道生拿起一片西瓜，吃了一大口，故意望着韓素梅嗨了一聲：

「嗨！眞甜！西瓜大王也買不到這樣好的西瓜！」

「流栮！」韓素梅笑着白他一眼，拿着母親的瓜皮去餵猴子。

猴子看見他們吃西瓜早就饞得吱吱叫，眼睛東溜西轉，韓素梅把西瓜皮遞給牠，牠連忙伸手來接，双手捧着瓜皮坐在樹枝上狂啃起來。

姚玉華看猴子好玩，不等牠吃完便把自己的瓜皮遞了上去，和韓素梅並肩站着欣賞。

「韓姐姐，妳的院子像個小動物園。」姚玉華笑着說。

「歡迎妳隨時來玩，不收門票。」韓素梅挽着她，親切地回答。

「我怕打擾妳讀書畫畫？」

「不會，不會。」韓素梅連忙搖頭。

「小妹妹，你隨時來玩好了，我看妳和素梅很合得來，我也歡喜妳。」韓老太太接嘴。

姚玉華說了聲「謝謝伯母」，夏雲睨着韓老太太說：

「伯母，您不能厚此薄彼，您喜歡姚玉華也該喜歡姚琢吾才對？」

「他們兄妹兩人我同樣喜歡。」韓老太太笑哈哈地說，同時看了姚琢吾一眼。夏雲故意望望姚琢吾和韓素梅，又大聲地指着姚琢吾說：

「姚琢吾，你這個書獃子，你也應該常來。」

第九章 韓素梅初試身手 大報紙發表文章

報販從院子門口將一份日報往院子裡面一拋，韓道生眼快，三脚兩步跳出去檢了起來，站在院子裡翻，看到副刊時他双脚一跳，叫了一聲，一縱一跳地跑到韓素梅的房門口，大聲地說：

「三姐，請客，請客！」

「你吃西瓜吃開了胃是不是？」韓素梅放下英文本的「傲慢與偏見」抬起頭來望着他淡然地說：「三姐又沒有發洋財，請什麽客？」

「嘿！妳偷偷地投稿，像做賊，不讓我知道，今天登出來了，妳還賴得掉？還不請客？」韓道生把報紙在她面前一揚，又往背後一藏。

「眞的？」韓素梅一躍而起，双手按在胸前，驚喜地問。

「三姐，不要心跳，」韓道生笑着搖手：「既然登出來了，它還跑得掉？我只問你，請不請客？」

「你就是一張老鼠嘴，你先拿給我看看再說？」韓素梅上前一步，把手向他一伸。

韓道生退後一步，笑嘻嘻地說。

「三姐，沒有這麼簡單，妳不先答應我的條件，就別想看報。」

「好，好，好！」韓素梅無可奈地點頭：「要是眞的登出來了，我一定請客。」

「白紙印上了黑字，還假得了？」韓道生把報紙拿到面前，用手指了兩下：「不但有你的，還有姚琢吾的，三姐，妳說巧不巧？」

「眞的？」她笑着把報紙搶到手中，轉身跑進房間。

「三姐，我還沒有看哪！」韓道生提高聲音說。

「小弟，事不關己莫勞心，你待會兒再看。」她回眸一笑。

「那我們同時看好了。」韓道生脖子一歪，跟着她進房。

「去，去，去！我看完了會送給你。」韓素梅笑着把韓道生推了出來。

「三姐，妳眞霸道！」韓道生搖頭苦笑。

韓素梅抱歉地看了弟弟一眼，就坐在藤椅上獨自看報。她寫的是一個五千字的短篇，是一個虛構的戀愛故事。因為報紙副刊歡迎這種一天登完的短篇，又像一張天牌一樣排在第一篇，非常題目。她看看題目和自己的名字心裡就有一陣狂喜，內容反而無心再看下去。當初她寄出去的時候眞像做賊一樣，生怕別人知道。她知道這家報紙副刊投稿的人多，退稿也特別厲害，每天有百分之九十五以上的稿子被擠下來，有幾位同學一連退了十次八次，就再也不敢投了，她怕自己也遭遇同樣的命運。這一登出來，簡直像中了愛國獎券一樣，幾乎有點不相信自己的眼睛。她把題目和自己的名字呆呆地看了一會，就看姚琢吾的那篇翻譯文章，他譯的是一篇文藝理論，談的是怎樣寫小說？只有三四千字，却將如何處理題材，故事，人物，講得很清楚透澈。看完以後她又看看新聞標題，才把報紙送給韓道生。

韓道生在院子裏玩單槓，他看見韓素梅走過來輕輕躍到她的面前。

「你不要再給爸爸媽媽看，我要剪下來。」她輕輕地囑咐弟弟。

「三姐，見了報就通了天，還能瞞得住人？」韓道生接過報紙一笑：「妳又不是眞的做賊，怕什麼？」

「小弟，我老實告訴你，我眞比做賊還要心虛，要是稿子退回來，我眞要鑽洞。」

「三姐，」韓道生哈哈地笑起來：「妳的膽子太小，我的臉皮太厚，這篇文章要是我寫的，我會把它當號外，拿到馬路上去大喊大叫，惟恐別人不知道哩！」

「何必那樣死相？」韓素梅笑着罵他。

「這就是宣傳哪！」韓道生笑着回答：「三姐，妳文章寫得再好，要是不懂得宣傳，名氣也不會大。」

「你怎麼懂得這些鬼事？」韓素梅奇怪地望着他。

「三姐，我沒有吃過猪肉也看見過猪走路啦！」韓道生笑着回答。「聽說有位女作家，爲了出名，什麼都幹得出來。」

「得了，得了！提起她我就噁心。」她皺皺眉搖搖頭：「我一輩子也不想出那個臭名。」

「喲！三姐，妳這樣會吃虧的！」韓道生䀹䀹眼睛。

「讓我先把文章寫好再說，用不着你躭這個窮心。」韓素梅白了弟弟一眼。

「三姐，妳眞是狗咬呂洞賓，不識好人心。」韓道生叫屈。

「小弟，你心倒是一片好心，就是那路道不正。」韓素梅向弟弟一笑，飄然地走進屋子。

韓道生望了姐姐的背影一眼，笑着走近魚池，坐在一塊石上看報。他先看韓素梅那篇文章，再看姚琢吾的翻譯，最後才看新聞，這和他平常看報的次序恰好相反。

他正看國際新聞時，韓老太太從窗口伸出頭來，笑着問他：

「道生，有什麼好消息沒有？」

「媽，人還沒有上月球，有什麼好消息？」韓道生抬起頭來回答，隨後又「哦」了一聲，說了一句「有了」，連忙拿着報紙跑到窗口，遞給韓老太太，輕輕地說：「媽，三姐有篇文章登出來了，這是我們家裏的好消息，她不許我拿給你看，您千萬不要聲張？」

「眞的？」韓老太太接過報紙，笑迷迷地說：「我應該向她道賀哩，怎麼能不作聲？」

「媽，三姐會駡我啦！」

「放心，媽作你的保鑣。」韓老太太摸摸小兒子的頭。

「媽，有妳這句話就行。」韓道生高興地跑開。又去玩單槓、舉重了。

韓老太太靠在窗口，笑迷迷地把女兒那篇文章看完，連忙走到床邊，把報紙遞給剛剛睜開眼睛的丈夫：

「祖培，老三的文章上了報，你起來看看。」

「我早知道她會有這一天的。」韓老先生笑着坐了起來。接過報紙。

「素梅眞有點天才，她用的句子和別人不同，看了眞叫人心服。」韓老太太笑容可掬地說。

「妳先別發表高論，讓我看完了再說。」韓老先生向太太一笑。

韓老太太笑着走開，收拾書桌。她房間裏有兩張書桌，她和丈夫一人一張，他們都習慣於晚上看書做事，疲倦了就去睡覺，早晨起來再行收拾。他們的書桌從來不假手下女阿珠的。

韓老先生看完報紙之後，翻身下床，拿起烟斗，裝了了一袋烟，擦根火柴，光一閃，靑烟一冒，他啣着烟斗，走到太太身邊，在她肩上輕輕一拍：

「我同意妳的意見。」

韓老太太回眸一笑，雖然臉胖，笑得還有幾分嫵媚。

「老三學文學沒錯。」

「學文學的目的不是當教書匠，炒別人的冷飯，應該自己創作。可是很多學文學的人就缺少創作天才，素梅有，而且天分很高，我們作父母的應該高興。」韓老先生握着烟斗說。

「今天我要自己去買幾樣菜，給她打打氣。」

「很好，我也需要打打牙祭，」韓老先生笑着點頭：「不過我們更應該注意她的退稿，寫文章不是一帆風順的事，說不定第二篇第三篇就被編輯先生退回來，那就更需要鼓勵。」

「要是遇着了退稿，我們就裝作不知道好了。」韓老太太笑瞇瞇地說。

「當然，妳這也是一個辦法，不過我們還要用別的方式鼓勵她。」韓老先生把烟斗塞進嘴裏，悠然地吸了一口。

「你到底是教心理學的。」韓老太太點點頭。

「妳注意姚琢吾那篇譯文沒有？」韓老先生笑着問她。

「我還沒有看。」韓老太太搖搖頭。

「他的譯筆很好，這孩子不錯。」韓老先生讚賞地說。

「聽說他的家境不好？」

「當然，他父親是個退役軍人，怎麼會好？」

「眞是家貧出孝子，他妹妹也很不錯。」

「妳見過他妹妹？」

「她和姚琢吾來過，也是北一女的，是素梅的後期同學，眞巧，她和道生一樣，也想唸物理。」

「那很好，下一代有出息，國家才有辦法。」

「老頭子，我倒有個私心？」韓老太太望着丈夫臉上一笑。

「什麼私心？」

「姚小妹淸秀聰明，年齡和道生一般大小，要是他們眞能同系，我倒有心把他們撮成一對。」

「嗨！」韓老先生笑着說：「妳也婆婆經，他們還早得很！」

「老頭子，女人總是女人，那像你們男人那麼大意粗心？我實在很歡喜姚小妹。」

「妳喜歡有什麼用？」韓老先生笑出聲音。「我看素梅和姚琢吾的感情倒還不錯，妳怎麼反而一字不提？」

「老頭子，他們感情既然不錯，我又何必狗咬耗子？」韓老太太笑着反問。

阿珠走了進來，韓老先生不再接腔，逕自去院子裏散步。

韓老太太匆匆地洗過臉就提着菜籃出去買菜。

韓道生看見父親走到院子裏來，就停止運動，說了一聲：

「爸爸早。」

「不早了，你玩你的吧。」韓老先生笑着回答。

韓道生不想再玩，陪着父親散步，父子兩人走在一塊，韓道生顯得矮半個頭。

韓素梅看見父親在院子裏散步，也放下畫筆，走了出來，她笑着說了一聲「爸爸早」，韓老先生摸摸嘴巴，笑容滿面地說：

「素梅，我今天吃了一頓最好的早餐。」

「爸，是燒餅油條，還是牛奶豆漿？」

「是妳的大作。」

「爸，您不要見笑。」韓素梅臉孔微微一紅，轉向韓道生責怪地說：「小弟，我對你怎麽講的？」

「不要怪他，」韓老先生慈祥地對她說：「文章本來就是寫給別人看的，我看看有什麽關係？」

「爸，我寫不好嘛！」韓素梅笑着回答。

「三姐，不要太謙啦，不好早進字紙簍了，還能上報？」韓道生插嘴。

「還不是瞎猫碰死老鼠？瞎撞。」韓素梅說。

「只要繼續努力，以後還會碰上。」韓老先生拍拍她的肩。

兒子女兒把他夾在中間，他一手扶一個，嘴裏吐着灰白色的烟。他看着院中清爽的情形，誇獎了兒子幾句。

「道生，你這件事作得很好。不管學科學也好，搞政治也好，總要保持一份文學家藝術家的生活情趣，種種花、養養鳥，整理整理庭院，這樣才可以減少俗氣和戾氣，人生才有意義。」韓老先生取下烟斗，在手上敲敲。

「爸爸又談人生哲學了。」韓素梅笑着接腔。

「爸爸不是教哲學的，」韓老先生低頭向女兒輕言細語：「但我很羨慕我們中國前輩讀書人的生活情趣。」

「爸，現在的讀書人忙着趕公共汽車，開會，房屋都不够住，自顧不暇，那能養鳥種花？」韓素梅說。

「所以我和妳媽對於我們這份清淡的生活，小小的天地，非常滿意。」韓老先生又把烟斗塞進嘴裏。

「爸，三姐倒很懂得您說的生活情趣，寫文章，畫畫，養鳥、種花、還有金魚、猴子、兎子、凱萊，咪咪……七七八八一大堆。」

韓道生的話把韓老先生和韓素梅都逗笑了，韓老先生笑着說：

「這就是生活的藝術，這樣活得才有意思。」

「爸，很多人以爲坐小轎車，住洋樓，上酒家才有意思哩！」

「道生，你千萬不可以存那種思想，那種人完全不懂精神生活，不懂人生的眞正意義。你將來就是當了科學家，也不可以那樣享受，物質生活永遠不能使人滿足。」

「爸，我知道。」韓道生連忙回答。

下女阿珠早已悄悄地走進院中，她看韓老先生沒有作聲，才笑盈盈地對他說：

「教授，請洗臉。」

「好，我就來。」他向下女點點頭，看了兒子女兒一眼，知道他們已經洗過臉了，便逕自走進屋去。

不久，韓老太太提了一籃菜走進院門，韓道生韓素梅連忙趕了過去，韓素梅看母親買了魚肉之類的好菜，笑着問：

「媽，今天又不是過年過節，您買這許多菜幹嗎？」

「妳的文章上了報，媽給妳慶祝一下。」韓老太太笑吟吟地說。

「媽，那點稿費還不夠您買小菜呀！」韓素梅紅着臉說。

「話不是這麼說，妳剛學走路時我也買了糖給妳吃呢。」韓老太太輕輕地慈祥地說。

韓道生從母親手上接過菜籃，笑着對韓素梅說：

「三姐，媽的東西不好吃，以後妳得好好地寫，像個作家。」

「媽，那我可辦不到啦！」韓素梅笑着跺脚。

「妳別信道生的話，」韓老太太笑着拍拍韓素梅的肩：「金字塔不是一天造成的，作家更是一點一滴的心血堆起來的，妳還年輕得很，媽怎麼會要妳一夜之間變成作家啦？」

「是呀！」韓素梅輕鬆地一笑：「小弟根本胡扯，世界上那有一篇文章的作家？有的人寫一輩子也不配稱爲作家哩！」

「三姐，妳的眼睛長在天靈蓋上，誰像妳分得那麼清楚？」韓道生笑着領先走進屋去。

「媽，小弟越來越死相了。」韓素梅笑着申訴。

「應該說他越來越像個大人了。」韓老太太笑嘻嘻地回答：「你不要老是把他當作三歲兩歲。」

韓素梅想想也好笑，她自己覺得自己完全是個大人，却把道生還當作三歲的小弟弟。

她們母女兩人挽着手進屋之後，韓老太太直接到廚房去，韓素梅走進自己的房間，繼續畫她那幅仕女。

她的畫剛畫完，夏雲又大聲呱叫地笑着跑進來。

「請客，請客！素梅今天一定要請客！」她笑着叫着直往韓素梅房間衝。

「別嚷，別嚷，」韓素梅笑着向她搖手：「妳這個廣播電台，我媽今天買了菜，妳正好在我家吃午飯。」

「不，我不在妳家吃飯。」夏雲搖搖頭：「我不要伯母請客，我要妳和姚琢吾請客，走，」夏雲把韓素梅一拉：「我們到姚琢吾家去。」

「我們沒有到他家去過，怎麼好冒冒失失地跑去？」韓素梅有點遲疑。

「我們去向他道喜總不犯法呀？」夏雲把韓素梅的手一摔。

韓老太太從廚房走了出來，看見夏雲拉拉扯扯，笑着對她說：

「夏雲，妳怎麼又不向我報到？」

「伯母恕罪，夏雲有禮！」夏雲笑哈哈地深深一鞠躬。

「罷了，罷了，」韓老太太笑嘻嘻地：「看樣子妳又是來找素梅的痲煩了？」

「伯母，您總是未卜先知！」夏雲笑得前撞後仰：「以後我眞不敢來了！」

「龍潭虎穴妳都敢去，我家妳還不敢來？」韓素梅笑着接嘴：「以後少敲竹槓就是了。」

「妳眞是狗咬呂洞賓，不識好人心，」夏雲笑指韓素梅說：「我來向妳道喜，妳反說我敲竹槓，罷，罷，罷，我打道回府好了。」

夏雲作勢要走，韓素梅笑着把她一拉，她得意地笑了起來。

吃過午飯後，夏雲硬拖着韓素梅到姚琢吾家裏去。

姚琢吾住在郊區的眷屬宿舍，本來只有兩間房子，因爲他們兄妹兩人都大了，不得不添兩個克難房間，地方小，不成格局，不但沒有陶公館和夏雲家的氣派，比韓素梅家裏也差得很多。

她們兩人的突然來訪，使姚琢吾的父母有點尷尬。姚琢吾的母親是個半新舊的女性，却有大家風範；他父親是個退役上校，頭髮都花白了。

姚琢吾和他妹妹，熱烈歡迎她們，姚玉華叫韓姐姐夏姐姐叫得很親切，減少了她們的拘束。

姚琢吾笑着問她們：

「今天什麼風把兩位吹來的？」

韓素梅笑而不答，夏雲却大聲地說：

「特地來向你道喜的。」

「喜從何來？」姚琢吾套了一句戲詞。

「你水仙花兒不開裝什麼蒜？」夏雲白他一眼。「難道今天的中央日報你沒有看到？」

「哦，原來是那件事？」姚琢吾淡然一笑：「那又不是我自己寫的，有什麼奇稀」？

「怎麼不奇？」夏雲大聲地說，又望望他和韓素梅：「你們兩人的大作同時登出來，好像約好了似的？」

「妳別胡扯，」韓素梅笑着插嘴：「我們又不是編輯。」

姚琢吾的父親母親聽他們三人自然的談笑，也輕鬆許多。姚玉華依照母親的吩咐，悄悄地溜出去買了一個西瓜回來，在茶几上剖開，分給大家吃。

「伯母，您何必客氣？有冷開水就行了。」韓素梅看姚家地方小，家境也不寬裕，覺得他們買個西瓜都太破費了。

「眞抱歉，我們地方小，又沒有冰箱，不能拿冰鎮西瓜給兩位吃，就這樣將就一下，兩位包涵包涵。」姚琢吾的母親笑着抱歉，同時遞給姚琢吾父親一個眼色，又對她們兩人說：「對不起，我們到後面有點事，讓琢吾和玉華陪妳們，沒有別的好東西，西瓜兩位可要儘量吃。」

韓素梅說了一聲「伯母請便」，夏雲說了一聲「謝謝」。

兩位老人家一走，他們就更少拘束，姚玉華左一聲韓姐姐，右一聲夏姐姐，比在韓素梅家裏活潑得多。

夏雲更是有說有笑，左一句姚琢吾，右一句姚琢吾，像在學校裏一樣。吃過西瓜以後又吵着要參觀姚琢吾兄妹的書房，姚琢吾只好答應她。

姚琢吾和姚玉華的房間是從兩間正房斜披下來的偏房，紅瓦，矮簷，魚鱗板，一共才九席大小，他們兄妹兩人各佔一半，開了兩個門，中間隔了一層三夾板。

姚琢吾房裏一張單人竹床，一張兩個抽屜的小桌子，他自己釘了一個克難書架，上面擺滿了精裝的英文書籍，這都是他從學校圖書館借來的。

「姚琢吾，你把圖書館的書都搬回家來了？」夏雲笑着說。

「別人不看，我借點回家來慢慢看。」姚琢吾回答。「圖書館的書那麼多，送給我也擺不下。」

除了精裝書以外，還有很多英文雜誌，那都是他從舊書攤上以一兩塊錢一本買來的。

姚玉華的房間也是一張單人竹床，一張小書桌，她的書沒有哥哥的多，大部份放在一塊木板架上，應用的書都放在桌上。她的房間比姚琢吾的乾淨得多，收拾得整整齊齊，牆壁上釘了幾張從畫報上剪下來的風景照片，顯得相當雅緻。

他們兄妹兩人的房間不但矮小，而且西晒，燠熱，韓素梅和夏雲在裏面站了一會，烤出一身汗。夏雲首先跑了出來，揮着手絹當扇子。奇怪地問姚琢吾：

「姚琢吾，你在這房間裏怎麼做事？」

「照做不誤。」姚琢吾坦然回答。

「夏姐姐，習慣了就是一樣。」姚玉華補充一句。

夏雲望着韓素梅慚愧地一笑，就向姚琢吾兄妹告辭。

姚琢吾的父親聽夏雲說要走，連忙趕了出來，留她們兩人吃晚飯。她們婉謝了。

「眞對不起，兩位來到我們這個破瓦寒窰，怠慢，怠慢！請勿見笑。」姚琢吾的母親一再抱歉地說。

姚琢吾的父親只是內疚地微笑，沒有作聲。

姚琢吾兄妹兩人把她們送到公共汽車站，他們談了一些暑假計劃。夏雲想去日月潭避暑，韓素梅想多畫幾張畫，姚琢吾想多讀點書，再教一兩處家教，多翻幾篇東西，籌措他們兄妹兩人下期的學費，他父親沒有事做，拿終身俸，六個月領一次，沒有多少錢，他上大學完全是靠自己半工半讀，現在還要負擔妹妹的學費。

夏雲聽姚琢吾講完了他的暑假計劃之後，大聲地說：

「姚琢吾，你眞是個好兒子，好哥哥！日月潭我也不去了。」

「妳去妳的日月潭，同我有什麼關係？」姚琢吾淡然一笑。

「你不知道我多慚愧？」夏雲笑嘻嘻地回答，使人猜不透她的話是眞是假？

車子來了，人多，她隨手把韓素梅一拉，一擁而上。剛剛站穩，車子就呼的一聲開了，她和韓素梅隔着玻璃窗子向姚琢吾兄妹搖搖手。他們兩兄妹也搖搖手，姚琢吾穿着他父親的圓領白布汗衫，黃卡其布長褲，他妹妹還是綠襯衫，黑裙子。

「夏雲，妳今天忘記了一件事。」韓素梅笑着對夏雲說。

「什麼事？」夏雲問。

「敲姚琢吾的竹槓。」韓素梅輕輕地說。

「小姐，我實在敲不下去。」夏雲笑着說。

「怎麼？強盜發了善心？」

「看了他們家裏的情形，我心裏實在慚愧。」夏雲輕輕地說。「我弟弟夏青更應該挨揍！」

「應該挨揍的人多啦！」韓素梅想起了陶家姊弟。

第十章 兄弟兩人比高矮 全家同心看祝梁

韓家正吃晚飯，院子門口的電鈴，突然響了兩下，凱萊在院子裏汪汪叫，韓道生放下盌筷，跑去開門。

院子門一打開，韓道與全身戎裝地立在門口，結實，強壯。韓道生高興地叫了一聲「二哥！」他雙手把韓道生一抱，笑着說：

「小弟，你又長高了！」

「二哥，我們兩人比一比。」韓道生高興地說。

於是，兩兄弟背靠背，站在門口水泥地上比了一下，各人用手拂拂頭頂，摸摸肩膀，發覺彼此一般高，韓道生跳了起來：

「嘿！我趕上你了！」

「你還沒有我壯，你像根竹篙。」韓道與說。

「二哥，你多少公斤？」

「七十五。」

「嘿！你將來會像媽一樣胖。」韓道生兩手一圍。

韓道興笑着抱起凱萊，蹦蹦跳跳地走進屋子。韓道生搶着說：

「二哥回來了！二哥回來了！」

韓祖培夫婦站了起來，韓素梅連忙跑到前面迎接，韓道興一看見她就打趣地說：

「三妹，妳越來越像個學士了！前天我看見妳的大作，文章也寫得呱呱叫，二哥要向妳討教了！」

「二哥，你一進門就取笑我，我不依你。」

「怎麼？三妹，我拍到馬腿上了？」韓道興哈哈一笑。

「你和媽一樣，拐着彎兒罵人。」韓素梅笑着說。

「三妹，我是拿槍桿兒的，那有媽那麼大的學問？」韓道興輕輕地說。

「老二，你嘀咕什麼？你還沒有向媽請安哪！」韓老太太走了兩步，大聲地說。

「是！媽！」韓道興放下凱萊，雙腿一併，皮鞋後跟喀嚓一聲，向韓老太太和韓老先生恭恭敬敬地行了一個舉手禮。

「老二，你吃飯沒有？」韓老先生問。

「在車上吃了一個便當，不帶勁，早唱空城計了。」

「快來吃飯，我們剛剛開動。」韓老先生說。

下女阿珠連忙加了一副盌筷，替他添好飯。大家又圍着圓桌坐了下來。

「老二，你幾點動身，怎麼現在才到？」韓老太太問。

「我一清早就動身，坐了十二三個鐘頭的火車，眞急死人！」

「二哥，柴油快，觀光號不是很快？」韓道生問。

「小弟，二哥還不夠格坐快車，我領的是慢車票。」

「辛苦，辛苦！」韓素梅笑着接腔：「飯後我請你看梁山伯與祝英台。」

「好，我領妳這份情，我正想看這張片子，」

「二哥，你要是回來晚一步，我們就合家出動了。」韓道生說。

「也是素梅請客？」韓道興問。

「當然！」韓道生點點頭：「我還能充這個殼子？」

「三妹，妳發了洋財？」韓道興笑着問韓素梅。

「我又不買愛國獎券，發什麽洋財？」韓素梅笑着回答。

「二哥，三姐當了家教，爲人師表，一個月好幾百，自然抖了起來。」

「小弟，你胡扯什麽？我在誰的面前抖過？」

「在我面前。」韓道生用筷子指指自己。

「誰叫你死相？」韓素梅嗤的一笑：「不給你一點顏色，你眞要上天了。」

韓祖培夫婦看着兒女鬭嘴，心裏好笑，不搭一句腔。

「三姐，妳專門大魚吃小魚，現在二哥回來了，看妳敢不敢在二哥面前稱霸？」

「二哥回來了我正好讓位，我才不要管你的閒事。」

「我回家是作客，只想輕鬆一下，誰的事兒我也不管。」韓道興望望他們兩人說。

「好！二哥，我贊你的成！」韓道生笑着舉起右手。

「死相。」韓素梅笑着駡了弟弟一句。

「好了，別鬪嘴，吃了飯你們快去買票，人多得很，遲一步就看不到。」韓老太太笑着說。

「媽，我才不去排隊，讓三姐買黃牛票好了。」

「你不排隊就別想看，我的錢又不是大水打來的，爲什麽買黃牛票？」

「小弟，三姐出錢，我們兩人出力好了，我陪你去排隊。」

「好，二哥，看在你的份上，我陪你去一趟，讓三姐省下幾文請我們消夜。」韓道生自拉自唱。

「小弟，你會用心，專門計算人。」韓素梅嗤的一笑。

「三姐，我們四個人只有妳一個人會賺錢，我們自然要沾點光。二哥，你說是不是？」

韓祖培夫婦笑了起來，韓素梅拉拉母親的手說：

「媽，小弟越變越壞！您也不管管他？」

「他樣樣都好，就是愛敲妳的竹槓，這點小毛病不能算壞。」韓老太太說。

「媽，您就是這樣偏心。」

「媽講的才是公道話。其實我比媽講的更好。」

韓道生的話使大家都笑了起來，韓素梅笑着罵他：

「小弟，你臉皮比城牆還厚！」

晚飯在笑聲中結束。

韓道興，道生兄弟兩人，隨便揩了一下臉就先去買票。

韓老太太望着他們兄弟兩人一般高的背影，欣慰地一笑，回頭對女兒說：

「素梅，小弟也是大人了，你還把他當孩子？」

「媽，他再大也大不過我。」韓素梅笑着回答：「地牌還能壓倒天牌？他一百歲也是個老么。」

「道興也越長越壯！」韓老先生點燃烟斗望着太太說：「說不定將來會和妳一樣是隻大汽油桶？」

「他會磨成銅筋鐵骨，那會像我一身肥肉。」韓老太太詼諧地說。

「軍校那種生活，也虧他受得住。」

「他從小歡喜使槍弄棒，看樣子他正樂此不疲。」

「眞是人各有志，想不到我們兩個教書匠，竟會養出一個歡喜幹軍人的兒子？」韓老先生哈哈一笑。

「將來的軍人不會是大老粗，也要專家才能幹得了。」韓老太太說。

「妳這可是替自己的兒子臉上貼金？」韓老先生低頭笑問。

「老頭子，我這可不是王婆賣瓜，自賣自誇。中國自古以來重視儒將，現代美國軍人又有多少學者專家？中國軍人將來一定會走上這條路，老二這一代的軍人可能就是一個開頭，馮玉祥的時代早過去了。」

「高見，高見。」韓老先生笑着雙手一拱。

「媽除非不開口，一開口就有文章。」韓素梅笑着插嘴。

「素梅，妳不要捧我的場，女兒像娘，待會兒你爸爸又說我娘兒倆互吹互捧了。」韓老太太笑盈盈地說。

「妳這才眞是景德鎮的細瓷兩面光，捧了女兒又捧娘。」

韓老先生說得太太女兒都哈哈大笑，他又望着女兒鑑賞地說：

「其實素梅倒像我。」

「爸，我沒有您高。」

「妳也沒有媽胖。」

「老頭子，你才是往自己臉上貼金，我是多吃少動，不是天生的汽油桶。」

韓素梅和她父親都笑了起來，韓老太太又說：

「我們二一添作五，一半一半。像你是一根瘦竹篙，像我是一隻汽油桶，兩下扯平，才恰到好處，素梅就是這個樣子。」

「媽，您又拿我作題兒？」韓素梅望着母親皺眉一笑。

「好，媽不在妳身上作文章，妳快去換衣服，我們早點出去。」韓老太太向女兒揮揮手。

韓素梅跑回自己的房間，換了一件湖色的裙裝。拿着個黑色小皮包。

韓老先生換了一件灰色長衫，拿了一根手杖。韓老太太換了一件黑旗袍，提了一個白皮包。

他們三人一道出門，行前韓老太太特別對下女阿珠說：

「阿珠，今天妳不要出去，明天我再請妳看「梁山伯與祝英台」，我要小弟替妳買票，免得妳自己去擠。」

「太太，聽說看「梁山伯祝英台」要流好多眼淚，我還是在家裡聽聽收音機。」阿珠說。

「現在妳正是流淚的時候，到了我這種年紀就流不出來了。」韓老太太詼諧地說。

阿珠臉孔微微一紅，笑着把院子門關上。

公共汽車招呼站排成了一條長龍，晚飯後看電影的人特別多他們等了兩班車才擠上。韓素梅看媽媽那麽胖，本想叫計程車，韓老太太不肯，一則時間很充裕，第二場電影還早得很，二則她想勞動勞動，擠擠公共汽車也是一種生活體驗。

在中山堂下車後，又一直走到電影院，電影院門口排了好幾條長龍，重重疊疊，尾巴捲來捲去。

他們在對面的冷飲店休息。韓素梅吃了一片西瓜，就出來找韓道興，道生兩人。排隊的人太多，她不知道他們在那裏？韓道生眼尖，雙手搭在嘴上打了一捲筒，叫了一聲「三姐」，她才發現他們。

她從人堆中擠了過去，看看前面還有很多人，她躭心買不到票。

「三姐，我們已經來得很早，可是黃牛比我們更早。窗口還沒有打開，他們就霸在那裏。」韓道生說。

在他們身邊就有幾個小女孩轉來轉去，想挿進行列，他們兩兄弟貼得很緊，不留空隙。

「二哥，你去休息一會，我來站。」韓素梅對韓道興說。

「我站在這裏穩如泰山，妳一上來說不定會被別人擠出去。」韓道興說。

「你坐了十幾個鐘頭的火車，累了一天，出去休息一會，還是讓我來排隊。」韓素梅說。

「妳可要守住陣地，不能讓別人搶去？」

「你放心，有小弟作我的保鏢。」韓素梅笑着回答。

韓道興一出行列，就有一個人擠了進來，佔據他的位置，韓道興把他拉出行列，那人瞪眼望着他，韓道興兩臂往胸前一疊，望着那人說：

「識相點，不要強横霸道。」

那人望望他，只好悻悻地走開。

他又站了一會，看看沒有人擠進來，才對韓素梅說：

「排隊不是寫文章，畫畫兒，用不着那麼斯文。」

韓素梅點頭一笑，他才離開。

窗口一打開長龍便有點騷動。前面的人走得並不快，幾乎每人都買四張，又是全票，又是半票，加上找錢，便躭擱不少時間。有一位小姐拜託韓素梅代買兩張票，韓素梅看看她不像黃牛，只好答應。那女的歡天喜地，說了好幾聲謝謝。

他們兩姊弟剛買好票，售票小姐馬上把窗口的小洞一關，後面的人唉聲嘆氣。有的悻悻離開，有的只好在巷子裏，店舖門口向黃牛進行交易，樓上特座，黃牛竟索價五十塊，普通的票子也加一倍，可是居然成交。

「三姐，我們好險！」韓道生嘆了一口氣：「不然五張黃牛票，就得化妳兩三百塊。」

「那只好改天再來，三姐可沒有發洋財。」韓素梅笑着回答。

他們回到冷飲店安心樂意地休息。韓道生要了一客木瓜，一客西瓜，韓素梅問他：

「小弟，你怎麼一個人吃兩份？」

「三姐，你的荷包緊，一張黃牛票多少錢？我站了半天，妳還在乎這一客西瓜？」

「小弟，你眞是一點機會也不放過。」韓素梅笑着駡他。

「道生沒有功勞也有苦勞，媽請客。」韓老太太笑着接腔。

冷飲店裏的收音機，大聲地播放着梁祝揷曲，滿街都是「遠山含笑……」，「一要東海龍王角……」，「英台若是女紅粧，梁兄願不願配鴛鴦？……」和「我爲你，淚盈盈……」之聲。韓祖培敲敲烟斗一笑：

「梁祝瘋狂了台北，這就是羣衆心理。」

「爸又三句不離本行。」韓素梅笑着接腔。

「我好久不看電影，更不看國語片子。衆口爍金，又難得妳這片孝心，所以今天才破了例規。」

「爸，人家早看過十遍八遍了。」韓道生說。

「我們在鳳山天天想看，就是片子老不過去。害得我們空等。」韓道興說。

「今天正好，可惜你大哥在成功嶺受訓，不然就是全家福了。」韓老太太說。

「將來大哥回來我再請他看。」韓素梅說。

「 免了，今天妳已經破費了不少。」韓老太太慈祥地說，同時打開皮包付賬。

「媽，您何必同我搶着會賬？」韓素梅按着母親的手說。

「以後的日子長得很，等妳畢了業，正式賺了錢，再孝敬我不遲。現在可憐兮兮的，不要打腫了臉充胖子。」

韓老太太的話逗得兒女都笑了起來，韓素梅笑着縮回手。

冷飲店裏所有的客人都湧過街去，他們才動身，匆匆容容地走進電影院。

電影院裏萬頭鑽動，黑鴉鴉一片，帶位小姐把他們帶進座位，韓素梅向四週打量了一眼，簡直座無虛席，電影院裏的職員帶進來的無票觀衆，只好站在兩邊過道上。

和韓素梅比肩而座的那位小姐是個機關的女職員，大約二十四五歲，她一坐定就和韓素梅交談起來，她感謝韓素梅爲她買票，便自動介紹梁祝的內容。韓素梅聽她如數家珍，不禁發問：

「妳看過這部片子？」

「看過三次。」她說。

「妳的興趣眞大。」

「這部片子值得一看再看。」

「究竟好在那裏？」

「一句話講不全，看過了妳就知道。妳是第一次來看？」

韓素梅點點頭。

「妳帶了幾條手帕？」她笑着輕輕問韓素梅。

「一條。」

「那不够揩眼淚。」

「看羅蜜歐與朱麗葉我都沒有流眼淚。」

「看梁祝妳一定會哭。」

「妳也哭過？」

「我看一次哭一次。」她靦覥地一笑。

「妳爲什麼還要來看？」

「哭也是一種享受，有一種說不出的味道。」

韓素梅嗤的一笑，她打趣地說。

「不要笑，待會兒妳就會哭了。」

韓素梅看看她穿着入時，談吐不俗，不好意思再笑。

這部片子一開始就有一種清新的格調，看多了外國電影，在這部片子裏倒能嗅到中國的文化氣息，這是以前的國語片子裏所沒有的。韓老先生夫婦也頻頻點頭。

黃梅調很好聽，看電影時聽比單聽收音機好得多。韓素梅看得入神，不時發出會心的微笑。一點也沒有想哭的感覺。十八相送，祝英台的鳳求凰，梁山伯的「呆頭鵝」，唱起來情趣更多。樓台會以後，歡樂變爲悲哀，就有女人開始抽泣。以後哭的人更多，不但女人哭，男人也哭得嗚嗚叫。

韓素梅旁邊的那位女職員，已經哭成了個淚人，好像有什麼傷心事似的？韓素梅也不停地揩眼淚，還不時把手巾摀住嘴，生怕發出哭聲。她偷覷父親母親一眼，發覺他們也在擦眼淚。

祝英台走出花轎，穿着一身縞素哭墳時，觀衆中爆豆子般地响起一片哭聲。

電影一結束，大家連忙揩揩眼睛，生怕別人發現自己流了眼淚，可是大家的眼睛都是紅紅的。

韓素梅身邊的那位女職員痴痴地站着注視空白的銀幕，好像在想什麼心事？韓素梅輕輕地對她說了一聲：

「散場了，妳還不想走？」

她才如夢初醒，赧然一笑，低着頭，跟在韓素梅背後走了出來。

走到電影院口，韓素梅突然發現夏雲和Wood一道，叫了一聲，夏雲回過頭來，她的眼睛也是紅的。

夏雲和Wood講了幾句話，把Wood打發走了。她連忙過來和韓祖培夫婦打招呼。韓素梅笑着說：

「夏雲，妳不見棺材不落淚，怎麼妳也哭了？」

「嗲！何況我？連Wood也流淚了。」夏雲回答。

「Wood怎麼看得懂？」

「他一面看英文字幕，我一面替他翻譯，他自然能會意。」夏雲一面回答韓素梅，一面瞟了韓老先生夫婦一眼，冒冒失失地說：「伯父，伯母，怎麽您們眼睛裏也進了沙子？」

「嫁伯母看了梁祝，也替古人躭憂啦。」韓老太太笑瞇瞇地回答。

「夏雲，妳們不要只唸羅蜜歐與朱麗葉，中國的好東西多的是，尤其不要學那些假洋鬼子，半瓶醋。」韓老先生亦莊亦諧地說。

「伯父，我唸外文完全是陪着公子趕考，那有心思唸什麽《羅蜜歐與朱麗葉》？」夏雲笑着回答。

「我不是不主張你們唸，我是勸你們不要洋迷信。」

「謝謝伯父的指點。」夏雲一鞠躬，想溜。

韓老太太看了出來，笑着說：

「夏雲，韓伯伯這一課不算學分，妳自便吧。」

夏雲鳳凰一點頭，笑着跑開。

他們回家時，已經十一點半，阿珠還在開收音機，收音機裡正播放着：「觀音大士把媒來做……我們替他來拜堂……………」

韓道生伸手去按電鈴，韓老太太搖搖手，輕輕地說：

「不要打擾她，讓她韻韻味兒。」

「媽，再韻下去，她也會哭了。」韓道生說。

「還沒有到哭的時候，先讓她快樂一下吧。」

「眞有意思，阿珠也是梁祝迷。」韓素梅說。

「中國人還是喜歡中國文化，胡教授家的阿巴嫂也是個梁祝迷。」韓老先生說。

「爸，以前我也不歡喜看國語片，梁祝改變了我的觀念。」

「中國人跳扭扭，恰恰，講的話像洋涇濱，唱的歌沒有中國味，簡直非驢非馬，誰要看那種國語片？」

「爸，你的話眞是一針見血。」韓素梅說。

「我活了幾十歲，飯那會完全白吃？」韓老先生在手杖上敲敲烟斗：「造火箭、製飛機，不妨模倣人家，那是科學；文學藝術可要講究風格，講究差異，外國人硬是外國人的，中國人硬是中國人的。「羅蜜歐與朱麗葉」，「梁山伯與祝英台」，驢是驢，馬是馬，遠看差不多，近看大不同。」

阿珠聽見主人在外面說話，連忙趕出來開門，笑着問：

「太太，您們怎麼不按電鈴？」

「阿珠，媽讓妳韻韻拜堂的味兒。」韓道生搶着說。

阿珠臉一紅。韓素梅塞了一本梁祝揷曲在她手裏，她高興地輕輕一跳：

「謝謝小姐。」

第十一章 韓夫人遍夸博士 俏小妹難兄開心

韓道與回家以後，想儘量輕鬆一下。

韓道生在院子裏做了一個單槓，他一清早起來，就拖着韓道生玩單槓。他在軍校的器械操成績非常好，隨便露兩手，韓道生就鼓掌叫好。

「二哥，眞是士別三日，刮目相看哪！」韓道生說。

「來，小弟，我教你來個倒豎蜻蜓。」韓道與從單槓上輕輕躍下。

「二哥，我是扶不起的阿斗，」韓道生一笑：「翻幾下倒勉強，豎可豎不起來。」

韓道與又翻上單槓，做了一個倒豎蜻蜓的樣子給韓道生看。韓道生笑着搖搖頭：

「二哥，我在地上都豎不起來，打高空更不能。」

「小弟，你平日在我面前擺神氣，現在怎麽這樣自謙了？」韓素梅走過來，笑着揶揄韓道生。

「三姐，這下給妳抓着小辮子了。」韓道生笑着回答：「十根指頭有長短，我雖趕不上二哥，總比妳强一點。」

「男子漢，大丈夫，你好意思和我比？」韓素梅笑着說。

「二哥體育一向好，又是讀軍校的，我怎麼能和他比？」

「山中無老虎，猴子充霸王，平日你那份邪氣，現在該收起了？」

「妳別在二哥面前出我的洋相好不好？」

韓道生笑着告饒，韓道興和韓素韓也笑了起來。

「素梅，妳清早起來也不運動運動？」韓道興問。

「我散散步，透透空氣，不也很好？」韓素梅說。

「三姐是個書獃子，除了讀書就是畫畫，從來不跑跑跳跳。」

「素梅，以後每天早晨我帶妳跑跑步好不好？」

「謝謝你，二哥。」韓素梅笑着搖頭。

「妳這樣看看花，看看鳥，看看猴子，看看金魚……倒也雲淡風清，很有意思。」韓道興望着她說。

「二哥，你的那些玩藝兒有點兒霸道，我玩不來。」韓素梅說。

「好，我陪妳王道一下吧。」

韓道興笑着走過來，陪她看看金魚，逗逗猴子和十姊妹。韓道生也湊在一塊，笑着對韓道與說：

「二哥，你向三姐投降了？」

「三姐也有三姐的道理，我阿兵哥也樂得陪她雅一下。」

韓素梅笑着走去餵雞。「圓桌武士」看見她拍拍翅膀引頸長啼，母雞也圍着她咯咯地輕輕叫。

兎子園在雞的隔壁，她丟了幾片菜葉進去，小白兎圍着菜葉嚙得沙沙響，彷彿一陣春雨落在屋脊上。

「素梅，妳把我們的院子變成動物園了。」

「免得你跑圓山動物園還不好？」韓素梅向他一笑。

「說眞的，我回家來就是想消遣消遣，輕鬆一下。」韓道興望望韓素梅，忽然一頓，輕輕地說：「素梅，妳能不能邀張莉莉到家裏來玩玩？」

「二哥，怎麼？你想打張莉莉的主意？」韓道生大聲地說。

「小弟，你別大驚小怪好不好？」韓道興說。

「小弟，你說得難聽死了。」韓素梅說。

「好！你們都是大人了，一開口就訓我。」韓道生叫屈。

「誰訓你來着？二哥要張莉莉到家裏來玩，也不算是什麼壞主意呀。」

「好，三姐，妳對，妳對！」韓道生雙手一揖。

「再過兩年，你還不是可以約女朋友到家裏來玩？」韓素梅溫婉地說。

「三姐，我約誰呀？」韓道生故意裝傻。「妳的同學都比我大？」

「你不要和我裝死相，你一肚子的鬼胎！」韓素梅笑着白他一眼。

「小弟，你上了大學還愁沒有女朋友？」韓道興說：「不像我，住的是和尚廟，所以才要仰仗素梅介紹。」

「二哥，張莉莉一點不漂亮，你怎麼會看中她？」韓道生說。

「小弟，看女孩子不要光看Face，Face漂亮，一腦袋漿糊的女人有什麼意思？張莉莉面孔平凡，腦筋可清清楚楚。」

「二哥，想不到你是有心人，看女孩子看得這麼深？」

「如果明年我不進西點，就是陸軍少尉。到了我這個節骨眼兒，再不把握機會，豈不要作老光桿兒？河裏無魚蝦也貴，現在的女孩子眞是身價百倍。」

「二哥，你醉翁之意不在酒，這次回來就是爲了張莉莉？」韓素梅笑着問。

「三妹，妳可別冤我。我回來當然是看看你們，張莉莉是第二優先，她的事兒就全靠妳穿計引線。」

「二哥，我先對你說明。」韓素梅望着韓道興說：「張莉莉的眼睛長在頭頂上，可不容易追呀！」

「妳不妨讓二哥試試，失敗了二哥決不會潑硝磞水。」韓道興笑着說。

「張莉莉歡喜看電影，你有沒有錢請客？」韓素梅問。

「素梅，妳不要將我的軍。」韓道興一笑：「二哥來回就憑兩張免費慢車票，妳代我作東，記筆賬，將來我會本利還清。」

「二哥，你交女朋友，要三姐掏腰包，這是那門子規矩？」韓道生笑着揷嘴。

「三姐是我們家的大財主，二哥自然要沾點兒光。」

「二哥，你哄死了人不賞命，我不要你這頂高帽子。」韓素梅笑着搖頭。

韓道興哈哈一笑，又輕輕地對韓素梅說：

「三妹，不管妳怎麼說，二哥的事兒完全仰仗妳。」

「二哥，你這一釘子可栽得深，要我脫不了責任。」韓素梅無可奈何地說。

「二哥，你的道行到底比我深！」韓道生笑着揷嘴：「當初我請三姐護航，她不但一口拒絕，反而訓我一頓。」

「二哥比你多吃幾年飯，三姐才償我這個薄面子。」韓道興笑着回答。

韓素梅聽了好笑，韓道生望着她說：……

「好哇，以後我也要學會拍馬，原來三姐也喜歡這個調調兒？」

「小弟，你又瞎胡扯！」韓素梅笑着罵他。

韓老太太提着菜籃走了出來，看見他們三人在院子裏談笑，笑着問：

「你們三個寶，一清早就在院子裏像喜鵲叫，是不是檢了發財票？」

他們三人都跑了過來，韓素梅笑着說：

「媽，二哥想請張莉莉來玩，您看怎樣？」

韓老太太望望韓道興，向兒子一笑：

「我知道你住了三年和尚廟，有點兒思凡。」

三個兒女都笑了起來，韓素梅笑着說：

「媽眞是諸葛亮，未卜先知。」

「媽正想買點菜，讓你打打牙祭。」韓老太太對韓道興說：「請張莉莉來不過多添一雙盃筷，媽落得做個順水人情，就怕你泥巴菩薩還沒有粧金，缺少這份面子？」

「媽，一切仰仗三妹。」

「好，你兄妹兩人做好了圈套，讓人家來鑽。」韓老太太一笑，又對韓道生說：「~~小弟~~道生，有事弟子服其勞，你同我去菜市場提菜，成全你二哥的好事。」

「媽，遵命。」韓道生馬上接過韓老太大手中的菜籃。

韓道興和韓素梅也要跟着去，韓道生說：

「媽又不是去打架，要你們助陣？」

「我們也去見識見識。」韓素梅說。

「你們又不會討價還價，何必去菜市場聞鷄屎臭？」韓老太太說。

「媽，我當過伙食委員，買過菜，不算外行。」韓道興說。

「台北的行情和鳳山的行情不一樣，你這個伙食委員還不是白當？」

「媽，我不敢假充內行，我眞要見識見識。」韓素梅說。

「妳看看也好，免得把小麥當韭菜。」韓老太說。

「媽，那我們到眞分不出來。」三個兒女同聲說。

「這也難怪，台灣不出麥子；一回大陸，你們就可以開開眼界，麥浪才眞好看。」

韓老太太一肚子的知識，上下古今，天南地北地和兒女們一直聊到菜市場，他們問的問題，她都一一解答，沒有把她難住，韓素梅笑着說：

「媽眞是個百貨箱。」

「不，媽是個垃圾桶。」韓老太太豁達地一笑。

韓素梅走進菜市場外面的紅色電話亭，韓道興站在亭子外面等。韓老太太和韓道生先進菜市場。

韓素梅和張莉莉通了電話，張莉莉答應來吃晚飯。可是當她走出電話亭，韓道興急着問她時，她故意搖搖頭。

「莉莉另有約會，不能來。」

「那個約會不可以取消？」韓道興問。

「人家男朋友的約會，怎麼可以取消？」

「三妹，妳不是說張莉莉的眼睛長在頭頂上嗎？怎麼有了男朋友？」

「說不定老K遇到了A，對方的條件很高呢？」

「那我是倒霉的小8字了？」

「誰知道你算老幾？」

韓素梅望着他一笑。韓道興無可奈何地跟着妹妹走進菜市場，韓老太太正在買鷄，韓道生要買殺好了拔了毛的，免得麻煩，韓老太太却要買活鷄，她說殺了的鷄灌了水，韓道生自然不懂這一套。

她挑了一隻沒有餵食的黑母鷄，很肥，雖然貴兩塊錢一斤，她可不在乎。

「媽，您這是算的那門子帳？睜着眼睛吃虧。」韓道生笑着問。

「寧可吃明虧，不要吃暗虧；你少吃四兩肉，人家還說你不認識秤，那才叫寃枉哩！」韓老太太望着小兒子說。

「媽，我的伙食委員眞是白幹了！」韓道興笑着接腔：「我一點不懂這些訣竅。」

「吃一次虧，學一次乖，你們這幾個寶，將來栽筋斗的日子還多哩！」韓老太太望着三個兒女說。

隨後他們三個人又衆星拱月般地擁着她去別的菜攤買菜，塞了滿滿的一籃，才離開菜市場。

韓道生提着籃子有點沉手，他對韓素梅說：

「三姐，好重，我們兩人一人抬一邊。」

「小弟，你這眞應了一句古話兒：一個和尚挑水吃，兩個和尚抬水吃。」韓老太太望着小兒子一笑。

「媽，小弟是隻灰老鼠，最會裝死！」韓素梅笑着說。

「三姐，妳別說風凉話，不信妳試試？」

韓道興伸手把籃子接了過來，毫不費力，笑着對韓道生說：

「小弟，你應該到成功嶺去訓訓。」

「二哥，現在我還不夠格。」

「再等三年就可以了。」

「二哥，別說早了，還不知道他今年考不考得取大學？」韓素梅說。「受童子軍訓練那倒夠格。」

「三妹，妳把小弟看左了。」

「二哥，三姐天牌壓地牌，你替我出口氣。」

他們一路說說笑笑，擁着韓老太太走回家。

韓老太太雖然胖，可是身體很好，來去菜市場一趟，一點也不喘氣。

下午三點多鐘，張莉莉來了。韓道興又驚又喜，悄悄地問韓素梅。

「三妹，妳把我當洋盤，開的什麼心？」

「人家辭掉了男朋友的約會，專心來赴你的約，你的面子還不大？」韓素梅笑着回答。

「三妹，妳簡直把二哥當狗熊耍？」

韓素梅吃吃地笑，張莉莉走過來她連忙忍住。張莉莉笑着問她：

「素梅，爲何發笑？」

「我笑二哥傻頭傻腦。」韓素梅望望韓道興。

張莉莉也望望韓道興，笑着對韓素梅說：

「妳二哥是個福相，誰說他傻頭傻腦？」

「對，小半仙，妳替我二哥看看相如何？」韓素梅拉着張莉莉說。

「妳別瞎胡扯。」張莉莉笑着在韓素梅肩上拍了一下：「誰說我會看相？」

「妳在學校裏露過好幾手，不然別人怎麼叫妳小半仙？」

「那是騙花生米吃的。」張莉莉笑着說：「妳錯把烏鴉當鳳凰了。」

「無風不起浪，小半仙豈是浪得虛名的？」韓素梅說。

「眞的，剛才承妳金口玉言，說我是福相，不知道福從何來？」韓道興笑着問。

「君子自求多福。」張莉莉瞥了他一眼。

「莉莉，妳別打啞謎，二哥是做官的，妳就鐵嘴看相，和他直說好了。」韓素梅說。

「差之毫厘，失之千里，我怎麼敢胡說八道？」

「妳這個小江湖。」韓素梅拍了張莉莉一下。

「我這才講的是眞話，我怎麼能騙你的花生米？」張莉莉笑着回答。

「照妳這樣說，台北的大相士也沒有幾個準的？」韓道興說。

「那才是一派江湖！」張莉莉說：「中國的星相學不是迷信，是根據生理學和統計學來的，一到他們嘴裏，就玄而又玄了，他們何會瞭解此中眞理？」

「莉莉，妳講我二哥是福相，多少總有點兒來歷？」韓素梅問。

「你二哥像伯母一樣，眉寬，眼濶，耳大，嘴大，鼻豐，背厚，肩濶，聲音洪亮，心胸開朗。所以我才敢這樣說。」

「謝謝妳的金言。」韓道興高興地雙脚一併，卡嚓一聲。

「二哥，一包花生米可不夠，你得請莉莉看場電影？」韓素梅趁機出題目。

韓道興連忙點頭，張莉莉笑着對韓素梅說：

「妳何必敲妳二哥的竹槓？」

「二哥身體結實得很，一竹槓敲他不倒。」韓素梅笑着說。

韓道生走了過來，他們四人在韓素梅房裏說笑，張莉莉要看韓素梅的畫，韓素梅只好拿出那些沒有裱的畫給她看。張莉莉看韓素梅拿出一大疊，大約有四五十幅，驚喜地說：

「素梅，妳這功夫眞了不得！」

「我們四個人，只有三妹有這份涵養。」韓道興接嘴。

「三哥，你別往我臉上貼金吧，你們男子漢，志氣高，那會搞我這種雕虫小技？」

「爸爸媽媽的聰明才智都傳給妳一個人了，我更是黑旋風拿慣了大板斧，要我學綉花，那眞是花和尚上轎，顚倒乾坤。」

「二哥，你眞是個水滸迷，一出口就是典故。」

「我看他是張飛跑馬，灰塵滾滾，粗中有細。」張莉莉笑着對韓素梅說。

「好哇，你們都賣學問，我只好賣燒餅油條了！」韓道生突然揷嘴。

「小弟，我們家裏又不開麵店，你賣什麼燒餅油條？」韓素梅笑着問他。

「三姐，妳估量我考不取大學，我還有什麼好幹？我既不會寫文章，又不會畫畫兒，就只好賣燒餅油條了。」

「看你說得這麼可憐兮兮地？」韓素梅好笑。

韓老太太突然出現門口，笑着說：

「怎麼？你們又欺侮小弟？」

「媽，我們怎麼敢欺侮您的心頭肉？是小弟自己沒有出息。」韓素梅說。

「誰說他沒有出息？」韓老太太笑盈盈地說：「他是未來的李政道哩！」

韓道生三步兩步跳到母親身邊，高興地說：

「媽！還是您好！」

韓老太太拍拍小兒子的肩膀，笑着對韓素梅他們說。

「我看你們肚子裏那點兒貨色都搬出來了，快點吃飯吧，不要唱空城計。」

韓道興哈哈大笑，韓素梅和張莉莉笑作一團。

飯後，韓老太太悄悄地塞了一百塊錢在韓道興手裏，要他們去看電影。韓素梅也悄悄地塞給他五十塊，他輕輕地對韓素梅說：

「不用了，媽已經給了我一百，不會出洋相。」

於是，四個年輕人，高高興興地一道出去。

他們經過一條小巷時，碰見幾個少年人在打架。韓素梅細看一眼，發現有一個是陶朱，他正被其他三個少年圍毆，他還在拚命抵抗，但已經打得皮青眼腫。韓素梅正想要哥哥弟弟上去解救時，其中一個少年看看有人走來，連忙從小腿上拔出小刀，準備向陶朱刺去，韓道興大吼一聲，直衝過去，那三個少年一慌，拔腿就跑，陶朱像洩了氣的皮球，歪歪倒倒地攤在地上，韓道興一把抓住他，提了起來，正要詢問，韓素梅已經趕到。

「陶朱，這是怎麼回事？」韓素梅抓住他的膀子問。

陶朱睜眼一看，發現是韓素梅，臉上有點尷尬，又很高興，連忙振作精神，輕輕地說：

「青龍幫和我們老大結了樑子，拿我出氣。」

「你傷得怎樣？」

陶朱挺挺胸，裝作若無事的樣子，韓素梅對韓道興他們說：

「二哥，你們先去買票，我陪他到醫院去。」

「三妹，這就是妳的高足？」韓道興笑着問。

韓素梅笑着點點頭。韓道興望望陶朱說：

「小子！算你狗屎運氣，不然定要送掉一條小命！」

「二哥，這全靠你一身老虎皮。」韓素梅說。

第十二章 男學生強詞奪理 女老師苦口婆心

韓素梅雇了部三輪車把陶朱送到附近一家私人醫院檢查，同時打了一個電話通知陶家，陶朱的父母都不在家，連他姐姐陶丹也出去了，只有下女銀嬌一個人在家。

醫生檢查以後，似乎沒有發現什麼嚴重的內傷，韓素梅問他：

「大夫，要不要住院？」

「最好是住幾天。」大夫望望她說。

陶朱馬上接腔：

「我不要住院！又不是白刀子進，紅刀子出，這點傷算什麼？只當螞蟻咬了一口。」

「小老弟，看樣子你倒很像一條英雄好漢。」醫生笑着替他開藥方。

「他們眞的通我一刀子，我也不在乎。」陶朱挺挺胸脯。

他左眼靑了一塊，護士小姐替他敷好藥膏，包好。其他幾處輕傷也塗了藥水，貼了膠布。

韓素梅替他取出三天內服的藥，問他：

「你身上有沒有錢？」

他摸摸口袋，兩手一拍：

「一個子兒也沒有！」

韓素梅只好替他付出全部醫藥費。

韓素梅不放心他一個人回去，叫了一部計程車送他。

「陶朱，你現在好一點沒有？」

陶朱點點頭。

「你下次不要再和別人打架，今天要不是碰上我二哥，你少不了吃一刀。」

「老師，今天是冤家路窄，我單人匹馬，吃了虧。此仇不報非君子，下次我要他們好看。白虎幫不是好惹的！」

「陶朱，你爲什麽不好好讀書，要搞這些鬼事？」韓素梅不解地問。

「老師，妳不知道，我不參加白虎幫，就要受人欺侮。」陶朱說。

「你參加了白虎幫，還不是挨揍？」

「妳放心，我們老大會替我出氣。」

「你的老大是誰？」

「是高二的老大哥，他的身體可棒！」

「他的功課怎樣？」

「老師，我們不談功課。」

「做學生不談功課談什麼？」

「老師，做個書呆子有什麼用？」他反問韓素梅。「我們老大什麼都懂，什麼都會，到處吃得開，比我們的學校的老師還神氣。」

「陶朱，你不要跟他學。」

「老師，他是我們的老大啦！」

「你應該擺脫他，好好讀書，才是正事。」

「老師，妳沒有住過廟，不懂得和尙的規矩，所以才會講外行話。」

「你們有什麼鬼的規矩？」韓素梅望着他。

「一個釘子一個眼，我們的規矩可嚴。」陶朱神氣地回答。

「你們有那些規矩，講給我聽聽？」

「對不起，老師，天機不可洩漏。」陶朱神秘地一笑。

韓素梅不好再問，一聲不響地直送到陶公館門口。

陶丹和一個穿花香港衫，牛仔褲的少年，剛好在門口跳下三輪卓。陶朱一鑽出計程車，陶丹就驚訝地問：

「陶朱，你怎麼搞的？」

「陰溝裏翻船，挨了揍。」陶朱清脆地回答。

「誰吃了豹子膽？敢在太歲頭上動土？」穿花香港衫牛仔褲的少年雙手叉腰說。

「青龍幫的龜孫子，自然有點來頭。」

「我回去報告老大，打他個娘的落花流水！」

韓素梅慢慢地從車子裏鑽了出來，付了車錢。陶丹跳到她的身邊，拉着她說：

「老師，眞是大水冲到龍王廟，妳在那裏碰到陶朱？」

「姐姐，那兩豬頭肉，別提！」陶朱像大人一樣把手一揮：「要不是老師，我可要掛彩。」

隨後他把經過情形對陶丹和那少年說了一遍，那少年從褲子口袋裏掏出一把彈簧刀，在面前一晃，罵了兩句，

「忘八蛋！下次老子定要他們吃一刀！」

韓素梅故意對陶丹陶朱兩姊弟把臉一板：

「你們要好好地讀書，不要胡鬧！」

「老師，人家欺侮我弟弟，我們自然要報復。」陶丹說。

「妳不要火上加油，怎麼沒有人欺侮我？」韓素梅說：「妳帶陶朱進去，還是少在外面亂闖亂跑。明天晚上我來上課。」

「老師，明天我要休息一天，妳後天來。」陶朱說。

「好，你得先溫習溫習功課。」韓素梅考慮了一下，終於點點頭。隨即隻身離開。

「老師，妳不進去坐坐？」陶丹說

「你爸爸媽媽都不在，我也有事，後天再來。」

「老師，Bye-bye！」陶丹向韓素梅揚揚手，韓素梅聽了又好氣又好笑，陶丹的英文那麼差勁，這兩個字兒却說得嗲聲嗲氣，洋腔洋調。

她看時間已經不早，電影放映了好久，不想中途打擾張莉莉和二哥，便直接回家。

韓老太太看見她一個人提早回來，有點詫異，禁不住問：

「妳怎麼一個人回來？是不是電影不好看？」

「媽，我根本沒有進電影院。」韓素梅回答。

「二哥難得回來一次，妳怎麼能不穿針引線？反而開小差？」

「媽，妳會錯了意。」韓素梅笑着把在路上碰見陶朱挨揍的經過情形告訴韓老太太。

「眞有這回事？」韓老太太有點不相信。

「媽，我還會編個故事騙您？」韓素梅好笑。

「眞想不到，」韓老太太搖搖頭：「現在的孩子怎麼變成這個樣子？」

「媽，這是時代「進步」呀！」

「養不教，父之過，教不嚴，師之墮。」韓老先生取下煙斗，唸了幾句三字經。

「我看社會風氣也越來越壞。報紙上不是姦就是殺，桃色新聞，武俠小說，一版一版地登；再加上西部片，Cow-boy 好勇鬥狠，我們的舊道德又被大人先生們摔進了茅坑，孩子們自然把肉痲當有趣，把野蠻下流當作時髦了。」

「媽，您們的話眞是一針見血，陶家姊弟就是這樣才變成太保太妹的。」韓素梅說。「其實，他們兩人都很聰明。」

「聰明人才會爲非作歹，蠢人壞也有限。」韓老先生說。

「素梅，不是媽誇獎道生，他比起夏靑和陶家姊弟，不知道好多少？」韓老太太說。

「媽，賣瓜的總是說瓜甜，那有說瓜苦的？」韓素梅笑着回答。

「媽可不是瓜販子，媽講的是公道話。」

「媽，您小心寵壞了小弟，太寵了也會當太保的。」

「媽手掌也是肉，手背也是肉，對你們四個人，媽是一樣的愛，可不特別寵誰。你們作哥哥姐姐的不當太保太妹，蓬生痲中，不扶自直，他自然也不會走到歪路上去。」

「媽，我看小 弟已經有點兒流氣，您有沒有注意？」

「素梅，妳不要矯枉過正，道生不是流，他很有分寸。年輕人要有一片生機，也不能太木頭木腦。妳要是把他管成一個小書呆子，媽也不大贊成。」

「媽，有您這塊大天牌，我還敢管他？」韓素梅一笑。

「其實他倒有點兒怕妳，不怕我。」韓老太太也笑着說：「媽是個紙老虎，嚇不倒人。」

「媽，您不是紙老虎，您是尊彌勒佛，成天笑嘻嘻，誰怕您？」

母女兩人都笑了起來。

韓素梅去浴室洗了澡，拿着一把白鵝毛扇子去院子裏乘涼，韓道生正好踏進院門，指着她說：

「三姐，妳怎麽開小差？讓我一個人當電燈泡？」

「小弟，你別冤枉人。我送陶朱回家，時間晏了，不是故意開小差。」韓素梅笑着回答。

「三姐，那小子到底傷得怎樣？」韓道生輕輕地問。

「人家是英雄好漢，可不在乎。」

「哼！要不是二哥，保他白刀子進，紅刀子出，看他在不在乎？」

「小弟，聽你的口氣倒也像個正人君子？」韓素梅望着弟弟一笑。

「三姐，妳眞太瞧不起人！妳以爲我也和那姓陶的小子是同一塊料？」

「葫蘆瓠子，差得了多少？」

韓道生腳一頓，跳上台階。韓素梅又笑着問他：

「小弟，二哥怎麼沒有回來？」

韓道生又一躍而下，跳到韓素梅面前，輕輕地說：

「二哥送張莉莉回家了。」

「張莉莉讓他送？」

「二哥死皮賴臉，張莉莉怎麼好意思拒絕？」韓道生一笑。

「他們在電影院的情形怎樣？」韓素梅笑着問他。

「三姐，不說也罷，」韓道生搖頭一笑：「提起來才眞氣人！」

「你是不是坐了冷板凳？」

「嗨！他們兩人交頭接耳，唧唧噥噥，完全沒有把我放在眼裏，我是個電燈泡！」

「誰叫你那麼笨，不早點抽身?」韓素梅笑着罵他。

「我一心等妳，誰知道妳開了小差?讓我一個人作電燈泡?」

韓素梅噗的一笑，隨後又關心地說：

「這麼晏了，二哥要是誤了車那就糟糕。」

「三姐，妳別替古人躭憂，二哥跑步也會跑回來。」

韓素梅不禁失笑，又自言自語地說：

「二哥好像渾身是勁?」

「二哥要是當太保，準是老大龍頭。」韓道生笑哈哈地說：「那幾個小太保見了他眞像老鼠見了貓。」

「這就是一正壓三邪。」

「三姐，妳去壓壓看?」韓道生調侃地說：「要不是二哥人高馬大，又穿了一身老虎皮，他們才不在乎。那班傢伙只講霸道，誰的拳頭大，他們就服誰，他們才不管你什麼正，什麼邪?」

「照你這樣說那還有王法?」

「三姐，妳眞是個書呆子！他們本來就無法無天，出了事兒，他們老子一個電話，警察眞是捧着個燙蕃薯。」

「你總知道許多鬼事？」韓素梅笑着白他一眼。

「三姐，我不像妳，除了讀書就是畫畫兒。」

「你少和那些不三不四的人來往喲！」韓素梅警告他。

「三姐，妳放心，我不吃羊肉，自然不會惹身騷。」

第十三章　陶家娘弟逐波浪　龍虎幫張強鬥毆

晚飯後，陶太太接到王太太一個電話，一聽聲音她就知道是誰？

「三缺一，桌子都擺好了，就只等妳。」電話裏的聲音。

「王太太，昨天我打了一個通宵，今天想睡一覺。」陶太太說。

「妳是四健會長，三天三夜不睡也不在乎。」王太太格格一笑。

「我陶先生還沒有回家，我們兩三天沒有會面了。」

「說不定他正在泡酒家？男人沒有一個好東西，妳還怕他吊是不是？」電話裏又傳出一陣格格的笑聲。

「搭子怎樣？」

「好得很，比台灣銀行還信用可靠。」

「好吧，我捨命陪君子。」

「記住，八點開場，遲到一分鐘，罰妳個雙龍抱。」

陶太太罵了聲「死人」，笑着把電話放下。隨即洗臉化粧。

她在胖胖的圓圓的臉上塗了一層厚厚的脂粉，像糊墻壁；眉毛畫得很濃，像兩張彎弓；嘴唇塗得鮮紅，和她的年齡不大相稱。

一切準備妥當，她拿起電話打到卓行，叫了一部計程車，提着白皮包走到客廳。

陶丹和陶朱正在看電視，陶丹看她珠光寶氣地走出來，笑着問：

「媽，您又去參加四健會？」

「胡說，」陶太太白了女兒一眼：「王媽媽明天過生，我先去給她暖暖壽。」

「媽，眞奇怪，王媽媽怎麼一年過兩個生日？」陶朱馬上接腔。

「誰說的？」

「您說的。正月間她不是過了一個生日？」

「你記錯了，那是王伯伯的生日。」陶太太向兒子一笑。

「媽，我還沒有七老八十，我記得很清楚。您乾脆說去打牌不就得了？」

陶丹嘻嘻一笑。

計程車在大門外啵啵兩聲，替陶太太解了圍。她走到客廳門口，又回轉頭來一本正經地對他們兩姐弟說：

「不要老看電視，好好地溫習功課，我去給王媽媽暖暖壽就回來。」

隨後又吩咐下女銀嬌：

「銀嬌，妳把電視機關掉，他們要不聽話，妳告訴先生剝他們的皮。」

銀嬌應了一聲「是！」他們姊弟兩人都嗤的一笑。

陶太太一走，陶朱就把電視機一關，姊弟兩人笑嘻嘻地跑上樓去。

過了一會，姊弟兩人換了一身花格子短袖香港衫，牛仔褲，跑下樓來，長衫塞在褲子裏面，腰繫得緊緊的。陶丹像個西部片子裏的少女明星，顯出豐滿玲瓏的曲線。

「少爺，小姐，你們不在樓上做功課，下來幹什麼？」銀嬌問。

「妳管得着？」陶朱白了銀嬌一眼。

「銀嬌，天氣太熱，我們出去兜兜風。」陶丹說。

「小姐，太太剛才怎麼吩咐你們的？」

「妳少嚕囌，不准打小報告！」陶朱瞪着銀嬌，握着拳頭在她面前晃了兩下：「小心我捶扁妳的腦袋！」

「要是先生太太回來了怎麼辦？他們問起我總不能不說？」

「放心，不過十二點鐘他們不會回來。」陶丹說。

「說不定媽又是一個通宵，爸和凌雲閣的牡丹花上北投去快樂逍遙。」陶朱說。

「韓老師要你們好好地溫習功課，你們也不聽？」銀嬌說：「說不定她明天會考你們。」

『我們又不欠她的補習費，還怕她考？』陶朱滿不在乎地說：「對她我總算賣足了面子，要是別人，早就一腳把她踢到西門町。」

「好，少爺，你是狠人。」

「妳不服氣？」陶朱又把拳頭在銀嬌面前一晃。

「少爺，我服了妳。」銀嬌無可奈何地說。

「妳不服我，老子馬上要妳四腳朝天！」

陶丹把他一拖，責備地說：

「我們有我們的正事，何必和她胡扯？」

於是姊弟兩人揚長而出，他們坐了一部三輪車，先到一家五金店，選了一把彈簧刀，陶朱非常滿意，付了錢往褲子口袋一塞，又坐着原車到一家咖啡館，去見他們的老大孫連城，一個同校的高二學生。

他們到達時孫連城還沒有來，姊弟兩人只好恭候。陶朱掏出彈簧刀，在暗淡的燈光下把玩。

「老板說這把刀是全鋼的，妳看是眞是假？」陶朱玩了一會把刀子遞給陶丹。

陶丹看了一下，用手試試刀口，又交還陶朱：

「看樣子很吙，我不識貨，是眞是假，倒很難說。」

「等會請老大看看，如果不是全鋼，我要找老板算帳。」陶朱說。

孫連城過了一刻多鐘才來，他在這邊熟得很，有人把他帶到他們兩人的位子上來。

他們兩姊弟看見他連忙站起，他在陶丹身邊坐下，他們兩人也跟着坐下。

「老大，靑龍幫的人欺侮我你已經知道？」陶朱問孫連城。

「張民强昨天晚上就報告我了。」孫連城說。

「你準備怎樣？」陶朱問他。

「有仇不報非君子，我已經約青龍幫的老夏大青，明天晚上九點在植物園決鬥。」孫連城說：「我要好好地收拾他，看他們以後敢不敢在太歲頭上動土！」

「我們要不要去？」陶朱問。

「你們去見識一下也好，不必動手。」

「老大，我買了一把彈簧刀，」陶朱把彈簧刀遞給孫連城：「如果需要我助助陣，我會通他們幾刀。」

「你帶在身邊好了，沒有我的命令，不准隨便動手。」孫連城看了彈簧刀一眼，又遞還陶朱。

「你準備和夏青對手剝皮？」陶丹問。

「擒賊擒王，他和我結了梁子，我自然找他算帳。」

「老大，那三個嘍囉你就放過了？」陶朱不甘心地說。

「降了夏青，那三個小嘍囉還不乖乖聽我處置？」

「你交給我，我要好好地整他們一頓，報那一箭之仇。」陶朱說。

「你傷得怎樣？」

「還好，」陶朱挺挺胸脯：「要不是遇到了救星，準會掛彩。」

「陶朱，你算得上一條好漢！」孫連城拍拍陶朱的肩：「打死不求饒，沒有丟我們白虎黨的臉。以後我要好好地教你兩手兒。」

「謝謝老大！」陶朱躬着身子回答：「我要是有你這樣大，我一定能替白虎黨打下幾個碼頭。」

「到那時候我們把青龍黨吃掉。」孫連城豪氣千雲地說。

隨即有位年輕的女孩子走了過來，比陶朱大不了多少，孫連城對陶朱說：

「老么，你和她轉個枱子，我有幾句私話和陶丹講。」

陶朱非常聽話而且高興地跟着那女孩轉了一個座位。

他們在這裏泡到十一點多鐘才離開。

陶丹陶朱兩姊弟回家時，陶新富和他太太還沒有回家。銀嬌開門時陶丹輕輕地問她：

「媽回來沒有？」

銀嬌搖搖頭。

「爸呢？」

銀嬌又搖搖頭。

陶朱高興地雙腳一跳，在陶丹的肩上一拍：

「姐姐，怎麼樣？我算得是個小諸葛吧？」

「瞎貓碰着死老鼠，你別死相。」陶丹白了弟弟一眼。

「別人的事我料不準，爸和媽的事一算就靈。」陶朱得意地說。

銀嬌催他們洗澡，陶朱却大聲大氣地對銀嬌說：

「先送兩片冰鎮西瓜上樓來，天氣太熱。」

他隨手把花格子香港衫褪下來，往肩上一搭，領先上樓，走到樓梯口他忽然回過頭來一笑，輕輕地問陶丹：

「姐姐，老大Kiss妳沒有？」

「你別胡說八道，傳到銀嬌的耳朵裏不好。」

「姐姐，妳何必假正經？」陶朱嘴角一撇，一臉的~~奸笑~~邪氣。「不瞞妳說，我Kiss了那小妞兒！」

「你人小鬼大！」

「入了白虎幫，得樣樣會幹，不然哥兒們瞧不起。」

銀嬌端了兩片西瓜上來，陶朱伸手抓了一片，邊走邊吃，陶丹要銀嬌送到自己房裏。

他們吃完西瓜，先後洗過澡，吹了一會電扇，一身清涼，才往席夢思上一躺，上好的大甲席，十分舒適，很快便悠悠入夢了。

第二天韓素梅來上課，一問三不知，韓素梅奇怪地說：

「你們兩人並不笨，怎麼這點功課也弄不好？」

「老師，三伏天，頭腦暈暈沉沉，不管用。」陶丹說。

「我還不是照樣看書？」

「老師，我們怎麼能比妳？」陶朱說。

「陶朱，不要自暴自棄，人的聰明才智相差有限，就看你努力不努力？你是不是沒有溫習功課？」

「老師，不瞞妳說，我的傷還沒有好，安不下心來讀書。」

韓素梅望了他一眼，他故意愁眉苦臉。她信以爲眞，責備地說：

「那你怎麽不住醫院？」

陶朱靈機一動，望了陶丹一眼說：

「老師，西醫只能開刀割肉，不會治跌打損傷。我有暗傷，要跌打醫生推拿。」

「你找過跌打醫生沒有？」

「有一個同學的父親會這一手，他要我八點鐘去，所以今天晚上我只能上一節課。」

「你爲什麽白天不去？要上課的時間去？」

「老師，人家又不要我一個子兒，他白天要上班嘛！晚上還是抽空，要是交情不够，晚上他也不肯哩！」

韓素梅覺得他講得頭頭是道，也就不再追問，只囑咐他們兩人用心聽課。

八點一到，陶朱就起身要走。韓素梅揮揮手，要他快去，他却站着不動，對韓素梅說：

「老師，我要姐姐一道去。」

「她又沒有受傷，用不着推拿，你要她去幹什麼？」韓素梅奇怪地問。

「老師，學校放了暑假，很多人都在外面横行霸道，要是我再遇着青龍幫的人，他們又揍我一頓，連個報信的人都沒有，那怎麼辦？」

韓素梅望着陶朱，還沒有答話，陶丹又接着說：

「眞的，老師，那天要不是妳，他豈不吃了一刀？」

「好吧！」韓素梅無可奈何地說：「你們這樣一天打漁，三天晒網，怎麼會有進步？」

「老師，妳放心，還有一年時間，我們明年才考高中。」陶丹向韓素梅一笑。

「陶丹，這眞是皇帝不急，急壞了太監，妳眞好寬的心。」

陶丹嘻嘻一笑，幫助韓素梅收拾書本，往手提袋裏一塞，拖着她一道下樓。

陶丹要叫三輪車送韓素梅回去，韓素梅不肯，陶朱笑着對陶丹說：

「姐姐，妳太小器！三輪車老師怎麼肯坐？妳應該叫計程車。」

「陶朱，不要胡扯。」韓素梅望着陶朱說：「我坐慣了公共汽車，沒有什麽急事，何必浪費？你們現在還不能賺錢，怎麽能慷父母之慨？現在的社會粥少僧多，賺錢可不容易。」

「嘿，像你們教書的，蹬三輪兒的，賺錢自然很難。我父親最近做幾次股票，一夜就賺了五六十萬，用這兩個小錢，還不是九牛一毛，他才不小兒科。」

韓素梅怔怔地望着他，半天講不出話。一夜賺五六十萬？這不是天方夜譚？父親母親當了一輩子大學教授，也沒有賺過這麽多錢，兩個人教書還是淸風明月，姚琢吾的父親就更不必說。錢來得這麽容易，難怪陶丹陶朱滿不在乎。

她匆匆地擠上公共汽車。陶丹陶朱向她揮揮手，便雙雙跳上路邊一輛三輪車，向植物園駛去。

他們到達植物園時，孫連城還沒有來，兩人便在椰子樹下散散步，陶朱不時從牛仔褲口袋摸出彈簧刀。向椰子樹幹上拋擲，試試自己的手法。這種動作是從西部片子學來的。他心裏非常崇拜那些西部英雄人物，和亞倫賴德，安東尼昆，約翰韋恩之類的明星。孫連城力氣大，會打架，不怕死，所以他對孫連城也服服貼貼。

沒等多久，孫連城就帶着張民强他們四個人一道來，他們兩人看見他連忙跑過去。

孫連城把他們帶到一個偏僻的角落，那裏有一塊草地，一棵麵包樹，麵包樹的大葉子遮住了暗淡的燈光。

孫連城仔細察看了一下地形，然後走到麵包樹下，對他的手下說：

「今天是我和青龍幫的老大對手剝皮，不是打群架，沒有我的命令，你們不准插手。如果不是讓你們見識見識，我會單刀赴會。」

「要是他們聯手那怎麼辦？」張民强問。

「我會和夏青約法三章，如果他們壞了規矩，你們就一齊上。」

孫連城的話剛說完，夏青帶着五六個手下悄悄地走了過來。除了孫連城以外，其餘的人都緊張起來。

夏青鎮靜得很，他和孫連城打了個招呼，就看看草地，然後把紅汗衫的拉鍊向下一拉，敞開胸口，露出一條青龍。孫連城也把花花綠綠的香港衫一拉，胸口露出一條老虎。

「孫老大，今天我們應該見個高低，免得手下糾纏不清。要是你贏了我夏青，遇事我都讓你三分，要是你敗在我的手下，你也識相一點，不要再碍手碍脚。」夏青說。

「夏青，我約你來也正是這個意思，好漢作事好漢當，我們對手剝皮。我已經吩咐手下不准他們揷手，你也要交代一聲。要是我們在拳頭上分不出高下，再比刀子。」

「一切奉陪。」夏青乾脆地回答，隨即對自己的手下說：「你們不准塞冷拳頭，我夏青贏要贏得乾淨，輸也要輸得漂亮，不能在江湖上留個話柄！」

「我們打架歸打架，私事私了，可不能栽在警察手裏，讓他們關起門來修理。」孫連城說：「我派個人把風，你也派個人把風，一聽見警報，馬上住手，誰也不准偷鷄摸狗！」

「好！一言爲定。」夏青回答。

於是雙方各派了一個人分頭把風。

他們兩人立刻走到草地中間，展開搏鬪。

孫連城的身體棒，力氣大；夏青身手矯捷，兩人好像都學過幾手拳擊、柔道。拳來脚往，各有千秋。夏青的眼睛中了一拳周圍青了一塊；孫連城的鼻子也在流血。突然孫連城抓住了夏青的一隻手，用力一摔，把夏青從肩上摔了過去，嘭的一聲，跌在地上，他撲過去時夏青雙脚一蹬，也把他蹬了好幾尺遠，一屁股跌在地上。

夏青一個鯉魚挺身，跳了起來，在牛仔褲口袋摸出一把彈簧刀，在面前一晃，大聲地對孫連城說：

「孫老大，你亮傢伙吧！」

陶朱連忙掏出彈簧刀，向孫連城一拋，孫連城伸手一抄，接在手裏。

他們正準備再度交手時，把風的人突然大叫一聲：

「警察來了！」

於是大家一哄而散，各自奪路奔跑。

陶朱和陶丹跑在一條路上，兩人跌跌撞撞，摔了好幾跤，一跑到和平西路，碰上了一輛紅色計程車，他們手一揚，紅色計程車嗞的一聲，在他們面前停住，他們一頭鑽了進去。陶丹急促地對司機說：

「新生兩路，快！」南

於是紅色的計程車像西野馬樣，絕塵而去。

第十四章 过关斩将匹夫勇 金榜题名合家欢

韓道生坐在收音機前，聽大專聯取新生姓名。電台的消息比報紙快，報紙一天出一次，電台每天三次節目，隨時可以播報。大專放榜消息，競爭得更厲害，晚上電臺更可以專美，新生的姓名報紙還沒上機器，電台已經播出來了。

韓素梅看看韓道生有點兒緊張，打趣地說：

「小弟，你去睡覺，讓我替你收聽，免得心蹦到地上來。」

「三姐，妳坐在黃鶴樓上看翻船，拿我開心？」韓道生說。

「小弟，我是替你着想，要是你榜上無名，看你怎麼下得了台？」

「三姐，妳不要替古人躭憂，考不取我跳淡水河不就得了？」韓道生笑嘻嘻地回答。

「好沒出息！」韓素梅笑着罵他。

「道生，不許你瞎講。」韓老太太從房裏傳出聲音。

「是，媽！」韓道生大聲地回答：「您不要怕，我也不过跳進淡水河洗個冷水澡而已。

「小小的淡水河，我可以横渡好几次。」

「要洗冷水澡可以去東門游泳池泡泡，不許下淡水河。」韓老太太笑吟吟地走了出來。

「媽，遵命！」韓道生突然站了起來，雙手一貼，雙脚一併，胸脯一挺。

「小弟，看你烏龜晒背脊，死相！」韓素梅望着他好笑。

「三姐，妳別瞧不起人！軍訓教官都說我立正的姿勢最標準。妳學問比我好，我承認；妳立正的姿勢，那才像烏龜晒背脊哩！」

韓素梅嗤的一笑。韓老太太笑着跌在沙發上。

「小弟，我看你是狗掀門簾子，全憑一張嘴！」韓素梅笑着罵他：「要是過不了這一關，看你嘴硬骨頭酥？」

韓道生把收音機一關，笑着對韓素梅說：

「三姐，我耳不聽，肚不煩，這一關不過也要過。」

「道生，不要因噎廢食，把收音機打開，馬上就要報台大物理系了。」韓老太太說。

「媽，小弟沒有種，他不敢面對現實。」韓素梅說。

「素梅，這不足為奇，軍人也會臨陣脫逃。」韓老先生啣着煙斗，走進客廳，在韓老太太旁邊坐下。

韓道興跟在韓老先生後面出來，他走近韓道生，打開收音機，拍拍韓道生的肩膀說：

「小弟，男子漢，大丈夫，砍掉腦袋也不過盌口大個疤，何況聽榜？」

「二哥，別信三姐的鬼話！她寫文章找不到題兒，才鷄蛋裏找骨頭。」韓道生笑着回答。

「小弟，你憑良心說話，你心裏是不是有點兒害怕？」韓素梅接腔。

「三姐，這是心理學，妳得先繳學費。」韓道生望着韓素梅說。

「小弟，你眞不要鼻子！」韓素梅嗤的一笑：「當着爸爸的面，你也敢班門弄斧？」

「當然我不敢在孔夫子面前賣文章。」韓道生說：「不過，三姐，我現在的心理微妙得很，妳沒有這麼大的學問，妳可摸不透。」

韓老先生和韓老太太相視一笑。韓老太太對小兒子說：

「道生，想不到你這樣刁鑽古怪？」

「媽，小弟本來人小鬼大，你還以爲他很老實？」韓素梅說。

「三姐，不怕妳是保送台大，我這門課妳就不能Pass。」韓道生得意地說。

「小弟，你別癩蛤蟆鼓氣，看來腰粗脖子大。其實，你是懷着七成希望三分怕，是也不是？」

韓道生笑了起來。韓道興和韓老先生韓老太太也好笑。韓道生歪着脖子打量了韓素梅一眼，解嘲地說：

「三姐，算妳歪打正中，勉强Pass。」

「小弟，你孫猴子還想翻過如來佛的手掌心？」韓素梅一笑。

韓老先生夫婦和韓道興看他們兩人鬪嘴，會心地微笑。韓老先生的烟斗冒出淡淡的青烟，他輕鬆瀟洒，悠然自得，心理一點也不緊張。

播音員嘴裏像放着連珠砲，新生姓名從收音機裏不斷地蹦出來，女的報了一會男的接着報，男的報了一會女的又接着報，他們似乎比聽衆還急。

報完了台大醫學院錄取新生名單之後，女播音員宣佈休息一會，等新的名單，改放音樂唱片。

韓道生不聲不響地從厨房溜到院子裏去。他推測下次可能接着報台大理學院的新生名單，自己的第一志願是物理學系，如果考不取第一志願，挺在收音機旁實在不好意思。

雞已經進籠睡覺，白兎蹲在竹籬邊傻頭傻腦地望着半邊月亮，不時雙腳拜拜。「孫悟空」不安份地在樹枝上跳來跳去，對着韓道生唧唧叫，因爲韓道生從厨房出來時帶了一個香瓜，他正在邊吃邊看兎兒望月。他把吃剩的香瓜蒂子向孫悟空一抛，孫悟空雙手接住，往嘴裏一塞，眼睛滴溜溜地轉。

「孫悟空，要是我考取第一志願，我會賞個大香瓜給你吃；要是我名落孫山，我就揍你！」他向孫悟空說。

孫悟空向他拍手，唧唧地叫。

「孫悟空，這是個好兆頭，可惜你是個畜牲，沒有三姐那麽靈。」

「小弟，你在發神經病？」韓素梅噗的一笑，她和韓道與一道走了出來。

「三姐，妳怎麽跟我的踪？誰請妳當偵探？」韓道生回過頭來問她。

「你怎麽一個人開小差？」

「房子裏熱，我想出來換換空氣。」

「小弟，唸了三年高中，起早摸黑，好歹就在這一招。生飯熟飯，揭開盌蓋才知道，何必心虛。」韓道興說。

「二哥，你不知道，要是我考不取第一志願，三姐嘴下可不留情。」

「不名落孫山就是好的，還談得到第一志願第二志願？」韓素梅說。

「三妹，不要再損小弟，妳看他可憐兮兮的？」韓道興笑着說。

韓素梅和韓道興都笑了起來。韓素梅改變口氣對韓道生說：

「小弟，你要是考取第一志願，我請你去遊野柳。」

「眞的？」韓道生雙脚一跳。「三姐，妳可不能黃牛？」

「二哥可以作證，」韓素梅指指韓道興說：「我就躭心你考不取？」

「三姐，我已經心虛，你可不能再洩我的氣？」韓道生向她苦笑。

「眞沒有出息！」韓素梅用食指在韓道生的額上一點，又拉着他的手在魚池邊看魚。

淡淡的月光下，魚都沉到綠深底下，金鱗閃閃，複合的雙尾，像兩片紅綢，在春風中輕輕飄揚。

韓道生頓時輕鬆起來，也和魚兒一樣，悠然自得。

「三妹，你的生活和我完全相反，」韓道興感慨地說：「我在軍校成天大火燒着屁股，緊張得不亦樂乎；你養魚、養鳥、養猴子……讀書，畫畫兒，寫文章，優哉游哉，男女眞不平等。」

「二哥，現在男女不平等的事兒可多哩！」韓道生連忙接嘴：「大哥在成功嶺受訓，畢業後還要服一年兵役。三姐一畢業就可以滿天飛，一不要受訓，二不要當兵，沒有一點兒責任，可是競選議員縣市長她照樣可以參加，出國也比我們容易，她們女人有權利無義務，天底下那有這麽好的事情？我要革她們的命！」

韓道興和韓素梅都笑了起來。韓素梅指着韓道生說：

「小弟，我說你人小鬼大！我們女人剛剛出頭，你就要革我們的命，你眞好狠的心！」

「三姐，不平則鳴，」韓道生一笑：「Lady first，妳們處處佔便宜，我們男人就該死？」

韓素梅好笑，韓道興笑着對她說：

「三妹，小弟螃蟹走路，也有點橫理。」

「二哥，三條大路我走中間，」韓道生笑着接腔：「我講的是正理，她們女人節節高，行情看漲。打個比方，台灣選了幾次中國小姐，可就沒有選過一個中國先生；搞電影也是女明星掛頭牌，錢也拿得多，男明星只能敬陪末座；報紙上女人亮相的機會也特別多，我們男人除非殺了人，犯了案，才讓我們出洋相，否則別想見報。」

「小弟，你眞是一肚子的鬼！」韓素梅笑着罵他。

「二哥，你講句公道話，」韓道生把韓道興一拉：「我講的都是事實，可有一句寃枉話？」

「二哥，你別信他瞎胡扯。」韓素梅連忙堵住。

「現在報告臺大物理學系錄取新生名單。」收音機突然傳出女播音員磁性的聲音，直達戶外。

「小弟！快去聽，現在輪到你了。」韓道興把韓道生一拉，三步兩步跳上台階，韓道生身不由己地跟着他走。

韓素梅跟在他們身後趕了進來，一踏進客廳，就聽見收音機報出：

「七五七三姚玉華……」

「好，姚琢吾的妹妹考取了第一志願！」韓素梅馬上鼓掌，韓道生也高興地鼓掌。韓道興不認識姚玉華，他迷惘地望着他們兩人。

「姚小妹眞是個好孩子！」韓老太太望着韓老先生說：「的確秀外慧中。」

韓老先生悠然地從嘴上取下烟斗，望了韓道生一眼，輕輕地對韓老太太說。

「要是道生考不取物理系，你也是空歡喜。」

收音機又連硃砲般地蹦出幾個名字，沒有韓道生，韓素梅望着他一笑：

「小弟，姚小妹已經考取了，現在看你的？」

「三姐，你也給我一點兒退步路，不要把我頂到壁上去？」韓道生向她苦笑。

「道生，到媽身邊來。」韓老太太在沙發扶手拍拍，韓道生在她身邊坐下。

「不要緊張，」韓老太太輕輕地對他說：「考不取台大也沒有關係，還有別的學校。」

「別的學校考不取也沒有關係，明年還可以再考。」韓素梅笑着接腔。

「素梅，你不要門縫裏望人，看扁了道生，他不會那麼窮。」韓老太太慈祥地說。

「媽，癲痢頭的兒子也是自己的好，我懂得您的心理。」

韓素梅的話使兩老都笑了起來。韓老先生摸摸嘴巴讚賞地說：

「素梅，就憑你這句話兒，你有資格作一個作家。」

「爸，您再給三姐臉上貼金，她更要眼高於頂了。」韓道生說。

「小弟，你少廢話，留心聽收音機，漏掉了你的大名那才可惜。」韓素梅說。

韓道生像洩了氣的皮球，嘴也軟了，報了幾十個名字還沒有他，他也有點兒垂頭喪氣。

「八五八三韓道生。」收音機突然蹦出他的號碼名字。

韓道生一躍而起，跳到韓素梅的面前，抓住她說：

「三姐，請客！請客！我被你搞夠了！我要出這口氣！」

韓老先生韓老太太也笑着站了起來，韓素梅笑着說：

「我說了請你遊野柳，決不黃牛。」

「不行！不行！現在敲我張價了！」韓道生抓着她直搖，搖得韓素梅前撞後仰。「遊野柳之外，還要請客！」

「你別謀財害命好不好?」韓素梅向他一笑：「三姐又沒有發洋財?」

「道生，你饒三姐一招，」韓老太太笑着說：「媽請客。」

「媽，吃您的那怎麽好意思?」韓道生放開韓素梅假客氣地一笑。

「小弟，你又烏龜晒背脊，死相。」韓素梅笑着駡他。

韓道生向她做了一個鬼臉。韓老太太掏出三十塊錢交給他：

「你自己去揀個大西瓜回來。」

他把鈔票往褲子口袋一塞，三脚兩步跳到門口，突然回過頭來對韓素梅說：

「三姐，你可沒有份。」

「叨光，叨光。」韓素梅笑着回答。

「素梅，這可不是癩痢頭的兒子自己的好，道生的確不賴，聯考是靑石板上甩烏龜，硬碰硬，沒有一點兒僥倖。」

「媽，我眞怕小弟丟臉，現在該您樂的。」韓素梅說。

第十五章 韓家笑語歡聲動 野柳攝影趣味多

第二天清早，韓道興、道生兩兄弟在院子裏玩單槓，韓素梅在院子裏散步，報販從院子外面把日報向裏面一扔，韓素梅連忙檢起來，坐在魚池旁邊看新生名單。韓道生和姚玉華金榜題名，一點不錯。但是在所有各組的名單當中，她找不到夏靑。

早飯後夏雲跑了過來，一進門就大聲地對韓道生說：

「道生，恭喜你金榜題名。」

「謝謝你，夏姐姐，我是瞎貓碰上死老鼠。」韓道生客氣地說。

「小弟，想不到你福至心靈，考取了台大，也學會了客氣？」

「三姐，禿子跟着月亮走，沾了你一點兒光。」韓道生笑着回答。

「道生，眞是士別三日，刮目相看，你口才也越來越好了！」夏雲歪着脖子打量他。

「我說了他是福至心靈，」韓素梅一笑，輕輕地問她：「夏靑考取了沒有？」

「馬尾串豆腐，別提！」夏雲大聲嘆口氣：「昨天他還在外面闖禍，和別人打架，~~他就只有~~

這點兒本事。見了你和姚琢吾我都會臉紅！」

「勝敗兵家常事，他還可以考私立大學夜間部。」韓素梅說。

「我看他是熱鍋兒烤死麵，他根本不是這塊料。」夏雲說。

「萬一夜間部也考不取，明年還可以再考，不過這一年得好好地準備。」

「這一年他正好玩個痛快，明年考不取他就要當兵，看他骨頭酥不酥！」

夏雲邊說邊走進來，看見韓老太太又說了一聲：「伯母恭喜」。韓老太太知道夏青沒有考取，不便問她，笑着對韓素梅說：

「素梅，夏雲一早就到我們家來，你也應該打個電話向姚家道賀一下。」

「媽，姚家沒有電話。」韓素梅說。

「這樣吧，」韓老太太轉向韓道生：「道生，你去姚家一趟，一來向姚家道個喜，二來請他們兩兄妹來吃午飯，慶祝你和姚小妹金榜題名。」

「媽，乾脆飯後我們去遊野柳，」韓梅素說，又向韓老太太走近一點：「率性把張莉莉也請來，這不是一舉數得？」

韓老太太望着女兒一笑，又對兒子說：

「道生，你順便打個電話給張姐姐，請她來吃午飯，去遊野柳。」

「媽，要是電話打不通呢？」韓道生說。

「乖，你就親自跑一趟。」

「媽，不能要我一人當差，最好要二哥去接駕？」韓道生嬉皮笑臉。

「乖，孔夫子說：有事弟子服其勞，誰叫你最小？」韓老太太笑盈盈地說。

「媽，聽您的！」韓道生雙脚一併，望着韓素梅一笑：「只怪我投胎時比三姐落後一步。」

「小弟，算你有自知之明。」韓素梅笑着說。

「三姐，下次可不會讓你搶先！」韓道生說着身子一衝，三步兩步跳到門外，跑了出去。

「道生眞是十項全能，功課好，身體也棒！」夏雲說。

『夏雲，人逢喜事精神爽，今天小弟的骨頭都要輕四兩。」

夏雲和韓老太太都被韓素梅說得笑了起來。韓老太太望着女兒說：

「素梅，道生可被你損透了，現在該他揚眉吐氣。」

「媽，做文章也講究欲揚先抑，我要是一向長他的志氣，說不定他眞會暈頭轉向，馬失前蹄，落得個名落孫山哩！」

「妳瘸子拄拐杖，也有點兒彎彎理。」韓老太太慈祥地一笑，像一尊彌勒佛。

張莉莉先來，他一進門先向韓老太太道喜。韓老太太問她是不是接到道生的電話？她笑着回答：

「伯母，眞巧，我正準備來向您道喜，就接到道生的電話：我可不是爲了這頓吃呀！」

「莉莉，我看妳是眉毛上搭凉棚，遮得眼睛遮不住鼻子。」夏雲笑着接嘴：「要是伯母不請妳吃飯，妳才不會來哩！」

「夏雲，妳眞是狗嘴裏吐不出象牙。」張莉莉笑着走過去要哈夏雲的腰，夏雲連忙閃到韓素梅的背後，張莉莉回過頭對韓太太說：「伯母，別聽夏雲的鬼話，她才是個好吃鬼，老早就趕來等飯吃。」

「小半仙，妳未卜先知，我看妳一早起來就算好了八卦，知道伯母中午要請客，妳才趕來，那裏是道喜？」夏雲伏在韓素梅的肩上笑嘻嘻說。

「看我擰不擰妳的嘴?」張莉莉趕上一步，夏雲頸子一縮，把韓素梅當作擋箭牌。推着韓素梅團團轉，韓素梅笑着罵她，韓老太太笑得合不攏嘴，韓道興走了出來，她們才停止笑鬧。夏雲望了他一眼，打趣地說：

「將軍，你越長越棒了!」

「夏雲，妳別出我的洋相了，我和將軍差十萬八千里，不過長了幾斤肉。」韓道興回答。

「這可不說定，艾森豪第二次世界大戰初期還是一個中校，幾年之間就跳到五星上將了!」

「夏雲，妳狗嘴裏吐不出象牙，這倒是個好口彩。」張莉莉說。

「謝謝妳的金言。」韓道興向夏雲一揖：「有朝一日我要是成爲中國的艾森豪，要重重地謝妳。」

「我怕你過河拆橋，一旦當上了大將軍，早把我們小百姓忘到九霄雲外了。」夏雲說。

韓素梅把夏雲輕輕一拉，走進房去，留着張莉莉和韓道興談話。韓老太太一看他們兩人搭上腔，也悄悄地溜走。

直到韓道生和姚琢吾姚玉華兩兄妹到來，韓素梅和夏雲才雙雙從房裏出來。七個年輕人聚在一塊，客廳像一群喜鵲噪窠。

韓道興不認識姚玉華。經過介紹，他連忙向姚玉華道喜：

「姚小妹，恭喜妳，妳眞了不起，昨天我們最先聽到妳的名字，報了半天還沒有聽見道生的名字，我眞替他捏把汗。」

「謝謝你，有你們哥哥姐姐的好榜樣，他怎麼會考不取？」姚玉華文靜地說。

夏雲、張莉莉她們也誇獎她，韓素梅把她拉到身邊，她對韓素梅也很親熱。

姚琢吾問起夏青的情形，夏雲像發了擺頭風，連珠炮般地蹦出幾句話：

「四兩棉花，別「彈」，別「彈」！你們都有好妹妹、好弟弟，只有我那位不成材，他的臉皮有城牆厚，我在你們面前矮了三尺！」

「夏雲，妳當面扯謊，妳還不是和我們一般高？」張莉莉接嘴。

「莉莉，虧妳是學文學的！妳就不懂得用形容詞？」夏雲格格地笑，又指指韓道生和姚玉華說：「只有他們學科學的的才一加一等於二。古今中外的文學家，把月亮寫得那麼美，科學家偏說它沒有空氣沒有水，表面是一個坑一個洞，天生的一張大麻臉，那有什麼嫦娥？妳看那多掃興？登上去吃灰塵，又有什麼意思？」

「妙入妙論！」韓道興讚。

「瘋瘋癲癲。」張莉莉說。

大家輕鬆地一笑。

韓老太太笑着走了出來。姚琢吾兄妹叫了一聲伯母，姚玉華還鞠了一躬。韓老太太牽着她的手，拉她在自己身邊坐下來，着實誇獎了她幾句。

「伯母，您太偏心，您只誇獎姚小妹，就沒有講過我們一句好話兒。」夏雲笑着說。

「夏雲，妳別冤我，當年妳們考取臺大，伯母還不是好話一堆？」韓老太太笑着回答。

「伯母，那可有點兒分別？」夏雲格格地笑起來。

「伯母，您別理她，」張莉莉笑着接嘴：「她瘋人瘋話。」

「莉莉，妳別在伯母面前四兩充半斤，妳也算不得是什麼大好人。」

「夏雲，妳們都是好材好料，只有伯母是朽木不可雕。」韓老 太太笑着接嘴。

「伯母，薑是老的辣，我們怎麼能比您？」夏雲格格地笑。

「算妳有自知之明。」張莉莉說。

「伯母是如來佛，我孫悟空怎麼翻得過她的手掌心？」

「夏雲，妳這一奉承，伯母就不好意思不買個西瓜給妳吃了。」韓老太太笑着，隨即吩咐韓道生去買西瓜。

夏雲雙脚一跳，雙手一拍，格格地笑，眼睛向姚琢吾一掃：

「姚琢吾，你眞笨，伯母歡喜戴高帽子，你怎麼一句奉承話兒也不會講？」

姚琢吾尷尬地一笑，韓老太太笑着接腔：

「夏雲，妳別儘給我吃冷猪肉，伯母瞎子吃湯圓，心裏有數。他們兩兄妹可不會敲我的竹槓。」

大家都笑了起來，夏雲笑得前仰後合，抓着韓素梅左搖右晃，弄得韓素梅哭笑不得。

直到韓老先生走了出來，大家才停止笑，夏雲也收斂了狂態，裝出規規矩矩的樣子。韓老先生看了她一眼，笑着問她：

「夏雲，妳怎麼不說不笑了？」

「韓伯伯，在您面前，我怎麼敢撒野？」夏雲說。

「不說不笑，就誤青春年少，現在是你們的時代，你們儘管說笑好了。」韓老先生托着烟斗說。

他說是這麼說，可是夏雲她們沒有再笑。韓老先生便和姚琢吾兄妹交談，他也誇獎姚玉華一番，又問姚琢吾最近讀了什麼書？翻譯了什麼東西？姚琢吾恭恭敬敬地回答了他的問題，他滿意地點點頭。

韓道生提了兩個大西瓜回來，累出一頭的汗，走到院子門口他大聲對韓道興說：

「二哥，你來提一個，重得很！」

韓道興大步跨了出去，雙手提了兩個進來。夏雲看了西瓜高興地對道生說：

「道生，你眞慷慨，伯母只叫你買一個，你加了一番，難得！難得！」

「夏姐姐，我知道妳們都是大肚子羅漢，要吃就讓妳們吃個痛快，媽太小器。」

夏雲格格地笑了起來，韓老太太笑着對韓道生說：

「道生，你慷媽之慨，媽只有這點兒家當，細水長流，一次吃垮了，下次夏姐姐她們來時不是要喝西北風了？」

「伯母，我是今朝有酒今朝醉。這次吃飽了，下次喝西北風也使得。」夏雲笑着接腔，又望了張莉莉一眼：「小半仙，妳說對不對？」

「我是禿子跟着月亮走，叨光。」張莉莉笑着回答。「妳是山西人賣醋，包賺不蝕。」

「好，莉莉有良心，替伯母翻了本。」韓老太太笑着插嘴。

「伯母，小半仙又名張鐵嘴，她才會損人。」

「妳也要遇着個把狠人，素梅不是妳的對手。」

「伯母，您不知底細，下筆我鬥不過素梅，動嘴我鬥不過莉莉，其實我最可憐兮兮，反而背了一個惡名。眞是跳進淡水河也洗不清！」

夏雲的話使大家哄起來。韓素梅切好了西瓜，順手遞給她一大塊：

「妳是强盜當中的好人，賞妳一塊西瓜。」

「素梅，妳講了一句公道話。」夏雲捧着西瓜一笑，望望韓老先生韓老太太：「不過第一塊西瓜應該給伯父伯母吃。」

「夏雲，妳這句話就使我高興半天，」韓老太太笑着接嘴：「我這個西瓜值得。」

夏雲格格地笑起來，張莉莉說：

「伯母，夏雲要了裡子又要面子，她嘴甜心辣，您別信她的鬼話。」

韓老太太接過張莉莉遞給她的面瓜，笑着輕輕地對張莉莉說：

「莉莉，癩痢頭的帽子當衆揭不得，伯母心裏明白就是。」

夏雲噗嗤一笑，噴出一口西瓜，趕過去打張莉莉，張莉莉身子一閃，繞到桌子後面，夏雲指着張莉莉笑罵：

「小半仙，妳專門挑撥離間，寃枉好人，妳會爛心。」

「癩痢頭上長瘡，妳算什麼好人？」張莉莉隔着桌子回嘴。

夏雲揚起西瓜想打，韓老太太笑着說：

「夏雲，打架拿塊西瓜，不是傢伙。」

夏雲望望韓道興說：

「General，給我一枝手槍，讓我斃了她！」

「我不是General，我沒有資格佩槍，有，我也不能給妳行兇。」韓道興笑着回答。

「我不過是試試你，」她白了韓道興一眼：「我知道你司馬昭的心。」

韓道興向她䀹䀹眼睛，韓素梅連忙打岔：

「快吃西瓜，少廢話。」

夏雲得意地格格笑，咬了一大口西瓜，不再講話。

「小弟，你的眼力不錯，西瓜挑得很好。」韓素梅咬了一口，連忙誇奬道生。

「三姐，我作的事還有錯兒？」韓道生得意地回答。

「別吹牛！」韓素梅笑着白他一眼：「講了你一句好話兒你就忘形？」

「三姐，我現在是大學生，當着這許多人的面，妳不給我留點兒面子？」韓道生一字一頓地說。

「Freshman還不是老么，你還想神氣？」

「好，該我們倒霉！」韓道生脚一頓，望了姚玉華一眼。

姚玉華望着韓素梅說：

「韓姐姐，臺大也作興欺侮新生？」

「妳放心，我們只欺男生，不欺女生。」韓素梅笑着回答。

「小妹，我作妳的保鏢，誰敢欺侮妳？」夏雲說。

「妳別狗咬耗子，小弟和姚琢吾幹什麼的？」張莉莉接嘴。

「小半仙，妳好長的嘴，誰和妳講話來着？」夏雲頂張莉莉。

「好了，好了，妳們別再鬪嘴，吃了飯還要遊野柳哩，一路上夠妳們磨牙的。」韓老太太說。

夏雲和張莉莉都被韓老太太說得一笑。張莉莉向夏雲一指：

「都是妳這個禍根，伯母把我們當作兩隻聒聒叫的烏鴉了。」

「莉莉，不止妳們兩個人，這是我們女人的通病，上帝造我們女人，大概是不讓男人耳根清靜？」韓老太太說。

夏雲、張莉莉、韓素梅都笑了起來，姚玉華也紅着臉輕輕地笑，她有點兒害羞。

韓老太太吩咐阿珠提早一點開午飯，好讓他們早點去遊野柳。

他們匆匆吃過飯，三男四女七個年輕人就一道動身，韓道生掛了一架照相機在肩上，這是韓老先生的舊照相機，他們三人都會用。

「道生，你們可要小心，不能在海邊拍照，水火不容情。」韓老太太囑咐小兒子，也是暗示大家。

「媽，妳放心，三姐膽小如鼠，她還敢站在海邊拍照？」韓道生回答。

「小弟，你不要瞎胡扯，我才不要在望鄉臺上充什麼英雄好漢。」韓素梅說。

韓老太太隨後又囑咐韓道興和姚琢吾兩人：

「你們兩位是守護神，小心一點兒，道生冒冒失失，她們四位大概不會瞎跑？」

「伯母，您這樣說連我也不敢亂動了！」夏雲看看韓老太太的臉色，伸伸舌頭，做個鬼臉。

「你們早去早回，不要在門口磨菇。」韓老先生說。

夏雲一笑，拖着韓素梅就走。韓道生已經走了十幾步，大家只好跟進。

他們搭火車到基隆，在基隆叫了兩部計程車直駛野柳。

野柳是個新發現的名勝，暑假期間遊人不少。早來的已經回頭，他們跟着新到的遊客走了一段小路，才到達野柳海邊。當他們發現那些乳房般的礁石，和一個梳着道士髻般的女人頭時，夏雲禁不住驚喜地叫了一聲：

「啊！Wonderful！」

「夏雲，可惜Wood沒有來，他看見了更會枉得福！」張莉莉說。

韓素梅和姚琢吾兄妹兩人也高興地談笑。姚玉華笑着對她說：

「韓姐姐，眞謝謝妳請我到這麼好的地方來玩！」

「小妹，不必客氣，我也歡喜遊山玩水。」韓素梅拍拍她的肩說：「要是將來我們能够賺錢，最好遊遍世界名勝，學科的人也應該多同自然接近。」

「韓姐姐，妳和哥哥的興趣很相迎，哥哥也喜歡遊山玩水。」姚玉華說。

「學文學藝術的人大多如此。」韓素梅說。「妳將來要是到了吳健雄那種地位，仍然要多接近自然。」

「人家是大科學家，我怎麼能到那種地步？」姚玉華迷惘地一笑。

「妳不要太謙虛，我小弟可大言不慚地要做李政道、楊振寧哩！」

「三姐，妳別出我的洋相，我可沒有誇那樣的海口。」韓道生回轉頭來，從肩上取下照相機，對準他們三人喀嚓一聲。

「在這方面吹點牛倒沒有關係，只要你有這種志氣。」韓素梅說。「愛因斯坦也是人。」

「三姐，謝謝妳抬舉，我再給妳照一張。」韓道生笑着指揮他們三人站在一塊，又拍了一張。

韓道興、張莉莉、夏雲三人已經跑到女王頭那邊去了，韓道興雙手捲着圓筒，大聲地對韓道生他們說：

「小弟，你們快來，我們要拍照。」

韓道生首先爬下陡峭的礁石。韓素梅牽着姚玉華慢慢爬下去，道生看她們那種戰戰兢兢的樣子，不禁好笑：

「三姐，妳這簡直像烏龜過門檻。」

「小弟，你站在黃鶴樓上看翻船，要是我摔跤，惟你是問。」韓素梅戰戰兢兢地回答。

韓道生過來扶她一把，她乘勢跳下。韓道生又把姚玉華擁了下去。

姚琢吾很快地爬下陡坡。他們四人一蹦一跳地踏過高低不平的礁石，跑到女王頭邊，和韓道與他們會合。

韓道興從韓道生手中接過照相機，要大家以王女頭作背景，合照一張。他一拍完，姚琢吾跑出來，接過照相機，要他和大家合照，他立刻塡補了姚琢吾那個位置。

海邊浪大，浪頭摔在礁岩上濺起一丈多高的浪花，十分壯麗，他們想以浪花作背景拍張照片，但都不敢走近海邊，因爲浪頭會冲上岩石，又突然捲下去，危險得很。

夏雲站在仙履石上，要姚琢吾替她拍照，張莉莉跑過去和她並肩而立，夏雲對她說：

「小半仙，我們是寃家對頭，不要這樣親熱。」

「Wood沒有來，我來代替。」張莉莉說。

「妳眞不要臉！」夏雲在她肩上捶了一下。

姚琢吾立刻喀嚓一聲，拍了下來。

「姚琢吾，你死壞！」夏雲笑着罵他。

姚琢吾沒有理她，對姚玉華說：

「玉華，妳和韓姐姐照一張。」

姚玉華挽着韓素梅站在仙履石上，海風飄起她們的頭髮，像飄起千絲萬縷柔絲，姚琢吾立刻拍下。

「小弟，今天是慶祝你和小妹考取臺大，你們兩人照一張。」韓素梅向韓道生招招手。

「三姐，得令！」韓道生三步兩步跳了過去，韓素梅讓開位置，讓他和姚玉華站在一塊。姚玉華有點兒不好意思，姚琢吾看他們一站好，就咳嗽一聲。隨即把照相機交給韓道生。

韓道生看見姚琢吾和韓素梅走在一塊，連忙偷照一張，隨後他發現韓道興和張莉莉並肩而行，也偷照了一張，恰巧被夏雲發現，夏雲笑哈哈地說：

「小弟，你作紅娘，我作電燈泡，我們兩人成人之美，功德無量。」

「夏雲，妳怎麼又瘋言瘋語？」張莉莉說。

「小半仙，妳不要以爲我瘋瘋顛顛，我瞎子吃湯圓，心裡有數。」夏雲向她做了一個鬼臉。

「夏姐姐，來，我替妳單獨拍張好照片，不許別人參加。」韓道生連忙打岔，把夏雲支使到一個鐘形的礁石旁邊站着，要她左擺一個姿勢，右擺一個姿勢。

「道生，我知道你葫蘆裡賣的什麼藥。」拍完以後夏雲向韓道生一笑：「你別想在夏姐姐面前耍花槍，你對姚小妹也不懷好意，你是三月的芥菜，也在長心。」

「夏姐姐，妳說得這麼難聽。」韓道生笑着跑開，追趕韓素梅他們，他們隨着別的遊客跑到一大堆乳房般的礁石中去了。

他們在野柳玩得非常痛快，回到臺北時已經萬家燈火了。

第十六章 姚家兄妹都成器 韓老教授惜芳菲

他們分手時，姚玉華拉着韓素梅的手，輕輕地說：

「韓姐姐，明天中午吃飯的事可別忘記？張姐姐，夏姐姐，請妳一道拖去。」

「小妹，算了吧，你們何必破費？」韓素梅笑着回答。

「韓姐姐，禮尚往來，今天你們請了我們，我們怎麼能不回敬？」

「小妹，不要多禮，今天是小弟敲竹槓，我不願意請他一個人遊野柳，所以把你們邀來，大家玩個痛快。」

「我也是邀你們遊內湖，內湖的風景不壞。」姚玉華望望張莉莉和夏雲，笑着對韓素梅說：

「妳不是歡喜遊山玩水嗎？」

「姚琢吾，你到底拿了多少稿費？」夏雲突然問姚琢吾：「我是老鼠嘴，有好東西吃我總去，遊山玩水不過是附庸風雅。」

「夏雲妳放心，我扯把青草也可以把妳塞飽。」姚琢吾笑着回答。

「姚琢吾，你眞該死！」夏雲指着他笑罵，瞟了韓素梅一眼：「你要是厚此薄彼，我和莉莉兩人可不饒你？」

「雲夏，妳可別娶媳婦帶姨子，賣猪肉搭蹄子，妳吃青草可不關我的事。」張莉莉刁鑽地說。

「莉莉，妳這個死鬼！妳挖我的牆脚。」夏雲舉手想打張莉莉，張莉莉往韓素梅身後一閃，韓素梅好笑。

姚玉華連忙拉住夏雲，陪着笑臉說：

「夏姐姐，妳別生氣，只怪哥哥不好，哥哥最近翻了好幾篇文章，明天妳好好地敲他一下。」

「好，小妹，我看妳的面子，」夏雲見風轉舵，瞪着姚琢吾：「姚琢吾，不管三七二十一，明天可得給我吃隻全鷄，你別想偷工減料。」

隨後她又瞟了張莉莉一眼：

「莉莉，妳別高興，明天再找妳算賬！」

「夏雲，我人一個，命一條，看妳有什麼絕招？」張莉莉滿不在乎地回答。

夏雲瞪着眼睛望着她，不禁失笑。韓素梅對她們兩人說：

「好了，別再瘋瘋癲癲了。言歸正傳，明天我們怎麼去？」

「旣是姚琢吾請客，自然由他派小包車來接。」夏雲馬上接嘴。

「夏雲，妳要醒着說話，我姚琢吾這一輩子也不會有小包車接妳。」姚琢吾說。

「眞沒出息！」夏雲白了他一眼：「虧你是高材生，我們都指望你飛黃騰達，你自己倒講這種洩氣話。」

「高材生都坐圖書館，試驗室，只有半吊子才一心追求洋房汽車。」

「哥哥，你怎麼這樣對夏姐姐講話？」姚玉華兩眉微微一皺。

「老同學，什麼話不可以講？」姚琢吾坦然一笑。

「姚琢吾，你分明指着禿子罵和尚，你明天的飯我可不敢叨光。」夏雲故意把嘴巴一嘟。

「夏雲，明天我開11號汽車來接，粗茶淡飯，也得賞光。」姚琢吾說：「最好和妳弟弟一道。」

「謝了，我弟弟可不能去丟醜；你也不必勞駕，我和素梅一道去就是了，怎麼說，你也得讓我吃兩隻棒棒雞腿？不要做酸秀才。」

「要是有朝一日我能得諾貝爾文學獎金，妳要吃龍肉鳳肝，我也會想辦法。」

「好！有志氣！」夏雲把大姆指一翹：「即使我吃不到龍肉鳳肝，你這句話兒也替我們學文學的人出了一口悶氣。」

「別提我們學文學的吧，要多丟人有多丟人！十個作家中難得有一個是學文學的，我們的文學教授就沒有一個是作家。縱然我們的文學知識比別人豐富，但是自己拿不出作品，莎士比亞背得滾瓜爛熟又有什麼用處？」姚琢吾說。

「姚琢吾，這就要靠你翻本了！」夏雲說。

「光靠翻譯也翻不了本，一定要自己寫才行。」張莉莉說。

「莉莉，我知道，」姚琢吾說：「妳的看法很對，目前我只是拿洋人的東西救自己的急，畢業以後一定自己動手。妳們最好也從事創作。」

「罷了，罷了，」夏雲連忙搖頭一笑：「別說我沒有那種天才，縱然有我也怕餓死。」

「夏雲，都像妳這樣現實，那還有什麼話可說？」姚琢吾望着夏雲說。

「啫，素梅和你臭同肉味，」夏雲的嘴向韓素梅一呶：「你們兩位只要有一位成功，我們臉上也有點兒光彩。小半仙，妳說是不是？」

「要吃龍肉，妳就親自下海。他們成功了，是他們的光彩，我們算那根蒜，那根葱？」張莉莉說。

「小半仙，妳不會拉着何仙姑叫二姨？難道他們還能否認我們是同學？」夏雲望望張莉莉，又掃了韓素梅和姚琢吾一眼。

「夏雲，妳一句沙糖，一句狗屎，胡扯了半大，現在可以收攤子了？」韓素梅笑着說。

「人多嘴多，叫化子瓢多，我一個人怎麽扯得下去？」夏雲笑哈哈地說。

「好，話兒留着過夜不遲，明天還有時間磨牙，現在我們分道揚鑣吧？」韓素梅說後望望大家。

「好，韓姐姐，張姐姐，夏姐姐，明天我來接你們。」姚玉華說：「我們先走一步了。」

姚琢吾向大家擺擺手，和姚玉華一道離開。韓素梅連忙說：

「小妹，不要來接，我們自己會去。」

「小妹，妳不必來，要妳哥哥親自接駕。」夏雲大聲地說。

「夏雲，妳何必擺這麼大的臭架子？」張莉莉說。

「小半仙，我是蛤蟆鼓氣，虛張聲勢，姚琢吾才不會聽我的，妳看他頭也不回？」夏雲指着姚琢吾的背影說。

張莉莉嗤的一笑。夏雲故意輕輕地附着張莉莉的耳朵說：

「要是素梅要他來接，他就像奉聖旨了。」

韓素梅裝作沒有聽見，不理會她。他拉着張莉莉向韓素梅他們揚揚手，韓素梅對他們說：

「妳們兩人不同路，讓二哥和小弟送妳們吧？」

韓素梅隨即吩咐韓道生：

「小弟你送夏姐姐。」

「素梅，妳在孔夫子面前賣什麼文章？」夏雲做了一個鬼：「我自己走，不要小弟送。」

她隨手把張莉莉向韓道興面前一推，笑着跑開。韓素梅大聲地對她說：

「夏雲，明天上午我們在家裡等妳。」

夏雲回頭一笑：

「我知道，姚琢吾不會來接我。」

韓素梅望着她又好氣又好笑，回頭對韓道興說：

「二哥，你送莉莉回家，我和小弟去洗照片。」

她隨手把韓道生一拉，逕自走開。

「三姐，眞是三個女人賽一群鴨，妳們唧哩哇啦講了半天，我和二哥簡直插不上嘴。」韓道生嘀了半天，一離開大伴，忍不住說。

「你別死相，剛考上大學，就批評起我們來了？」韓素梅笑着白了弟弟一眼。

「嘿，要是張姐姐將來眞的嫁到我們家來，那張嘴比妳還厲害，我就更沒有好日子過了。」

韓素梅嗤的一笑，隨後一本正經地望着弟弟說：

「你水仙花兒不開裝什麼蒜？你又是什麼善人？」

「鴨子會叫是扁嘴，女人會說舌頭長。三姐，我是男人笨嘴笨舌，我甘拜下風好不好？」

「小弟，你越說越不像話了？」韓素梅笑着瞪了弟弟一眼：「要是夏雲和張莉莉聽到了，看她們摔不摔你的嘴？」

「好，三姐，女人萬歲，男人該死。」韓道生把頭一低，不再作聲。

他們走到白光照相館，把膠捲留下冲洗，約定明天上午來取。

他們回家時，韓素梅把買來的貝殼船送給韓老太太，把螺殼烟缸送給韓老先生。韓老太太問他們玩得怎樣？韓道生添油加醋地描述了一番，最後還慫恿地說：

「媽，您眞該和爸去遊一趟野柳，女王頭才眞像！別的地方看不到，不到臺灣就沒有這種眼福。」

「我和你爸在大陸時玩的地方可多啦！臺灣也差不多遊遍了，臺灣的山水怎麽能和大陸相比？」

「媽，女王頭和仙履石，是海島的特色，大陸上怎麽會有？」

「媽雖然沒有去過野柳，媽看過野柳的照片和文字，那比廬山的姊妹石和鄱陽湖口的鞋山差得太遠了。」

「媽，您騙我，我怎麽沒有見過呢？」韓道生不相信。

「那時你還沒有出世啦！」韓老太太一笑，臉上的肉眞像尊彌勒佛：「你沒有見過的事兒多着哩！你遊了一趟野柳就向媽吹牛，那怎麼行呢？」

韓素梅望着韓道生，調侃地說：

「小弟，你這眞是孔夫子面前賣文章，四兩棉花你也想彈？」

韓道自己生也好笑，隨後又發狠說：

「要是將來回大陸，我非遊遍名山大川不可！」

「道生，那有得你跑。」韓老太太說。

韓老太太隨後又問韓道生：

「道生，二哥那裏去了？」

「媽，三姐眞是個好月老，她打發二哥送張姐姐回家，眞是一舉兩得。」韓道生說。

「道生，難怪三姐的文章寫得比你好，她懂得穿針引線。」韓老太太笑迷迷地望了女兒一眼，又對兒子說。「二哥在家時間不多，不把握機會不行。」

「媽，三姐只會爲別人作嫁衣裳，她自己的事[illegible]」

「小弟，你又死相！」韓素梅連忙堵住他，他做了個鬼臉笑着逃走。

韓素梅也回到自己的房間，把在海邊檢來的幾個漂亮的貝殼，和一隻寄生蟹放在水仙花盆裏，白瓷盆、清水、白石子、綠葉、紅花，再加貝殼，和躲在海螺裏的寄生蟹，又是一番情趣。

韓道興回來很晚，他沒有打擾別人，別人也沒有問他，大家心照不宣。

第二天上午九點多鐘，夏雲和張莉莉一道來邀韓素梅他們。夏雲看見花盆裏的貝殼和寄生蟹，不禁讚嘆起來：

「素梅，妳眞是有心人，我是入寶山而空還，什麼也沒有帶。這東西在海邊一點不稀奇，一擺上案頭就顯得特別優雅高貴。」

「文學藝術就需要這點兒匠心！這就叫做妙手天成。」張莉莉說。

「莉莉，妳這頂高帽子眞壓得死人。」韓素梅說。

「小半仙能把賊老鴉說下樹來，把白豆腐說出血來。」夏雲說。

「夏雲，我講的可是眞心話。」張莉莉說。

「小半仙，妳是見菩薩[illegible]顏料。」夏雲說。

」

「好，」張莉莉笑着點頭：「就算我看人打卦，也是因爲素梅有這份匠心。我們就想不到。

「小半仙，妳本來有一份聰明，可是心思想歪了。」夏雲一面說，一面做鬼臉。

張莉莉伸手哈夏雲的腰，夏雲躲到牆角，笑着向張莉莉搖手：

「君子動口，小人動手，不要讓伯母把我們看成野丫頭。」

「妳還要臉？」張莉莉白了夏雲一眼，手垂了下來。

「不要胡鬧了，我們走吧？」韓素梅說。

「妳不等姚琢吾來接？」夏雲說。

「上次我們不是去過了？何必擺這麼大的架子？」

「現在不擺什麼時候擺？姚琢吾頭上長了角，我勸妳趁早把它拔下來。」夏雲眼睞眉毛動。

「妳又胡說八道。」韓素梅輕輕白她一眼。

「那是她對付Wood的法寶。」張莉莉說。

「莉莉，她不走我們走。」韓素梅按了張莉莉一下。

「去得這麼早幹什麼?姚琢吾的房子小，我們這群蝗虫一到，落脚的地方都成問題。」夏雲說。

「我們在他附近山邊走走也好，那裏有個天主教公墓，正好參觀參觀。」韓素梅說。

「妳到會替他打算?」夏雲調侃地說。

「去市郊自然應該在外面玩玩，呼吸一點新鮮空氣，躲在屋裏有什麼意思?」

「好，妳牛角向裏彎，依妳的。」夏雲往韓素梅肩上一伏，在她臉上輕輕捏了一下，韓素梅的白臉上馬上現出一塊紅指印。

韓道興，道生兩兄弟早已整裝待發。韓道生穿着花香港衫，黃短褲，肩上掛着照相機，生氣勃勃；韓道興穿着白香港衫，灰色長褲。他們兩人的打扮和昨天完全不同。

「小弟，你今天樣子很帥，就是有點兒像小太保。」韓素梅笑着對弟弟說。

「三姐，妳眞是佛頭上着糞，我那一點兒像太保?」韓道生不服氣地說。

韓素梅笑而不答，夏雲接着說：

「道生，你三姐第一句話對，第二句話荒腔走板。」

「夏姐姐，多謝妳主持公道。」韓道生馬上雙脚一併。

「不過你二哥比你更帥。」夏雲望望韓道興，補充一句，又望望張莉莉：「莉莉，妳說對不對？」

張莉莉沒有想到夏雲會蹦出這句話，起初有點措手不及，隨即從容地回答：

「他們分明是半斤八兩，妳硬要分個高低，妳叫道生怎麼下台？」

韓道興，道生兄弟兩人哄然大笑，韓素梅也嗤的一笑，夏雲笑着揚起手來要打張莉莉，她一面裝腔作勢，一面罵張莉莉：

「小半仙，妳袖裏藏刀。借東風，殺曹操，小心爛心爛舌頭！」

「夏姐姐，妳別緊張，」韓道生笑着對夏雲說：「十個指頭有長短，我是老么，不在乎。」

「道生，幸好你宰相肚裏好撑船，不然夏姐姐可把你得罪了！小半仙這一暗箭好厲害！」

「看妳以後還敢不敢胡說八道？」韓素梅笑着說。

「今天算我陰溝裡翻船，這一箭之仇總有一天要報。」夏雲解嘲地說。

姚玉華突然出現在院子門口，院門半開半閉，她的身子剛好進來。她穿了一身白底黑圓點子的裙裝，人顯得窈窕高大多了，彷彿一夜之間長成一位盈盈的少女。

她突然出現，大家的眼睛爲之一亮，都睜着睛看她。韓道生像隻突然驚醒的呆頭鵞，側着腦袋打量她。

姚玉華笑盈盈地碎步跑過來，韓素梅連忙迎了上去，握着她的手說：

「小妹，我們正準備到府上去，我說了妳不必來，妳何必跑這趟寃枉路？」

「韓姐姐，哥哥沒有空來，失迎；我再不來眞的失禮了。」姚玉華笑着回答。

「小妹，本來我要向妳哥哥興師問罪。妳這幾句話兒一說，夏姐姐心裡也像吃了冰淇淋一個味道！」夏雲大聲地說。

「少廢話，我們走。」韓素梅向大家把手一招。

韓老太太趕了出來，囑咐大家不要爬懸崖，登絕壁。韓素梅聽了好笑說：

「媽，您總是穿釘鞋，拄拐棍，我們又不是三歲的孩子？」

「素梅，我怕道生充英雄好漢，摔壞了手脚可不是玩兒的！」韓老太太向女兒一笑，掃了兩個兒子一眼。

「媽，您何必操這麼多的心？養養神不好？」韓道生笑着插嘴。

「媽怕內湖沒有什麼好玩，你想找個題兒回來向媽吹牛？」韓老太太笑瞇瞇地說。

韓素梅噗哧一聲，~~笑彎了腰~~，韓道生哈哈大笑。別人莫明其妙，韓素梅一解釋，大家都哄笑起來，姚玉華望了韓道生兩眼，也吃吃地笑。

「眞糟糕！媽簡直把我當猴兒耍。」韓道生停住笑說。

「你本來和孫悟空差不多。」韓素梅笑着說。

韓道生望了她一眼，一馬當先地走出去，大家跟着他出去。夏雲，張莉莉向韓老太太揚揚手，說了聲「伯母再見！」

他們拐到照相舘取了照片，洗出來居然清清楚楚。大家看見自己在野柳的留影，都很高興。韓道生更加得意，因爲有不少是他照的。

他們一下公共汽車，姚琢吾就站在路邊歡迎。夏雲還故意說他架子大，不去接他們。

姚琢吾家裡的房子雖小，他却把六個塌塌米的客廳收拾得乾淨利落；他自己的和他妹妹的臥房兼書房也收拾了一番，顯得寬敞一點。

夏雲看過之後，大聲地對他說：

「姚琢吾，你不是個書獃子，倒眞有兩手兒！」

「小姐，我笨頭笨腦，那有妳聰明？」姚琢吾望着她似笑非笑地說。

「你眞是狗咬呂洞賓，不識好人心。」夏雲啼笑皆非地白了他一眼。

「夏姐姐，妳罵得對，今天妳是客人，哥哥不該和妳頂嘴。」姚玉華連忙陪個笑臉。

「小妹，還是妳好！」夏雲把姚玉華往懷裡一摟，加重語氣說：「比妳哥哥好一百倍！」

「夏雲，妳眞的嘴是兩張皮，好壞由妳說。」張莉莉指着夏雲說。

「誰叫他吃葱吃蒜不吃薑？」夏雲白了姚琢吾一眼，笑了起來。

大家也好笑。

姚琢吾的父母看了這群青年人嘻嘻笑笑，無拘無束，心裡也十分高興。姚琢吾的母親不時打量夏雲，張莉莉和韓素梅三人，她的眼光最後總是停在韓素梅身上，不想離開。

韓道興和姚琢吾的父親談得很投機，他對於這位身經百戰的老前輩，非常尊敬。因爲姚琢吾的父親談起過去許多有名的戰役他一點也不驕矜，像講着別人的故事。抗戰時長沙三次會戰，他負過兩次傷，韓道興要看看他的傷痕他都不肯，只淡然一笑：「沒有什麼了不起，現在完全好了。」他在大陸時就是個老上校，前年退役時還是一個上校。他一生都貢獻給國家，現在頭髮斑白，生活清苦，但他淡泊自甘，與人無忤，與世無爭，心安理得。只把希望寄托在兒女身上。

「姚伯伯，你眞是我們後輩的好榜樣。」韓道興禁不住說。

「豈敢，我是一個沒有出息的軍人，你應該以岳武穆和美國麥克阿瑟那樣的軍人作榜樣。」姚老先生謙虛地回答。

姚琢吾姚玉華兄妹要帶大家上天主教公墓去玩，姚老先生和韓道興才結束談話。轉面對自己的兒女說：

「你們要好好地照顧他們幾位，帶兩把傘去，鄉下太陽大，不要曬着三位小姐。」

「伯父，我們不是林黛玉，不怕太陽曬。」夏雲說。

「你們細皮白肉，曬黑了不好看，他們男的黑皮黑臉沒有關係。」姚老太太笑着揷嘴。

「媽，您這話太不公平。」姚琢吾接腔：「現在我們男人已經處處吃虧了。」

「現在不作興白面書生，又用不着你們男人唱花旦，男人越黑越俊，你還怕曬黑了不成？」

姚老太太的話使夏雲她們笑作一團。姚琢吾和韓道興他們啞子吃黃蓮，也只好苦笑。

姚玉華拿了兩把黑布大傘，交了一把給夏雲和張莉莉，她和韓素梅打一把。姚琢吾笑着對韓道興，道生兩兄弟說：

「抱歉，只怪我們是男人。」

「男子漢，大丈夫，湯裡火裡都能去，還在乎這點太陽？」韓道興挺挺胸脯說。

「你倒是軍人本色。」姚琢吾抬眼望望韓道興。

「二哥是當兵的料，從小就不怕難，不怕苦。」韓素梅回頭對姚琢吾說。

「三妹，我可抵不上姚伯伯，他才是打一棍子不哼一聲的軍人。」

「姚伯伯過的橋比你走的路還多，他早你二十多期，你怎麼能比？」

「爸爸倒是流了不少血不少汗，盡了他的責任。」姚琢吾說。「他雖然窮，睡覺却特別安神。」

「要不是有姚伯伯他們這種人，我們的社會更糟。」韓道興說。

「爸爸就是安份守己，他也不准我們投機取巧。」

「姚琢吾，難怪你們兩兄妹的功課這麼好！你還能抽出時間當家教，搞翻譯，你眞是個好兒子！」夏雲回過頭來站在石級上大聲地說。

「夏雲，妳眞是一句砂糖一句狗屎，話那是這樣說法？」張莉莉用手肘碰了她一下。

「小半仙，素梅都沒有作聲，妳何必狗咬耗子？」夏雲啐了張莉莉一口：「他是男子漢，吃點兒虧有什麼關係？」

「二哥，我看我們眞要革命了？」韓道生望望韓道與又望望姚琢吾說。

「小弟，你又死相？」韓素梅笑着白了韓道生一眼。

「道生，好男不和女鬬，讓夏雲一個人胡說八道。」姚琢吾對韓道生說。

夏雲得意地大笑，拖着張莉莉往上爬。

墓園修建得很漂亮，紅磚再加水泥磨石子，花木扶疏，整齊有致。路邊林蔭夾道，涼風習習，比房子裡涼快多了。

他們一直爬到最高處，整個臺北盡入眼底，中山北路、南京東路的車輛如甲 殼蟲，川流不息，總統府和近年所建的觀光飯店，如鶴立鷄群，而且後來居上，一個比一個高。松山機場近在眼前，，機場的民用飛機，像一隻隻蜻蜓落在草地，有的慢慢降落，有的騰空而去。基隆河緩緩地流，蜿蜒而去。附近山上樹林密茂，綠竹猗猗，山腰還有一兩戶人家，炊煙嫋嫋，別有風趣。

他們站在樹陰下，山風陣陣，遍體生凉。夏雲突然感慨地說：

「嗨！姚琢吾，上次我怎麼沒有發現你們這裡環境這麼好？」

「好處如果一眼可以發現，不一定眞好。」姚琢吾說：「有些人和事都要慢慢觀察體會。」

「姚琢吾，你幾十歲了？這麼老氣橫秋！」夏雲白他一眼。

張莉莉和韓素梅噗哧一笑。

姚琢吾沒有理會夏雲的話，笑着對她們兩人說：

「我帶妳們轉到那幾棵大松樹底下去，那裡更凉。」

他們看到不遠的地方矗立着四棵大松樹，葉子青綠，像四把大傘撐在一塊。這樣大的松樹他們很少見到，他們都是在臺灣長大的，沒有見過大陸的蒼松古柏，臺灣大松樹實在很少。聽見姚琢吾這樣說，他們都很高興，夏雲拉着姚玉華向前跑，姚玉華被她拉得踉踉蹌蹌。

松樹濃蔭蔽地，站在松樹底下像站在過風亭裡，的確十分風凉。韓道生取下照相機，以松樹作背景，拍了一張照片。

韓素梅對這幾棵松樹更有興趣，她撫摩着蛇皮般的松樹幹，仰起頭來望望它繁茂的針葉，又從韓道生手上接過相機，選了一個角度，把松樹攝入鏡頭，準備回去作畫。

「素梅，妳又不虛此行了。」張莉莉看她親自拍照，猜中了她的心思。

「小半仙，我們老是陪着公子趕考，眞沒意思。」夏雲對張莉莉說。

「誰叫妳貪玩，不學畫嘛。」韓素梅說。

「唉！我連本行都學不好還學什麼畫？英國文學史還要補考，我眞躭心方教授不給我過關哩！」夏雲唉聲嘆氣地說。

「過不過關在妳自己，同方教授有什麼關係？」姚琢吾說。

「姚琢吾，你黃鶴樓上看翻船，說得倒輕鬆！要是方教授筆下超生，差那麼四五分他就不會要我補考了。他就是不給我面子！像你不借筆記給我抄一樣可惡！」

「是妳讀書還是我給妳讀書？」姚琢吾問她。

「你別打官腔好不好？臨時通融一下有什麼關係？」

「好，算我廢話，開學以後，妳請方教授通融好了。」

「夏雲，玩的時候玩，讀書的時候讀書，話別扯遠了，回去我多洗幾張照片送妳就是。」韓素梅指指照相機說。

「夏姐姐，我們回去吃飯，別理哥哥。」姚玉華拉拉夏雲的裙子說。

「小妹，要不是妳這兩句話兒，今天這頓飯我都吃不下去了。」夏雲故意氣鼓鼓地說。

「我看妳兎兒下嶺，吃得比誰都快！」張莉莉說。

夏雲噓的一聲笑了起來。又罵張莉莉：

「小半仙，妳眞該死！老鼠藥本來毒不死人，偏偏你又破了我的法寶，我還要什麼戲法？」

大家一路笑着跑回姚琢吾的家。

人多，地方小，他們吃自助餐。夏雲看看沒有鷄腿，故意望望姚琢吾，姚琢吾輕輕地對她說：

「小姐、抱歉，我領的稿費不多，請妳包涵一點。」

「人爭一口氣，佛爭一爐香，既然你道歉，我就饒你這一招。」夏雲得意地一笑。

飯後他們休息了一會，就去大直坐16路車到內湖。

一走進內湖山裡，他們便覺得這裡山勢不同。。山雖不高，却像魚背脊上的鰭，從尾部一路伸展上去，有峯有巒，青翠欲滴。在這列小山脈之內，有一片小盆地，像太師椅內的坐位。盆地都是水田，一兩尺高的禾苗，迎風搖曳，形成一片綠色的微波。空氣清新，彷彿有稻花香味。

他們先遊太陽廟，廟裡小菩薩很多，破破爛爛，缺少莊嚴肅穆之感。瀏覽了一會就下來。他們本來想一直走到山頂，那上面有個廟，可以望見。走到半路，他們忽然發現有個指路牌，寫着「金龍禪寺」四個紅字，他們問人才知道這是個新修的大廟，他們不想捨近求遠，就拐進馬路邊上的一條小路。走了沒有多遠，發現山谷裡躺了一座新廟，氣勢相當雄偉。

他們走到正面一看，覺得這是他們看到的最大的廟，他們沒有看過大陸上南北朝時代建的古刹，無從比較，對於這座「金龍禪寺」就另眼相看了。

韓道生要大家站在廟前的石級上，以大雄寶殿作背景，拍張合照。他又將石坎上的「金龍禪寺」四個大字拍了下來。

走上廣場，他又拍了幾張。

進了大雄寶殿，夏雲才沒有大聲談笑。她看了籤筒，在韓素梅耳邊輕輕地說：

「要不要抽枝籤？」

「問什麼事？」韓素梅問她。

「隨便妳，」

「我沒有什麼要問的。」韓素梅搖搖頭。

夏雲瞟了姚琢吾一眼，韓素梅在她手上敲了一下。她又笑着走到張莉莉身邊，問張莉莉抽不抽籤？張莉莉也搖搖頭，她不禁失笑，輕地說：

「都像我們這種鐵公鷄，和尚尼姑吃什麼？」

她馬上在小皮包裡摸出五塊錢的紅票子，放在香案上，拿起卦作了幾個揖，卜了三次，抽了一枝籤，逕自交給看籤條的尼姑，換了一張黃裱籤文，往小皮包裡一塞，不給任何人看。

「夏雲，妳葫蘆裡賣什麼藥？」張莉莉問她。

「小半仙，天機不可洩露。在觀音大士面前，妳還能顯什麼神通？」夏雲故作神秘地回答。

「司馬昭之心，路人皆知，妳還要我說出來是不是？」張莉莉威脅她。

「妳別瞎子摸象，胡扯一通。」夏雲連忙制止。

「看在觀音大士的面上，我不揭妳的底。」張莉莉盯了夏雲一眼。

夏雲識趣，不再作聲。

他們看完了樓下的殿堂，又上樓去參觀客房。像臺灣舊式旅館一樣隔成一間間小房，預備租給香客和居士住的。

從樓上的平臺一直可以望到寺前一條水泥路的盡頭，左右兩山環抱，路從狹谷穿出，這條路可通小轎車，顯然是爲觀光客人修建的。

姚琢吾問大家要不要再上後面的山頂去遊？這裡去山頂還有一大半路，上上下下得三四小時，現在已經四點多鐘，此地已經沒有太陽，右邊山頭才有一抹陽光，如果再從後面最高的山頂遊玩下來，早就天黑了。夏雲張莉莉她們不想上去，主張打道回臺北。

從金龍禪寺慢慢地走到內湖車站，已經五點多鐘。

這裡有一路車開到松山，夏雲好奇，要走新路，大家只好依她。

姚琢吾姚玉華兩兄妹要從原路回家，不能同他們一道走。姚玉華客氣地對他們說：

「眞抱歉！今天吃沒吃好，玩也沒有玩好。」

「小妹，妳怎麼這麼客氣？」韓素梅笑着握住她的手，又轉向韓道生：「小弟，你眞笨，你從來不會講這種話兒。」

「三姐，你們女孩子都是靈姑嘴，我這個笨蛋怎麼學得會？」韓道生笑着回答。

姚玉華被他說得嗤的一笑，韓素梅接着對弟弟說：

「你以後應該多向小妹學點禮貌。」

「是！三姐。」韓道生胸脯一挺，雙脚一併，神氣活現。韓素梅也被他逗笑了。

車子來時，夏雲第一個上車。姚琢吾兩兄妹等他們全部上車後，站在停車牌旁邊向他們搖手，他們也從窗子裡伸出手來搖搖，車子一開動，夏雲突然大聲地說：

「姚琢吾，你還欠我兩隻雞腿！」

姚琢吾啞然失笑，張莉莉罵她一句。

車到臺北時，韓素梅邀夏雲去家裡吃飯，夏雲不肯去，韓素梅一再追問爲什麼不去？她才說另有約會。張莉莉撇嘴一笑，她馬上頂張莉莉兩句：

「小半仙，有什麼好笑的？金龍寺的三座觀音大士，彼此彼此。」

她的話不但把張莉莉壓服下去，韓素梅也不好再開口。她心裡非常得意。

韓素梅他們回到家裡，韓老太太又問長問短。韓道生不敢再吹牛，老老實實地告訴她，只是加了個尾巴：

「媽，這兩天眞痛快，昨天玩水，今天遊山，想不到考取大學有這麼大的好處？」

大家都被他說得笑了起來。

韓道與却向韓老先生韓老太太講了幾句題外話：

「這兩天玩是玩得痛快，但是姚家的印象對我最深。姚伯伯身經百戰，一點不居功；下來以後又安份守己，安貧樂道。姚琢吾姚玉華這兩兄妹也很難得，人品學問都好。他們的家庭實在比一般暴發戶的家庭好得太多。」

「好，這算給你們上了一課，今天沒有白玩。」韓老先生取下煙斗，笑嘻嘻地說。隨後又把頭一低，輕輕嘆口氣：「可惜芳草不多。」

第十七章 陶家滿屋酒肉臭 素梅一身風露寒

韓素梅吃過晚飯，匆匆地趕來陶公館上課。一到大門外，便聽見客廳裡的歡笑聲，男男女女，好像有不少人。這和往日情形完全不同，往日這棟洋房裡只有陶朱、陶丹、下女銀嬌、陶太太有時都不在家。她從來沒有碰見過主人陶新富。

她不知道客廳裡是些什麽人？可能都是貴賓？她在朱紅大門外站了一會，才伸手按電鈴。

銀嬌輕輕巧巧地走來開門，她一看是韓素梅，露齒一笑，笑得親切天眞，同時輕輕地在韓素梅耳邊說：

「今天先生請客。」

韓素梅會意地點點頭。抬眼一看，客廳裡的先生太太們都是中年以上的人。先生們有的西裝筆挺，有的一襲花花綠綠的香港衫，胖子多，瘦子少，都大聲地談笑；太太們都珠光寶氣，四十以上的都搽了一臉的脂粉，化粧得特別濃，眉毛畫得像兩條大黑蠶兒，嘴唇塗得血紅。其中有兩位非常年輕漂亮，夾在那些五十來歲的先生們中間，眞像他們的女兒，但她們的舉動神態，顯然是老夫少妻。

那些人看她進來，都不約而同地望着她，尤其是那些男人，用色迷迷的醉眼打量她，使她有點窘。幸好太太們是醋罈兒，不等她走近，就把自己的丈夫拉進兩邊房間去了。

客廳裡只留下陶太太和一位五十上下，肥頭肥腦，蒜鼻，鼠眼，滿面紅光，身體魁梧健壯的男人，笑臉相迎。她一進門陶太太就指着那男的說：

「韓小姐，這是陶先生，他是隻花脚貓兒，今天總算被妳碰到。」

韓素梅向陶新富點點頭，陶新富張着大嘴笑着說：

「韓小姐，對不起，失迎。」

「韓先生，您貴人事忙，不必客氣。」韓素梅點點頭說。

銀嬌已經將八仙桌收拾乾淨，遞給韓素梅一杯橘子水，陶太太和陶新富招待她在沙發上坐下，韓素梅感到有點拘束，笑着對他們說：

「陶先生，陶太太，你們去陪客人，不必招呼我。」

「都是老朋友，沒有關係。」陶新富說。

「大半是我的牌搭子，四健會的[redacted]。」陶太太說：「韓小姐，妳難得碰上他，今天眞巧，讓他向妳請教請教。」

韓素梅連說「不敢當」。陶新富却誇獎她說：

「韓小姐，妳眞好耐性，妳是我們家裡教得最久的家庭教師，我這對活寶不成器，別人教三天兩天就不敢領教。」

「可惜我教不好。」韓素梅說。

「韓小姐，妳別客氣，四川猴子服河南人牽，妳沒有被陶丹陶朱趕走就算了不起。」陶新富說。

「其實他們兩位倒很聰明，就是缺少一個讀書的環境。」韓素梅打量了客廳一眼，落地電扇，立扇、吊扇、枱扇、一共四架，還有大冰箱、最新式的電唱收音機、電視機、完全電氣化，可就沒有一幅字畫，甚至找不到一本書，只有一個電話簿。

陶新富聽了哈哈大笑，望着韓素梅說：

「韓小姐，誰有他們這麼好的讀書環境？他們一人一個房間，樓上地方那麼大，又沒有一個人打攪，比人家一家八口一張床，不知道強多少？」

「是呀，韓小姐，」陶太太馬上接腔：「臺北人多房子少，大家眉毛眼睛擠在一塊，誰有他們兩姊弟住得這麼寬敞？而且要什麼，有什麼，還有人服侍。我們這兒又是高級住宅區，鬧中取靜，那有這麼好的讀書環境？」

「韓小姐，我的確不懂妳的意思。妳看那裡不好？不妨直說。」陶新富點燃一枝美國煙，悠閒地說。

「陶太太，我不是這個意思。」韓素梅尷尬地一笑。

「陶先生，府上的環境實在太好，就缺少一點兒讀書的氣氛。」韓素梅鼓足勇氣說。

「韓小姐，我實在太忙，那有時間讀書？」陶新富說。

「韓小姐，我也和他一樣，裡裡外外交際應酬，抽不出一點時間，不然我早就向妳學英文了。」陶太太說。

「陶太太，不一定要你們陪着公子小姐讀書。」韓素梅說：「如果兩位能夠經常留在家裡，多買點書擺擺樣子，那氣氛就好多了。」

「韓小姐，第一點我們辦不到，現在這個社會全靠交際應酬，坐在家裡誰送錢來？」陶新富接腔：「不過妳的第二點意見很好，改天我定做一個大書樹，請妳替我買一架子書。大不了化三幾千塊錢，不知道韓小姐肯不肯幫這個忙？」

「這點小事我自然應該効勞，不知道陶先生歡喜那一類的書，買什麽版本的好？」

「韓小姐，不瞞妳說，」陶新富咧着大嘴一笑：「這麽多年我沒有讀過一本書，報紙都看得很少。妳只管揀時髦的買，洋裝的，洋文的，多買一點就是。四書五經那些老古董千萬不要買，萬一有個美國朋友來玩，他們會以爲我是個土包子。」

「陶先生，買了書最好也要能看看，不然是白費了錢。」韓素梅說。

「韓小姐，客廳裡擺一架子書，也不過是聾子的耳朶，配相。我辦公桌上還不是擺了幾本厚厚的英文字典，完全是擺擺樣子，唬唬土包子。」陶新富得意地笑了起來。「至於破費幾個錢，兄弟倒不在乎，一場「沙蟹」，看一張牌最少也得三五千。」

兩邊房間裡麻將聲此起彼落，男人嘿嘿的笑聲伴着女人尖聲尖氣的怪笑，清清楚楚地傳到客廳來。韓素梅不愛聽這種聲音，也不想和陶新富談下去，便推說要去上課。想不到陶新富酒飯之後興緻特別好，他笑着對韓素梅說：

「韓小姐，妳難得碰見我在家，多坐一會，我決不扣妳的鐘點費。」

韓素梅的臉微微一紅。陶太太對她說：

「韓小姐，今天陶丹不在家，陶朱剛好在樓上溫習功課，妳就多休息一下，和我們聊聊。」

「陶丹那兒去了？上課的時間最好不要出去玩。」韓素梅說。

「同學約她出去一下，她那麼大的人了，我也不能不給她一點兒面子。」陶太太說。

「韓小姐，現在民主時代，父母也難做。」陶新富說：「聽說人家美國，父母對子女像對朋友客人，我們也要學學人家，不能太古板。」

「陶先生，想不到你這麼開通？」韓素梅望着他肥頭肥腦，心裡想笑。

「韓小姐，現在是太空時代，我們不能落伍。」陶新富得意地吸了一口煙。

「你不是說要向韓小姐學英文嗎？有沒有這個決心？」陶太太輕輕地問丈夫。

陶新富揮揮煙灰，向她瞇着老鼠眼睛一笑，又轉向韓素梅說：

「韓小姐，說真的，我想八十歲學吹鼓手，不知道妳肯不肯教？」

「陶先生，我所學有限，恐怕教不了？」韓素梅謙虛地說。

「韓小姐，妳放心，我的英文比陶丹陶朱還差勁，連字母也認不淸。」陶新富笑哈哈地說，一點不覺得難爲情。

「陶先生，如果你眞有這個雄心，不妨和陶朱陶丹他們兩人一道上課。」

「不，我想請韓小姐另外敎我們夫妻兩人。」陶新富說：「我們不讀課本，專學會話。」

「陶先生，學英文一定要按步就班，沒有專學會話的。」

「我們只要能開口應付洋人就行。」

「陶先生，我很抱歉，沒有辦法專敎會話。」

「韓小姐，我從小就聽說英文不要多，只要『也是』，『奴』，妳是專學英文的，怎麼不能敎？」

「陶先生，你這麼高的身份，不能學那種英文。」

陶新富睜着老鼠眼睛望着韓素梅，有點莫明其妙。

兩邊房間裡都有人催他們去打牌，韓素梅乘機站起來，陶新富兩夫婦也站起來，陶新富笑着對韓素梅說：

「好，這問題改天再研究研究，如果妳能教我會話，多少錢我都肯出。」

韓素梅沒有答覆他，碎步跑上樓去。

陶朱開着電扇，躺在長沙發上看「乾坤劍」，手裡拿着薄薄的一本，另外有二三十本疊在一塊作枕頭。他看韓素梅進來，不慌不忙地坐起，把手上的那一本往牛仔褲後面的口袋裡一塞，笑着叫了一聲「老師」。

「陶朱，你媽說你在樓上溫習功課，原來你在看武俠小說？」韓素梅說。

「老師，媽讓姐姐出去痛快，要我一個人溫習功課，這太不公平，我才不那樣傻。」陶朱理直氣壯地回答。

「陶丹那裡去了？」

「還不是陪孫老大。」

「你媽怎麼讓她去？」

「又不是孫老大出面邀她，是女同學來找，媽知道個屁！」

「你怎麼不對你媽講？」

「老師，我和姐姐有個君子協定！瞞上不瞞下。誰要是走漏半點消息，天誅地滅！」陶朱望望韓素梅說：「老師，連妳在內。」

「胡說！」韓素梅瞪了他一眼。

「老師，我們的幫規最重的就是這一條，那怕白刀子進、紅刀子出，也決不揭底牌。」

「你還和白虎幫搞在一塊？」

「老師，白虎幫不是綠燈戶，可以隨便進出。」

韓素梅不知道「綠燈戶」是什麼意思？睜着兩眼望着他，過了一會才說：

「陶朱，你唸了幾本書？在我面前賣弄什麼新名詞？」

「老師，我怎麼敢在孔夫子面前賣文章？」陶朱嬉皮笑臉地回答：「這是教科書上學不到的，不是什麼新名詞。」

「那是什麼鬼地方？」

陶朱望着韓素梅，似笑非笑，隨後故意嘆口氣：

「嗨！老師，可惜妳不是男的，不然我帶妳去見識見識。」

韓素梅察言觀色，已經猜中八九分，馬上瞪陶朱一眼：

「你這麼一點點年紀身走邪門，還不趕快做功課！」

陶朱笑嘻嘻地把輪轉椅背一旋，椅背像鉈螺樣旋轉起來，椅背將停未停之際，他一屁股坐下去，椅子嘶的一聲，不再轉動。韓素梅看了搖搖頭，背轉身來忍住笑。

陶朱打開代數，看了看上次韓素梅指定的習題，他一題未做。第一道題就成了攔路虎，他想了半天，還是做不出來，忽然把書本往旁邊一推：

「去你的！那個忘八蛋想出這種刁鑽古怪的題兒，專門整人！」

韓素梅聽了又好氣又好笑，馬上拿過書本，作給他看，不到兩分鐘，就把答案作出來。陶朱向她豎起大拇指：

「老師，還是妳行！」

「你自己完全不用腦筋，還怪別人出的題目刁鑽古怪？你這樣一輩子也考不取高中！」韓素梅教訓他。

「老師，妳放心，我比姐姐總高明三分，考不取省立考私立，賴學校多的是，我爸爸人眼熟，到時候多化點鈔票，不就得了。」陶朱滿不在乎地說。

「陶朱，你歪嘴吹喇叭，一團邪氣！考學校有這麼容易？」

「老師，妳不知道我爸爸的本領有多大！所以妳以為我吹牛。」

「那你爸爸為什麼請家庭教師？」

「他是希望我們考取省立學校。」

「既然你爸爸希望你們考取省立學校，你就應該用功。」

「老師，省立不比私立，那的確比登天還難。他害他的單相思，我可不傷那麼大的腦筋。」

「少廢話，趕快做習題。」韓素梅不願意浪費時間，把代數課本交給他，在旁邊督促他做，隨時指點，總算把五個習題作完。

她看看錶，還有二十幾分鐘，要他背英文，他不能背，只好讓他拼單字，他唸了十個單字，他只拼出三個。

「陶朱，你這樣不行，我不能白拿你父親的錢。」韓素梅生氣地放下書本。

「老師，我這已經不錯了！」陶朱揚揚自得地說：「在學校我常交白卷，今天考了三十分，打破紀錄。妳拿這幾個錢對得起天地良心，我爸爸最近做股票，又賺了二十多萬，他一張梭哈，輸贏就是好幾千，還在乎妳這幾個錢？」

韓素梅心裡一怔，她想不到陶新富賺錢這麼容易？她父母當了一輩子教授，還是兩袖清風；姚琢吾的父親一生戎馬，更是窮兮兮。不知道陶新富變的什麼把戲？

陶朱看看兩個小時已到，自動把書閤上。韓素梅對他說：

「明天好好地溫習，後天要上新課。記得告訴陶丹，我要考她。」

「老師，妳何必一個蘿蔔一個坑？」陶朱嘻嘻地笑：「我看陶丹也是枯竹子烤不油來。」

「我再要放鬆，你們就更不成話了！」

「老師，我們也來個君子協定好不好？」陶朱嬉皮笑臉。

「胡說，我們來個什麼協定？」韓素梅白他一眼。

「只要妳不逼我們的功課，我媽問妳時，妳隨便誇獎我們幾句，我和陶丹再繳妳一份學費，妳看如何？」

「陶朱，你簡直胡說八道！」韓素梅罵他一句，拿起皮包就走，又回頭威嚇他：「你要是再不用功，我告訴你父親揍你！」

「老師，妳這眞合了我媽說的一句古話兒：擀麵棍吹火，一竅不通！」陶朱朝着韓素梅笑嘻嘻地說。

韓素梅匆匆地跑下樓，碰着銀嬌，她本來想向陶新富夫婦打招呼再走，銀嬌說他們兩人都坐在牌桌上，她向銀嬌輕輕地說：

「銀嬌，待會兒妳代我告罪一聲。」

「韓小姐，妳別多禮，不到天亮他們不會散場。」銀嬌也輕輕地回答。

「辣子！辣子！双龍抱，滿貫！」陶新富突然把手在桌上一拍，爆發出洪亮的笑聲，聲浪直衝到客廳裡來。

韓素梅和銀嬌同時嚇了一跳。

韓素梅悄悄地走出客廳，銀嬌跟在後面，替她開院門，笑着對韓素梅說。

「韓小姐，老爺的衷氣足，他一在家裡，樓上樓下就只聽見他的聲音。我常常被他嚇得一跳，妳該沒有受驚吧？」

韓素梅不好怎樣回答，一笑離開。

她走到公共汽車站，車子剛開，只好等候。她看看錶，已經十點六分，比往日晏。因爲和陶新富夫妻談了一會躭誤了不少時間，她又不願意把這筆賬記在陶朱頭上，還是足足地敎了兩個鐘頭。她想起陶朱的話又好氣又好笑，他眞的人小鬼大，書是一竅不通，社會上的鬼花樣却比她懂得多的多。

她想着陶朱的話，却沒料到陶丹和一個靑年人坐着一輛三輪車疾馳而來。陶丹梳着「赫本」頭，黃襯衫，靑灰點子牛仔褲。用手摟着她的腰的那個靑年人，頭髮蓄得比她的還長，紅汗衫，黃卡其褲管窄得像條筆筒，身體結實得很，一榔頭都打不死。陶丹一發現韓素梅，起先還想閃避，但三輪跑得很快，他們兩人的裝束又特別惹眼，韓素梅馬上發現她，三輪一走近，她索性從車上跳下來，走上安全島，站在韓素梅身邊，向那男的揮揮手，那男的十分邪氣地向韓素梅打量了一眼，對陶丹說：

「小丹，明天的約會可別忘記！」

陶丹向他遞了一個眼色，他坐着原車回去。

「陶丹，妳不在家裡用功，怎麼在外面和這些不三不四的人鬼混？」韓素梅板着臉問她。

「老師，他不是外人，是我們的同學。」

「妳和這種人混在一塊，妳的功課怎麼會好？」

陶丹不能強辯，向韓素梅親熱地了叫一聲「老師！」

「妳看，妳和我一般高，妳叫我老師我都不好意思。」韓素梅說。陶丹故意和韓素梅比比，她不但和韓素梅一般高，身體比韓素梅豐滿得多。她一點不覺得難爲情，反而得意地一笑。

「老師，男同學都說我像馬麗蓮夢露和ＢＢ，妳看怎樣？」

「那種女人有什麼稀奇？」韓素梅回答。

「老師，現在的男人就愛那個調調兒。」陶丹把身子輕輕一扭。

韓素梅把頭轉過去，車子剛好來到。她連忙跳上車，擠進人堆裡，她想把陶丹那副怪模樣忘掉，車窗外却響起陶丹的嗲腔嗲調：

「老師，Bye-bye…」

第十八章 富人買書裝門面 津文名著倒排行

陶新富定做了一個大檜木書櫥，擺在大客廳裡更加堂皇。他接受韓素梅的建議，不完全是爲了增加陶丹陶朱的讀書氣氛，主要的爲了擺擺濶氣，唬唬人。

韓素梅邀了姚琢吾，親自帶陶太太跑書店。她邀姚琢吾是爲了想買點好書。要陶太太同她出來，是她不願意經手金錢。不想吃羊肉，何必惹身騷？

陶太太叫了部計程車，和他們兩人一道來重慶南路衡陽路一帶大書店購買。韓素梅遵照陶新富告訴她的原則，多買洋文書。陶太太看他們兩人選的盡是那些又厚又大又貴又重的洋文書，她一個字也不認識，心裡有點不高興，輕輕地對韓素梅說：

「韓小姐，妳怎麼儘買這些洋書？」

「陶太太，這是陶先生的意思，不是我的意思。」韓素梅輕輕回答。

「他起什麼洋勁？他和我一樣，一根豆芽菜也不認識，買這些洋書幹什麼？」陶太太輕輕嘀咕。

「陶先生想粧粧門面。」

「泥巴菩薩就是粧了金，還不是一身泥土？要是假李逵碰上了眞李逵，那準出他的洋相！韓小姐，妳也買點中國書，我無聊時也好翻翻。」

「陶太太，中國書太多，妳看買什麼好？」韓素梅徵詢她的意見。

陶太太走到書架旁邊仔細看看，凡印有「長篇社會言情小說」，和什麼「一劍定乾坤」，「雌雄劍」，「八荒英雄傳」之類的書，她都要店員搬下書架。

姚琢吾看了眉頭打結。韓素梅輕輕地對她說：

「陶太太，這些書擺在客廳裡不大合適，少爺小姐看了也不大好。」

「韓小姐，我就只歡喜這些書。既然書店能出版，我們怎麼不能擺，不能看？」陶太太理直氣壯地說。

韓素梅一時語塞，覺得螺絲殼也有點兒彎彎理。書店既然能出，她爲什麼不能擺，不能看？隨後一想到她那麼漂亮的房子，那麼堂皇的客廳，那麼高貴的大書櫥，擺擺古今圖書集成和二十四史倒很相配，擺這種書總有點兒不倫不類，因此委婉地說：

「陶太太，因爲你們是上等人家。」

「難道這些書不是才子書？我看文筆蠻好。」陶太太望着韓素梅說。

姚琢吾用手肘輕輕觸了韓素梅一下，韓素梅便不再作聲，由陶太太自己選購。她買了上千塊錢這類的書和電影雜誌、畫報、幸福家庭、人生寶鑑之類的東西，以及那本轟動一時的「情場」。店員高興得合不攏嘴。

所有的書籍統統搬上計程車的後座，後座塞得滿滿的。韓素梅正好藉口不和陶太太一道回去，陶太太帶着滿車子的書疾馳而去。

「我想買書又沒有錢，陶家有錢又認不得幾個大字，盡買些亂七八糟的書，眞氣死人！」姚琢吾怔怔地望着陶太太的計程車後面的一縷黑烟，隨後又輕輕地說：「眞奇怪，連「情場」也有得賣。」

「這有什麽奇怪，書攤多的是。」

「那又何必禁？」

「這不是紅色文藝，誰會認眞？說不定有的人表面反對，背着人還偷偷地看呢。」

「妳這句話倒使我想起一件事。」姚琢吾嘴角泛起一絲微笑：「前些時有位老色迷，曾經託我找這本書，問我們圖書館裡有沒有？」

「你怎麼答覆她？」韓素梅笑着問。

「我告訴他如其看情場，不如看査泰來夫人和原本金瓶梅詞話。」

「該死，你怎麼胡說八道？」韓素梅輕輕白他一眼。

「我才不胡說八道。」姚琢吾一臉正經：「勞倫斯和笑笑生除了寫Sex以外，還有很多別的東西，我們這位當代「大作家」，却全心全意寫Sex，此外一無所有。大膽雖然大膽，但幼稚得可憐。只能騙騙陶太太這類的讀者，引誘高中還沒有畢業的學生。」

「我邀你來買書，想不到你大發高論？」韓素梅以前只看到他埋頭讀書、翻譯、忙着當家教，很少聽到他議論。他今天這番話使她又驚又喜。

「這算不得什麼高論。在別的方面我也許會受騙，不過在文學方面我總算睜開了眼睛。」

「你這番話也長了我一點兒見識，我請你看場電影。」韓素梅笑着把他輕輕一拉，他大大方方地跟着韓素梅走。

他們先到新生，看看樣片，他們對這張片子都沒有興趣，韓素梅不歡喜蘇菲亞羅蘭這一型的女明星，同時人太擁擠。他們又轉到萬國。

一走到萬國門口，他們就發現夏雲和Wood買好了票子擠出行列，夏雲連忙向他們打招呼。姚琢吾和Wood第一次見面。他們交談了一會，姚吾琢覺得Wood 的學識不差，不像普通的G.I.，一問才知道他是耶魯畢業的，正服兵役，他坦白告訴姚琢吾，他只是一個Corporal。

韓素梅託人帶了兩張票，也過來和他們聊聊，夏雲拉着韓素梅喋喋不休，當她聽韓素梅說陶新富想學英語會話和買書的情形，她不時爆發出格格的笑聲。

「要是我就會答應教他，每月要他千兒八百還怕他不拿？」夏雲笑着說。

「他那兩位公子小姐我已經頭大，兩加上他這位父親大人，我就不要活命了。」韓素梅搖搖頭。

「誰叫妳一板一眼，馬馬虎虎不就得了？反正他要學的是洋涇濱。」

「得人錢財，替人消災，我馬虎不來。」

「我看陶新富得的多半是不義之財，妳替他消什麼災？」

「他要是同洋人搭不上線，或是牛頭不對馬嘴，那我怎麼交代？」

「學英語有那麼容易？我們化了多少年功夫？到今天還不能信口溜，而且往往詞不達意。他陶新富算老幾？也想在這方面投機檢便宜？別的事兒錢能通神，這件事兒可沒有三月通，因此妳可以重重地敲他一記。」

「夏雲妳眞該死！專打歪主意。」韓素梅笑着罵她。

「不敲這種人敲誰！妳問良心，他反而會把妳當作小書獃子。」夏雲理直氣壯地說。

「夏雲，妳簡直是老油條。」

「素梅，在這種鬼社會老實人準吃虧！今天要是妳單槍匹馬去買書，起碼可以賺幾百塊錢的回扣」。

「夏雲，妳眞該打！妳從那兒學來的這些邪門？」

「沒有吃過猪肉也看過猪走路，這還算什麼大學問？」

「夏雲，將來妳到社會上去，不愁搞不渾水。」姚琢吾插嘴。

「姚琢吾，都像你們兩位這樣板板六十四，那够你們受的。」

韓素梅和姚琢吾沒有回答，Wood 問夏雲他們談些什麼？夏雲信口胡謅說是討論電影明星的演技，Wood信以爲眞，韓素梅想笑出來，姚琢吾白了夏雲一眼。

直到閘門打開，他們才一道進去。Wood 人高體壯，一馬當先。他們的座位不在一塊，進場以後又自行分開。

「夏雲這鬼東西眞油。」韓素梅一坐定就笑着對姚琢吾說。

「將來她不會吃虧。」姚琢吾說：「她不宜於做學問，但很會處世，牛頭馬面她都能對付。陶新富這種角色都能爬到上流社會，她自然會更上一層樓。」

「那我們呢？」韓素梅問。

「我們是上流社會的可憐蟲，書獃子。」姚琢吾坦然地回答。

銀幕上放映國歌，他們連忙起立，不再講話。

這場電影看完，已經快六點。姚琢吾對韓素梅說：

「我本來想請妳吃晚飯。但是又不能撇開夏雲和 Wood，我身上錢不多，又怕出洋相，妳看怎麼辦？」

「那我們兩人合夥請他們好了。」韓素梅說。

他們剛站起來，夏雲就向他們招手，他們走向門口，和夏雲、Wood在門口會合。夏雲對他們說：

「我請你們上小館子。」

「我們請你們好了。」韓素梅說。

「不必，你們自己賺錢不容易，我慷父親之慨，不過九牛一毛。」夏雲豪爽地說。

「夏雲，妳不可以瞎用父親的錢，他是將本求利。」

「放心，他多打一個圈圈就夠我吃喝玩樂，反正我將來不打算要他的嫁粧。」

「妳是不是準備嫁Wood，日後放洋？」韓素梅輕輕問她。

「嗨！早得很，我根本沒有想到。」Wood不懂中國話，夏雲毫不忌諱地說。

他們在中華路一家小四川館子吃飯，夏雲故意點些辣味。韓素梅笑着對她說：

「夏雲，妳別惡作劇，恐怕Wood吃不來？」

「管他的？先讓他嚐嚐咱們的國粹，西餐有什麼鬼味？」夏雲捉弄地一笑。

廚房的辣椒味已經使Wood一連打了幾個噴嚏，眼淚都流了出來，那麼大的塊頭，變成了哭臉的孩子，夏雲直好笑，還故意哄他說這種菜味道如何好？韓素梅忍不住笑。

Wood拿筷子蹩蹩扭扭，第一道宮保鷄丁他就夾不起來，率性用瓢羹勺了幾粒，放進嘴裡，嚼了兩下，辣得眉頭打結，眼淚直流，夏雲却格格地笑，還打趣地說：

「Oh！Wonderful，Wonderful！」

Wood却哭笑不得，半天不敢下箸。

這頓飯夏雲、韓素梅、姚琢吾吃得非常過癮，Wood却受够了中國罪。韓素梅怪夏雲不該捉弄他，夏雲坦然地說：

「他可沒有我們中國人大方，請我吃頓蹩脚西餐，我還不是受够了洋罪？」

Wood啞子吃黃蓮，有苦說不出，不斷搖頭。

飯後他們兩對分道揚鑣。姚琢吾送韓素梅回家。張莉莉剛好在韓素梅家裡同韓道生、道興兄弟倆聊天，看見他們兩人到來，連忙跑到門口抱住韓素梅，問長問短，韓素梅把在外面的情形告訴她，她高興得大笑，還不時罵夏雲幾句「搗蛋鬼。」

這天晚上他們談得非常愉快，韓素梅發覺哥哥和張莉莉的感情很有進展，暗自高興，韓老先生韓老太太故意躲在書房裡不打擾他們這些年輕人。他們談到很晏才散。

第二天晚飯後，韓素梅又去陶公館，陶新富夫婦都不在家。韓素梅發現昨天買的書已經放進書櫥，整整齊齊，雖然那些亂七八糟的書和世界名著擺在一塊很不協調，但驟看之下確實增加了幾分書卷氣，她走近一看，發現好多英文原著放倒了，她輕輕地問銀嬌：

「銀嬌，這些書是誰放的？」

「是老爺親自放的。」銀嬌得意地回答：「他寶貴得很，別人碰也不許碰一下。韓小姐，這都是妳的功勞，老爺以前從來不摸書本。」

「馬尾串豆腐，別提罷！」韓素梅笑着用手去推書櫥的玻璃門才發現已經上鎖。又轉問銀嬌：「銀嬌，鑰匙呢？」

「鑰匙在老爺房裡，他交代我任何人都不准動他的書。」銀嬌說。

「銀嬌，妳把鑰匙拿來，我替他重新整理一下。」

「韓小姐，老爺不是放得好好的？」

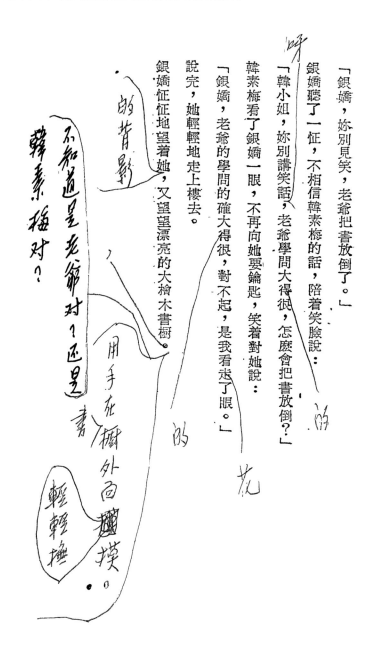

「銀嬌，妳別見笑，老爺把書放倒了。」

銀嬌聽了一怔，不相信韓素梅的話，陪着笑臉說：

「韓小姐，妳別講笑話，老爺學問大得很，怎麼會把書放倒？」

韓素梅看了銀嬌一眼，不再向她要鑰匙，笑着對她說：

「銀嬌，老爺的學問的確大得很，對不起，是我看走了眼。」

說完，她輕輕地走上樓去。

銀嬌怔怔地望着她，又望望漂亮的大檜木書櫥。

第十九章 韓道生人小鬼大 張家女欲拒還迎

韓道興在臺北過了一個愉快的假期，又要回到鳳山去了。當他要走的頭一天，他有點坐立不安。韓道生看在眼裡，悄悄地對韓素梅說：

「三姐，妳看二哥失魂落魄的樣子，八成兒是捨不得離開張姐姐。」

「你又不是他肚子裡的蛔蟲，怎麼知道？」韓素梅反問他。

「司馬昭之心，路人皆知，我怎麼不知道？」韓道生聳聳肩說。

「也許他捨不得離開爸爸媽媽？」韓素梅掩飾地說。

「他又不吃奶，怎麼捨不得離開爸爸媽媽？」

「說不定他捨不得我們？」

「三姐，要是張姐姐不和他好，他自然有點捨不得離開我們，但是不會失魂落魄；現在他和張姐姐打得火熱，我們算老幾？」

「小弟，你眞是人小鬼大！」韓素梅笑着白了韓道生一眼：「專往歪處想。」

「三姐，我老實人講老實說。」韓道生故意望望她：「總有一天，妳也會把我們抛到九霄雲外。」

「你別瞎扯！」韓素梅瞪他一眼。

「三姐，妳別向我吹鬍子瞪眼睛，」韓道生向她一笑：「像出疹子一樣，人人都有這一天。」

韓素梅不禁失笑，沒有作聲。韓道生又笑着說：

「三姐，人眞奇怪，爲什麼發瘋戀愛？」

韓素梅又好氣又好笑，反問他一句：

「你爲什麼要吃飯？」

「不吃飯會餓死，不戀愛總不會死？」

「那你以後不要發瘋好了。」

「三姐，我還沒有到發瘋的時候，希望不要發瘋才好？看樣子那很難受？」

韓素梅又被他說得噗哧一笑。他輕輕地對她說：

「三姐，妳打個電話要張妞姐來陪陪二哥好了，看他那樣子怪可憐的？」

「莉莉怎麽好意思成天守在我們家裡？」

「妳送點錢給二哥，讓他去請張姐姐看電影好了。」

「看樣子你的心腸倒不壞？」韓素梅笑着拿出皮包，翻出三十塊錢遞給他：「你送給二哥好了。」

「三十塊錢只夠買兩張電影票，喝檬檸水的錢都沒有。」韓道生看看三張票子又望望她：「三姐，妳大方一點好不好？」

韓素梅把皮包口向下一倒，手一攤：

「這是我的全部家當。」

「我再去向媽要。」韓道生轉身就走。

韓道生拐彎抹角地向母親要了二十塊，合共五十塊，他悄悄地塞給韓道興：

「二哥，你去看場電影。」

「我們兩人一道去。」韓道興笑着說。

「你應該請張姐姐看。」韓道生輕輕地說。

韓道興在弟弟肩上一拍，悄悄地溜了出去。他回家後已經用了母親不少錢，不好意思老是向她要。他得了這五十塊錢，開心得很。

「二哥眞是窮湊合，不知道張姐姐將來願不願跟他過窮日子？」韓道興走後韓道生悄悄地對韓素梅說，

「莉莉很會理財，這要看二哥的造化？」韓素梅說。

「夏姐姐家裡有錢，二哥倒很需要一個有錢的太太。」

「夏雲用錢如用水，多少錢她都能花掉。」韓素梅說：「莉莉和她不同，很會打算。二哥的眼光不錯，就看他追不追得到手？」

「三姐，我們多打打邊鼓，不然二哥就慘了。」

「好在莉莉不是個見錢眼開的人。」

「三姐，那個女人不想嫁個金龜婿？要是她再遇到一個有錢的小開窮追，二哥不吃癟才怪！」

「小弟，你好像很懂得女人的心理？」韓素梅望着弟弟一笑。

「三姐，妳說良心話，現在的小姐們是不是都歡喜嫁有錢的？」

「人心不同，各如其面，怎麼能一竹篙打倒一船人？」

「妳自已呢？」韓道生笑嘻嘻的問。

「小弟，你想討打是不是？」韓素梅故意把眼睛瞪得大大地喝問。

「三姐，得罪，得罪！」韓道生拱拱手，笑着跑開。

韓道興看了電影回來，顯得很高興。韓道生悄悄地問他：

「二哥，約到張姐姐沒有？」韓道興笑着點點頭，把香港衫往床上一拋。

「她知不知道你明天要走？」

「我告訴她了。」

「她有沒有淌貓尿？」

韓道興搖搖頭。韓道生打量他一眼，老氣橫秋地說：

「二哥，我看你還要加油。」

「爲什麼？」韓道興也老氣橫秋地回答。

「你們還沒有到難捨難分的地步。」韓道生說：「女孩子眞到了那種節骨眼兒，是會一把眼淚一把鼻涕的。」

「小弟，你眞是人小鬼大！」韓道興笑着在韓道生肩上輕輕捶了一拳：「你怎麼知道這許多鬼事？」

「二哥，沒有吃過猪肉也看見過猪走路，這有什麼稀奇？」韓道生得意地回答。

「小弟，告訴你，今天我們kiss了！」韓道興在弟弟耳邊輕輕地說。

「二哥，kiss 是什麼味道？」韓道生故意裝傻地問。

「小弟，那是世上最好的味道。」韓道興也賣弄地回答。

「和油炸花生米醬乾一道吃的味道如何？」

韓道興想了一下，隨後哈哈一笑：

「小弟，你眞是隔靴抓癢！」

「二哥，我想不出世界上還有比油炸花生米和醬乾一道吃更好的味道？」

「小弟，要吃龍肉，親自下海。」韓道興故意逗弟弟：「你這樣瞎子摸象不行。」

「二哥，我要是就談戀愛，三姐會罵死我！」韓道生裝出一副可憐相。

「小弟，你現在是太早了一點。」韓道興看看弟弟臉上還有幾分稚氣，笑着點點頭。

韓素梅發覺韓道興回來了，悄悄地走過來想察言觀色。兩兄弟看她進來，突然住嘴。

「二哥，你看那家電影？」韓素梅也故意裝糊塗地問。

「萬國。」

「片子好不好？」

「不壞。」韓道興連忙點頭。

「什麼故事？誰主演的？」

韓道興兩眼一瞪，答不上來，隨後聳聳肩，自我解嘲地說：

「看電影是爲了消遣，我從來不注意故事和明星的名字。」

「二哥，心無二用，我看你是醉翁之意不在電影。」韓素梅望着他一笑。

「素梅，妳眞和媽一樣，兜着圈子講話。」韓道興笑了起來：「難怪小弟怕妳。」

「二哥，說老實話，你還要不要我幫忙？」韓素梅笑着問他。

「我回鳳山以後，請妳替我通風報信，就怕半路殺出個程咬金。」

「二哥，你遠水不救近火，通風報信又有什麼用？」韓素梅望着二哥笑。

「我會三天兩封信，多獻殷勤。」韓道興笑着說。

「二哥，莉莉心思深，你是要多下點兒本錢。」韓素梅說。

「軍師，遵命。」韓道興笑着向妹妹拱拱手。「這次全得妳的大力，才小有斬獲。」

韓素梅打量他一眼，心裡高興，嘴裡沒有作聲。

第二天韓老太太親自弄了幾樣好菜，替兒子餞行，韓素梅打電話邀張莉莉來玩，張莉莉知道韓道興要走，連忙趕來。她今天的態度反而沒有以往自然洒脫，和韓道興打了一個照面就躲在韓素梅的房裡，和韓素梅天上一句，地下一句，指東話西。韓素梅心裡好笑，又不好叫她出去，只好藉故叫哥哥進來。

韓道興無事時不大進妹妹的房間，他怕打擾她看書畫畫。韓素梅叫他，他便三步併做兩步跨了進來。韓道生看他進來，像尾巴一樣跟了進來。韓素梅故意把眼睛一瞪：

「小弟，誰叫你進來的？」

「三姐，妳這裡又不是金鑾殿，二哥能進來我怎麼不能進來？」韓道生滿不在乎地回答。

「去，去，去！」韓素梅故意推推搡搡，自已也乘機走了出來。

「三姐，妳弄什麼玄虛？」韓道生察言觀色，心裡明白了七分，故意輕輕地問。

「傻瓜蛋！」韓素梅輕輕白弟弟一眼：「我正想抽身出來，你何必趕去做電燈泡？」

「三姐，這齣戲妳應該得最佳導演獎。」韓道生向她豎起大姆指。

「流相！」韓素梅笑着罵他。

「唉，眞倒楣！」韓道生搖頭苦笑：「我又拍到馬腿上去了。」

韓素梅也忍不住笑了起來，隨手把弟弟一拖，拖到院子裡去。

「三姐，妳眞是個好紅娘，以後可也要幫幫我的忙？」韓道生左手扶着榕樹幹，右手叉腰地說。

「哼！你還早得很！」韓素梅從鼻孔裡哼了一聲：「二哥住的是和尚廟，你班上有的是女同學，我才不管這些閒事。」

「三姐，就算妳不管我的閒事，妳自已的事總該上勁一點？」韓道生笑嘻嘻地說。

「你別狗咬耗子！」韓素梅瞪他一眼。

他笑哈哈地跑開。

隨後他們兩姊弟又牽着手看兎子，看鷄，看金魚，看十姊妹。

張莉莉和韓道興一前一後走了出來，張莉莉笑着對韓素梅說：

「素梅，妳這就不對！妳自已在院子裡玩，把客人摔在一邊。」

「莉莉，我把你當做一家人呀！」韓素梅笑着回答。

「素梅，妳壞死了！」張莉莉走近她，在她手背上輕輕地擰了一下。

韓素梅故意哟了一聲，她們兩人摟着笑了起來。

「三姐，你們女人總愛大驚小怪，要是二哥，頭上挨一棒子也不會哼一聲。」韓道生說。

「小弟，你說什麼風涼話？充什麼英雄好漢？讓我在你頭上敲一棒子看看？」韓素梅回嘴。

「素梅，男人的皮厚，別和小弟一樣。」張莉莉笑着插嘴。

「張姐姐，我可沒有二哥的皮厚。」韓道生笑嘻嘻地回答，掃了韓道興一眼。

張莉莉的臉孔微微一紅，韓道興望着弟弟說：

「小弟，你越來越壞。將來受軍訓要是落在我的手裡，我要好好地整你一頓。」

「二哥，你可不能假公濟私？」韓道生亦莊亦諧地說：「聽說那些小班長，專愛雞蛋裡挑骨頭，整大學生。」

「小弟，你眞是一肚子鬼。」韓道興笑着說：「我看誰也整不倒你？」

「二哥，我最討厭你們整人，何必抖什麽威風？」

「小弟，別扯野話，」韓素梅插嘴：「這可不關我們的事。」

韓道生碰了個橡皮釘子，轉向韓道興說：

「二哥，都是你不好！自亂陣脚。」

張莉莉和韓素梅都笑了起來，韓道興笑而不答。

張莉莉很羨慕韓家的院子。韓道興抓住機會說：

「以後有空，妳可以和素梅到大貝湖去玩玩，我做嚮導，大貝湖比我家院子好一百倍。」

他們都沒有去過大貝湖，不免問長問短，韓道興故意添油加醋地講了一番，韓道生很想去看看。韓道興說：

「明年我畢業時，學校會請爸爸去觀禮，那時我有空陪你們好好地遊遊大貝湖。」

韓老先生夫婦不願打擾他們，兩人坐在書房看書談天，沒有出來，直到開晚飯時韓老太太才從窗子裡伸出頭來叫他們吃飯。

吃飯時韓老太太有說有笑，把好菜往韓道興和張莉莉盌裡挾，又望望女兒韓素梅和小兒子韓道生說：

「今天可別怪媽偏心，二哥要回鳳山，大鍋飯，大鍋菜，吃不到家裡這種口味；莉莉是客，好菜應該多給莉莉吃，吃甜了嘴，她才會來。」

兒子女兒都大笑起來，張莉莉伏在桌沿上笑得兩肩一聳一聳。韓老太太向丈夫睒睒眼睛，韓老先生笑着對她說：

「他們成天像檢了發財票，妳又塞他們一嘴的糖，小心笑壞了人。」

他們又是一陣大笑，韓素梅首先忍住笑說：

「媽，幸好夏雲不在，不然她眞會說您偏心。」

「夏雲是熱鍋裡爆豆子，我洒點冷水她就爆不起來。」老太太笑瞇瞇地說。

「媽，眞是四川猴子服河南人牽，方教教對她沒有一點辦法，她就是怕您，」韓素梅說。

張莉莉已經忍住笑，用小手絹在擦眼睛。韓老太太又揀了一塊紅燒肉放在她的盌裡。

「伯母，我吃了好幾塊，不能再吃了。」張莉莉望着肉，要也不是，不要也不是。

「放心，瘦肉不會發胖。不要受洋罪，能吃就吃，妳還窈窕得很。」韓老太太說。「餓死是瘦鬼，我這麼個大啤酒桶，都不在乎。」

她的話又使張莉莉和韓素梅笑了起來。

這頓餞行的飯就在笑聲中結束。

韓道興本來有張慢車票，韓老太太怕兒子吃苦，不要他擠慢車，拿了三百塊錢給他買快車票，多餘的留着零用。

飯後，韓道興又換了一身軍裝，阿珠替他燙得筆挺，穿在身上更顯得肩寬背濶。

韓老先生夫婦把他送到院子門口，他就不讓他們再送。韓道生笑着對父親母親說：

「我和三姐代表好了。」

老夫婦兩人囑咐韓道興兩句就笑着打住。

他們兩姊弟和張莉莉一道，陪着韓道興走到公共汽車站。中途站的人很多，他們排在人羣後

面，張莉莉和韓道興站在一塊，韓素梅和韓道生站在他們兩人後面，

第一車過站不停，第二車他們沒有搭上，第三車人也很擠，韓道興和張莉莉剛剛擠上，韓道生向前一衝，一隻脚踏上了踏板。韓素梅把他往下一拉，卓掌小姐用力把車門一關，哨子一吹，車子就開走了。

「二哥，我們不送了。」韓素梅笑着向韓道興和張莉莉揮揮手。

「三姐，妳眞不够意思！其實我們可以擠上去，你爲什麼不送？」韓道生責怪地說。

「火車站的電燈還不够亮？還要加上我們兩個大燈泡？」韓素梅笑着白弟弟一眼。

「三姐，妳眞是玲瓏心，我又棋差一着！」韓道生摸摸頭向她一笑：「我服了妳！」

第三天，韓道生接到韓道興的信，開頭一句話就是：

「小弟，莉莉終於淌了貓尿！」

韓道生跳了起來，韓素梅看他高興得得意忘形，不禁笑着問她：

「小弟，你發神經病？」

韓道生走到她面前，輕輕地告訴她他和韓道興講的那番話，韓素梅聽了也好笑，他却一本正

經地說：

「三姐，現在的女孩子打Kiss，像擦口紅，不算一回事。淌了貓尿才有點兒意思。」

「小弟，該死！」

韓素梅舉起手想打他，他把信住褲子口袋一塞，笑哈哈地跑開，邊跑邊說：

「三姐，我要敲張姐姐一竹槓！」

第二十章 談補考夏雲抱怨 聽真話琢吾低頭

韓道興走後沒有幾天，韓道良從成功嶺回來了。他還是瘦長條，只是晒黑了，結實一些。他回來時只熱鬧了一陣。他比韓道興沉靜，不愛說笑，不愛蹦蹦跳跳，很像他父親。

學校註冊這天，他要韓素梅代他註冊。韓素梅，韓道生兩姊弟，一道去學校。姚琢吾，姚玉華兩兄妹和夏雲，張莉莉，朱紫娟三人，都不約而同地來到學校。他們三五天不見面，彷彿隔了三五年，親熱得很。夏雲和張莉莉吵吵鬧鬧，嗓門又高，眞像兩隻水鴨子呷呷叫，夏雲突然把話題一轉，笑着問張莉莉：

「小半仙，General韓回鳳山去了，妳沒有害相思病？」

「夏雲，妳說不到三句正經話，又胡說八道了？」張莉莉瞪着她說。

「怎麼？只許州官放火，不許百姓點燈？」夏雲滿不在乎地回答：「妳和General韓可以談情說愛，我連問也問犯了法？」

「夏雲，妳怎麼專揭別人的瘡疤？」朱紫娟看張莉莉有點發窘，連忙插嘴：「妳和 Wood的事也應該公開公開？」

「我和Wood沒有一點秘密，偶爾看場電影，跳次舞，如此而已。」夏雲坦然回答。

「紫娟，妳信她的鬼話？」張莉莉接嘴：「Wood會那麼規矩？」

「他敢在我面前放肆？」夏雲自負地說：「我不一脚把他踢回加利福尼亞才怪！」

「我看你是嘴硬骨頭蘇。」張莉莉說。

「小半仙，我不像妳，」夏雲望望張莉莉說：「我是逢場作戲，這種時候認眞談什麼戀愛？自由自在不好？還怕將來嫁不出去」

「夏雲，一年驕，二年俏，三年着急，四年沒人要。妳小心作老處女？」姚琢吾鬧她的玩笑。

「姚琢吾，你這個書獃子！」夏雲馬上回嘴罵他：「你根本不懂行情，臺灣小姐稀罕得很，不像你們臭男人打老光棍！」

韓梅素張莉莉她們都被她逗笑了，姚琢吾笑着搖頭：

「夏雲，那位大小姐像妳這說話的？」

「聽不聽隨你，別想我像素梅那樣斯文掃地。」夏雲瞪他一眼，衝口而出。

大家都笑了起來，韓素梅笑着罵她：

「夏雲，妳發瘋了？怎麼逢人就咬？我可沒有犯妳？」

「妳和姚琢吾一個鼻孔出氣，我一石二鳥，管妳的？」夏雲笑着回答。

「素梅，我們別理她這條瘋狗。」張莉莉故意把韓素梅朱紫娟拉走。

「夏姐姐，我們也去繳費。」姚玉華也把夏雲一拉。

姚琢吾和韓道生互相看了一眼，姚琢吾自嘲地說：

「道生，我們是少數，我們一道走。」

「好，我們是弱者！」韓道生笑了起來。

姚琢吾因爲功課好，家境清寒，他一進臺大就一直領到清寒獎助金。姚玉華因爲考取的分數高，她也有清寒獎金可領。他們兩兄妹實際上所繳的費用要比別人少。

他們這一羣人繳好了費，註了冊，就在校園裡玩。姚玉華和韓道生是新生，姚琢吾韓素梅他們以大哥大姐的身份帶他們兩人到處參觀，他們兩人也以能進入這所第一流學府暗自慶幸，兩人又同一個熱門系，夏雲看看他們不禁想起自己的弟弟夏青，她感慨地說：

「我弟弟眞該死！不然他們三人一個系多好？」

「妳不要看得那麼容易，熱門系不好考。」朱紫娟說。

「他連私立大學夜間部都沒有考取，妳說氣不氣人？」夏雲望着朱紫娟說。

「那他怎麼辦？」韓素梅問。

「上補習班，怕別人不會發財。」

「要是肯用功，明年還有希望。」

「他用鬼的功，專門交女朋友，打架生事。」

「有其姊，必有其弟。」姚琢吾說。

「姚琢吾，你不要胡扯，我幾時和人打過架？」夏雲望望姚琢吾說。

「妳要是男的，一定要和我打架。」姚琢吾說。

「我要是男的，我會把你塞進陰溝裡去。」夏雲笑着指指路邊的陰溝。

「妳看妳原形畢露，還有臉責備妳弟弟？」

「唉，家醜不可外揚，我眞不該在你們面前掀我弟弟的底牌。」夏雲又笑了起來。

大家聽了也好笑。

有些一年級的新生，像劉姥姥進大觀園，東張西望，指手畫脚，碰上了教授和三四年級的老學生，眼光裡自然流露出幾分尊敬。有些老學生對於這些新進來的Freshman，也自然流露出幾分輕視，那種昂首濶步的樣子，比教授還神氣，看來眞有點好笑。

「三姐，好在我是跟妳們一道，不然那股竇氣我實在受不了。」韓道生望望那些高傲的老生說。

姚玉華嗤的一笑。夏雲堵住韓道生說：

「道生，你侮辱我們老大哥老大姐，該當何罪？」

「夏姐姐，妳別多心，你們除外。」韓道生連忙陪個笑臉。

「道生，別吃她那一套。」張莉莉說：「富貴壓不倒鄉黨，山高遮不住太陽，自己人面前抖什麼威風？」

「小牛仙，妳怎麽牛角朝外彎？」夏雲問張莉莉：「難道眞是女生外向？」

張莉莉揚手想打夏雲，夏雲躲到一棵大王椰子後面，吃吃地笑。

他們遇到不少老同學，不時點頭打招呼，或者站在路邊談笑一會。一個暑假不見面，顯得親熱一些。

他們在路上遇到方希哲教授，向他鞠躬打招呼。方希哲很高興，對姚琢吾和韓素梅尤其客氣，說了一些鼓勵的話。隨後他又望望夏雲，問她：

「後天上午補考英國文學史，妳知不知道？」

「知道，」夏雲笑着點點頭：「教授，你可不可以先把題目告訴我？」

「抱歉，辦不到。」方希哲也笑着回答。

「教授，你要是多給我三分，我就用不着補考了。」

「我多給妳三分，妳就更不讀書了。」

「這個暑假我天天都在唸英國文學史，你總不好意思要我重修吧？」

韓素梅張莉莉她們聽夏雲當面扯謊，忍不住嗤的一笑。

方希哲望望夏雲，笑着回答她：

「我不知道妳是眞唸假唸？卷子是最好的證人，一切由它決定。」

夏雲望望他倒抽一口氣，恨不得咬他一口。

方希哲一走，她就做鬼臉，等他轉彎不見，她朝地上唾了一口，憤憤地說：

「活字紙簍！唸了一肚子英國文學，一本文學作品也寫不出來，教書匠，有什麼了不起？」

「夏雲，妳怎麼可以這樣批評方教授？」韓素梅反問她。

「我講的是眞話，誰教他存心整我，把分數扣得那麼緊？」夏雲理直氣壯地回答：「要是我再重修，我會恨他一輩子。」

「妳這眞是屁股不正怪板欖歪。」姚琢吾笑着插嘴：「妳要是認眞讀書，還怕他考？分數扣得再緊，也可以Pass。」

「姚琢吾，你是高材生，樂得說風凉話。請問你，背熟了英國文學史，能不能成爲莎士比亞？」夏雲生氣地說。

姚琢吾被她問住了，一時答不上話。她又熱鍋裡爆豆子，蹦出一連串的話來：

「莎士比亞、蕭伯納學過什麼鬼的文學？拜倫、雪萊是什麼高材生？方希哲反而靠他們混飯吃，當教授唬我們。……」

「夏雲，妳發什麼瘋？」韓素梅連忙打斷她：「妳看妳說得多難聽？」

「搞翻了我不學這個鬼的英國文學總可以？」夏雲滿不在乎地說，「大不了轉系再讀一年級。」

「快戴方帽子了，妳這不是和自己過不去？」

「我又沒有七老八十？人家退役軍人三四十歲還讀一年級哩！我還早得很。」

「Nonsense！Nonsense！」張莉莉搖搖頭。

夏雲又笑了起來，指着張莉莉說：

「小半仙，妳別黃鶴樓上看翻船！我回家開兩個夜卓，我相信一門英國文學史還拉我不下來。」

「這還像句人話。」張莉莉笑着回答。

「夏雲，妳要和Wood做朋友，還是好好地唸唸英文吧。」朱紫娟開玩笑地說。

「去妳的！」夏雲把朱紫娟往路邊一推：「唸不唸英文是我自己的事，Wood有什麼了不起？」

「洋人是金龜婿，妳好大的口氣？」朱紫娟靠在一棵椰子樹上調侃地說。

「四眼田鷄，妳不要以爲美國人都是富翁，他們年輕人都得自食其力，從墊脚石幹起，誰也別想做大少爺大小姐，比我們還苦。妳要是知道他們那麼小器，一枝香烟也捨不得請客，吃東西捨不得給小費，妳就會倒足胃口。」夏雲說。

「妳是不是領教過Wood的吝嗇？」朱紫娟向夏雲走來。

「我是從他們自己人交往中看出來的，」夏雲回答：「Wood敢在我面前那麼小器，對不起，早就bye-bye了。」

「那妳還和Wood鬼混什麼？」張莉莉問她。

「小半仙，妳們都有了心上人，」夏雲瞥了張莉莉和韓素梅一眼：「我連交個普通朋友都不可以？」

「小心上洋當。」張莉莉說。

「不勞費心，他不會潑銷鏹水，我也不是土包子。」

姚琢吾和韓道生簡直沒有插嘴的餘地，他又不願意聽她們唧唧喳喳，他把韓道生往樹蔭下的草地上一拉，輕輕地說：

「別聽她們的廢話，我們在草地上休息一下。」

夏雲的耳朵很靈，被她聽到，馬上回嘴罵姚琢吾：

「姚琢吾，你別死相？我們講的都是廢話，你講的就是金科玉律？」

「罵得好，罵得好！」張莉莉和朱紫娟拍手大笑，脚不自主地走到樹蔭下來。

姚琢吾也好笑，沒有還嘴。夏雲把韓素梅一拉，鼓動地說：

「素梅，姚琢吾眼睛長在頭頂上，他太瞧不起我們女人，從現在起我們和他斷絕邦交。」

「廢話，廢話！」姚琢吾笑着回答。

張莉莉，朱紫娟她們都笑了起來。

校園已經逛得差不多，大家都坐在樹蔭下休息。註冊的學生還是絡繹不絕，校園裡倒處都是人，三三兩兩，並肩而行。男生多半穿的香港衫，西裝褲，女生多半穿着花花綠綠的新裙裝，高跟鞋、燙髮，風度優雅，只有一年級的新生才是清湯掛麵，平底鞋，和姚玉華一樣。

姚玉華的同學考取的特別多，她班上就有三十多位，甲組的也有十幾位，先前她已經碰見好幾位，剛一坐定又有一位同班同學向她跑來，高興得像在樹枝上跳躍的小鳥。兩人抱頭抱頸地說笑了一會才分開。

韓道生的同學也不少，臺大就是他們幾個好學校包考的。不過男孩子沒有女孩子那股親熱勁兒，拉拉手，拍拍肩膀，大笑幾聲，就蹦蹦跳跳跑開。

夏雲的嘴巴很難停下來，她看見有些新生拿了學生證手舞足蹈，欣喜欲狂的樣子，笑着罵他們：

「小鬼，上了臺大好像中了第一特獎！」

「想當年妳還不是一樣？」韓素梅說：「現在就賣老了？」

「先到爲君，後到爲臣，進廟門我們也燒了個頭香，現在自然是老大哥老大姐了。」夏雲得意地回答。

「長江後浪推前浪，我看他們將來會比我們強。」韓素梅望望姚玉華和韓道生說。

「她們學科學的可能會交好運，和我們一樣唸[illegible]

我看是黃鼠狼變猫，變死不高。」夏

雲撇撇嘴說。

「妳怎麽又長他人志氣，滅自己威風？」張莉莉望着她說。

方希哲突然在系圖書館門口出現，灰白的頭髮在風中飄動，近視眼，仰望天空，有股傲然自大的神氣，和他矮小的個子頗不相稱。夏雲指指他說：

「你看他吧？三十年前他這樣教別人，現在又照樣教我們，就算我們能倒背英國文學史，把莎士比亞挖出來，不教我們寫作方法，我們怎麽能成爲作家？福樓貝爾教莫泊桑是教他怎樣寫？不是教他讀死書，方希哲教了我們什麽？英國文學史考一百分又有什麽稀奇？」

「夏雲，我看方教授如果不要妳補考，妳就沒有這一肚子牢騷。」張莉莉說。

「不，不，不！」姚琢吾突然一個鯉魚挺身，坐了起來，接着張莉莉的話說：「夏雲別的話都是狗屁，這篇話倒很有一點道理，您不要小看她。我們讀的都是別人的作品，就是沒有一位教授教我們怎樣寫出自己的作品，這的確是個問題。光戴一個學士帽子，實在

「好！姚琢吾，算你講了一句公道話！」夏雲拉拉姚琢吾的手說：「小半仙以小人之心度君子之腹，以爲我眞怕補考，老實說，當初我能考取外文系，不完全是靠天吃飯，唸了三年，眞是越唸

越倒胃口。我們現在不是中學生，照本宣科怎麼行？畢業以後又幹什麼？我還可以當我父親的英文秘書，難道你們都去當教書匠？而且現在中學英文教員過剩！」

張莉莉朱紫娟她們一向很少考慮這些問題，夏雲這番話立刻使她們啞口無言。姚玉華笑着對她們說：

「妳們可以留美呀，學外文的這一點總比我們強？」

「留美，那不是孔夫子面前賣文章？」夏雲又搶着說：「我們的Chinese English美國人莫明其妙，現在美國人寫的小說我們也有很多地方看不懂。文學是活的，不是死的。」

「夏雲，真抱歉，以前我把妳看扁了。」姚琢吾笑着說：「想不到妳還有這些高見，佩服、佩服！說不定將來我們班上的大作家就是妳？」

「姚琢吾，你又死相？」夏雲笑着罵他。

大家又輕鬆地笑了起來。正在高興的時候。夏雲突然提議回去，韓素梅笑着對她說：

「夏雲，我看你今天有點反常？你是最愛玩的，現在大家玩得好好的，妳怎麼又要回去？」

「回去啃英國文學史，後天上午要補考了，我不能栽在方希哲的手裡！——」夏雲站起來，拍拍裙子後面的草屑說。

第二十一章 新鮮人想當家教 老教授滿腹經綸

方希哲在課堂裡宣佈夏雲的英國文學史考了七十五分，不必重修。大家都替她高興，因為這一班只有她一個人補考這門課。還有三個人補考別的課沒有過關，需要重修。

這是上午最後一堂課，下課後，韓素梅、張莉莉、朱紫娟，姚琢吾兄妹和韓道生，陪夏雲一道去學校外面的小麵館吃麵。他們都是通學生，但中午很少回家吃飯，都是隨便打一頓游擊，各自會賬。韓道生和姚玉華在中學時一直帶便當，當了大學生，不作興這一套，他們也只好跟着哥哥姐姐打游擊，東一頓，西一頓，起初不太習慣，過了幾天，覺得也蠻有意思，天天換口味，每頓五六塊錢，覺得這倒是一種大學生派頭。現在穿衣服也很隨便，除了軍訓時間之外，不必再穿制服。

夏雲因為不必重修英國文學史，心裡非常高興，一走進小麵店她就向大家宣佈：

「今天中午歸我請客。你們是吃飯?還是吃麵?」

「夏雲，今天應該我們的請妳才對，恭喜妳Pass。」韓素梅說。

「總算沒有栽在方希哲手裡，不然她更把我看扁了。」夏雲得意地說。

「Lucy，算妳有種。」張莉莉叫夏雲的英文名字說。

「我怕丟們們的人，我自己倒無所謂。」夏雲一屁股坐在圓櫈上說：「就是有點不服這口氣。」

「妳考了七十五分倒很難得。」朱紫娟說。

「照我算該有八十分，方希哲又扣了我五分。」夏雲意猶未足地說。

「夏雲，不要人心不足，有七十五分已經很不錯了！」朱紫娟大聲地說。

「姚琢吾和素梅都考九十幾分，七十五分還差得遠哩！」夏雲忽然謙虛起來。

「考一百分又怎樣？誰承認我們是英國文學家？」姚琢吾笑着揷嘴。

「可以戴一頂方帽子。」韓道生說。

「四年時間也不過如此。」姚琢吾說。

一個圍着白圍裙變成灰圍裙的山東老鄉，問他們吃米飯還是吃麵？夏雲馬上掃視大家一眼：

「快說！別婆婆媽媽。你們放心吃，我會賬。」

「夏雲既然誠心請客，我們就恭敬不如從命。」張莉莉接嘴：「我想吃大滷麵，諸位意下如何？」

大家沒有意見，韓道生却笑着對夏雲說：

「夏姐姐，我先聲明我是大肚子羅漢，我要吃兩大盌。」

「道生，夏姐姐決不是小兒科，你吃十盌都行。」夏雲爽快地說。

「小弟，你怎麼這麼饞，」韓素梅笑着白他一眼。

「三姐，我現在是大學生，肚子也大了。」韓道生笑着回答：「一盌麵實在吃不飽，媽一天給我十塊錢，眞不够意思。」

「我一頓也只十塊錢，媽又沒有刻薄你。」

「三姐，妳一盌麵吃不了，我一盌麵不够，這就很不公平。」

「誰叫你是個大飯桶？」韓素梅一笑，姚玉華她們也好笑。

「三姐，我看我也要當家教了？」韓道生笑嘻嘻地說：「自己不會賺錢眞苦！」

「你不要鼻子！」韓素梅嗤的一笑：「剛上大學就想當家教，你別誤人子弟。」

「三姐，妳太瞧不起人。」韓道生不服氣地說：「教小學五六年級，初中一二年級總沒有問題？」

「你要是眞想當家教，我到家教中心先打個招呼，另外再替你留意留意，可能有機會。」姚琢吾說。

「好，拜托！拜托！」韓道生高興地拱手作揖。

「道生，在中學吃了幾年苦頭，剛上大學正好輕鬆輕鬆，當什麼鬼的家教？」夏雲望着韓道生說：「每天中午你和我們一道吃飯，保險你吃得舒舒服服，還可以留幾塊錢吃零食。」

「夏姐姐，叨光，叨光！」韓道生笑着回答：「妳天天請我吃大滷麵都行。」

大家都笑了起來。韓素梅駡他得寸進尺。他說他賺了錢再還禮。

山東老鄉眞的給他兩盌大滷麵，他很快地吃完了第一盌，把第二盌麵分了一半給姚琢吾，姚琢吾不肯要，經他再三强迫，才接受三分之一。

「我們是男子漢，大丈夫，大人大量。不要像她們小姐一樣，怕胖。」韓道生笑着對姚琢吾說。

夏雲她們又罵他，只有姚玉華坐在一旁微笑。夏雲故意瞟她一眼，她的頭一低，臉微微一紅。

飯後韓素梅請大家吃冷飲，他們又一道轉到一家小冷飲店，很多僑生都在那裡吃喝談笑，十分熱鬧。有好幾位和他們認識，邀他們入座。有位菲律濱僑生林詩誠，高高瘦瘦的，家裡很有錢，他想追求夏雲，連忙用不大純熟的國語說：

「請坐，請坐，我請客。」

「正好，我們身上沒有帶錢。」夏雲老實不客氣地在他那張椅子旁邊坐下。

林詩誠連忙把兩張椅子一拼，他們擠着團團坐。林詩誠又殷勤地問夏雲要吃什麼？夏雲要他問問大家，韓素梅對他說：

「米司特林，本來我先講好了請他們的，你不必客氣。」

「米司韓，下次妳再請好了，今天既然遇上了，就讓我作個小東。」林詩誠熱心地說。

「客隨主意，那就隨便你叫吧。」夏雲說。

於是他叫了一打大瓶黑松汽水，分給每人一瓶，又指指多餘的汽水說。

「你們儘量喝，這裏還有，喝完了再叫。」

姚琢吾說了幾句客氣話，夏雲不聲不響地把汽水往自己杯子裡倒。

下午外文系第一節課是散文，教授不叫座，他們都不想上。姚琢吾到圖書館去找參考書準備翻譯一篇東西，韓素梅姊弟兩人和姚玉華跟他一道先走，張莉莉朱紫娟本來也想走。被夏雲留住作擋箭牌。

姚玉華和韓道生一道去上課，韓素梅和姚琢吾一道去圖書館。

姚琢吾用心查參考書，韓素梅在靜靜地閱讀沙林吉的The Catcher in the Rye。

不久，夏雲、張莉莉、朱紫娟也趕到圖書館來，往韓素梅身邊一坐。韓素梅笑着問夏雲：

「人家誠心誠意請客，妳不陪他多談一會兒？」

「我沒有同妳一道走，已經賞了他的面子。」夏雲笑着回答：「妳還要我同他談情說愛？」

韓素梅和張莉莉朱紫娟都嗤的一笑。夏雲望着她們說：

「有什麼好笑的？孝子這麼多，如果張三李四都理會，那不煩死人？」

「夏雲心狠手辣，說走就走，弄得林詩誠偷鷄不着蝕把米。」張莉莉說。

「小半仙，妳別替古人躭憂，他家裡有的是錢，他追女同學的時間比讀書多。」夏雲說。

「妳怎麼知道？」朱紫娟問。

「四眼田鷄，妳的眼睛不管事，他不止請我這一次。」夏雲得意地一笑。

「聽說他的功課並不太壞，我看他不完全是個花花公子？」張莉莉說。

「他在僑生中是矮子當中的長子，在我們當中就變成了矮子，他的功課比我還差，自然更趕不上素梅和姚琢吾。」夏雲說。

「妳是那兒來的情報？」張莉莉問。

「牆有縫，壁有耳，我是個女Spy。」

夏雲的話剛完，姚琢吾就望着她說：

「夏雲，圖書館是看書的地方，誰請妳來高談濶論？」

「姚琢吾，你這個書獃子，閒談幾句有什麼關係？你何必拉長了臉訓我？」夏雲馬上回嘴。

韓素梅用手肘碰碰她，在她耳邊輕輕地說：

「小聲點，還有別的同學。」

「看妳的面子，我不再罵他。」夏雲也輕輕地回答。拿了一份報紙翻翻。

張莉莉拿了一份Time，朱紫娟拿了一份Life在看。圖書館又鴉雀無聲。

直到第二堂課開始，他們才一道離開圖書館，走向教室。

下午只有兩堂課，第二堂課很快地就上完了，一下課韓素梅就挾起書本回家。夏雲要拉她去趕一場電影，她搖搖頭說。

「不行，今天晚上我有家教。」

「看完一場電影再去上課正好。」夏雲拉着她說。

「我要翻翻書，不能信口開河，誤人子弟。」韓素梅說。

「教那麽兩個賴學生，還用得着準備？」夏雲鼻子一聳。

「好鼓不用重搥，越是賴學生越費勁。」韓素梅輕輕解釋。

「妳加倍收他們的補習費好了。」

「拿這幾百塊錢我已經不大心安。要是明年他們攷不取高中，我也跟着丟臉。」

「沒有這回事！」夏雲搖搖頭，望着韓素梅說：「妳替他娶媳婦，還包他生孩子？」

「妳倒推得乾淨！」韓素梅好笑。

「像我弟弟那種料，妳鑽進他肚子去也沒有辦法。」

「得人錢財，替人消災，我既然當上了這個家教，只好盡力而爲。」韓素梅邊走邊說。

夏雲拖着張莉莉和朱紫娟搶上了零南路車，韓素梅看她們那股衝鋒勁兒，不禁好笑。她們上車之後，還從窗子裡伸出手來向她搖搖，嘻嘻哈哈地笑。

姚琢吾挾了幾本參考書，隨後趕了出來。他看着只有韓素梅一個人，問夏雲她們那裡去了？

「夏雲拖她們兩人看電影去了。」韓素梅回答。

「夏雲倒是個聰明人，就是不肯用功。」姚琢吾說。

「她要是肯用功，方教授眞會被她難住。」

「憑良心說，夏雲那天講的話是有道理，方教授他們這樣照本宣科，我們怎麽會創作？」

「中文系外文系的教授都不重視文藝創作，說眞的也沒有那一位教授能開這門課，我們只好瞎子摸象了。」韓素梅笑着說。

「既然不重視文藝創作，我眞懷疑我們學文學的目的是什麽？」姚琢吾沉思地說：「我們讀人家的作品這麼一代一代地讀下去，自己始終繳白卷，當教書匠，大不了在洋機關當英文秘書，當翻譯，這和文學又有什麼關係？」

「學洋文，吃洋飯，賺美鈔，這是一般外文系學生的最高志願，誰會像你一樣想到文學？」

韓素梅望望他。

「我們系裡有些崇拜意識流小說的同學，自命為走在時代的前面的現代主義者，把中國的文學藝術看得一文不值，實在莫明其妙。」

「講得好聽是時髦，講得不好聽就是假洋鬼子。」韓素梅說：「你看過今年出版的大英百科全書沒有？」

「沒有？」姚琢吾搖搖頭。

「我爸爸託朋友買了一部，那上面對中國新文學有很客觀的批評。」

「妳講給我聽聽。」姚琢吾迫不及待地說。

「它說中國的作家們很自由地借用了歐美的理論和技巧。」韓素梅邊走邊說：「其中一部份作家曾留學歐美，西方文學的趨勢，普遍地反映在中國的都是幾十年前的東西。曹禺的「雷雨」

顯示着易卜生的影響，茅盾的「子夜」則顯示着左拉和托爾斯泰的影響……」

「如果照目前我們這種趨勢發展下去，」姚琢吾搶着說：「要是將來大英百科全書將我們的現代派作家帶上一筆，那不是某某人的某一本書顯示着喬伊斯的影響，某某人的某一本書顯示着沙特的影響，卡繆的影響？」

「恐怕這些角色還上不了大英百科全書？」韓素梅向姚琢吾一笑。

「照這樣下去，我們自己的文學眞要死翹翹了！」姚琢吾輕輕嘆口氣。

「琢吾，這你倒不必杞人憂天。」韓素梅十分親切溫婉地說：「我們倒也有一兩位有卓見，有修養的作家，他們的作品已經成熟，而且眞能表現中國文學的特色和優點，決不假充時髦，作洋人的尾巴。」

「素梅，我們唸西洋文學只是擴大我們的眼界，增進我們的創作能力，並不是出賣自己，向別人投降。我們需要的是我們自己的作家，我們自己的作品，文學藝術是不能代替的，中國有中國的文化特性，民族特性，中國文字有中國文字的優點，怎麽可以妄自菲薄，亂來一通？」

「對了，」韓素梅點點頭：「我記得唸高三時胡適先生在五四文藝節那天公開講演，他說過中國文字是全世界最優美的文字這句話。當時我還不相信，現在唸了三年外文系，才知道胡適的話沒有錯。」

「現在那些根本沒有學過西洋文學的人，反而輕視中國的作品，一味洋化，豈不是笑話？」

「要是他們聽過我媽講話，就會知道中國語言多妙？他們那種洋涇濱的句法是多麼幼稚可笑？」

「可惜他們沒有妳那樣的好媽。」姚琢吾亦莊亦諧地說。

「現在最糟的是，那班人既沒有接受中國文學傳統，西洋文學更沒有入門，自己是一片空虛，所以特別容易傷風感冒，還要傳染別人。」

韓素梅的話使姚琢吾大笑起來。隨後他又鄭重地對韓素梅說：

「素梅，妳家學淵源，自己又中西兩門抱，妳將來要好好地創作，寫出眞能代表中國的新文學作品。」

「這件事說來容易，作起來可不簡單，我們共同努力好了。」

姚琢吾感動地握着她的手，興奮地說：

「只要我們不把黃牛當馬，慢工出細貨，總有一天會寫出來。」

他們兩人臉孔都晒得通紅，姚琢吾頭髮剪得很短，髮脚的青色變成淺紅，他的臉本來帶點赭紅，現在顯得更深了。韓素梅本來是細皮白肉，現在兩頰像擦了胭脂，晶瑩圓潤的鼻準也紅了，而且上面冒着汗珠，她不時用小手絹擦擦。

他們不知不覺走了不少路，離韓素梅家不遠，韓素梅懶得再搭車，姚琢吾率性陪她走回家去。

韓老太太下午沒有課，在家裡休息，她看見他們兩人一道進來，十分高興。一發現他們兩人臉孔晒得通紅，打量了他們一眼，笑瞇瞇地問：

「這麼大的太陽你們從那裡來？」

「媽，我們從學校走來。」韓素梅把書往沙發上一放，笑着回答。

「媽不在乎妳省那張車票，妳孝順我也不是這樣孝順法。」韓老太太打趣地說。

「媽，我們兩人談現代文學問題，一談就收不住嘴，也忘記了搭車。」

「你們談的是現代詩還是現代小說？」韓老太太笑着問。

「伯母，我們談的是這種文學傾向。」姚琢吾說。

「琢吾，我是老古董，我看不懂你們這些現代玩藝。」

「伯母，您太客氣。」

「琢吾，我老實人說老實話，決不敢冒充時髦。」韓老太太笑瞇瞇地說：「那些現代詩我以爲是打翻了鉛字架，不然就是打謎兒，故意整我們這些老古董。」

韓素梅在旁邊吃吃地笑，打斷她的話說：

「媽，妳別說笑話兒。」

「媽看了現代詩想哭，看了現代小說像掉在雲裡霧裡，看了現代畫以爲是掛倒了，還笑得起來？」韓老太太講得非常輕鬆，韓素梅却笑彎了腰。

「素梅，妳別笑媽老古董，媽有自知之明，這是現代，媽該進博物館了。」韓老太太望着女兒說：「媽可不像妳爸，癩蛤蟆咬住板脚，瞎出一口氣。」

「伯母，伯父也看不懂現代文藝？」姚琢吾問。

「他才妙哩！」韓老太太笑瞇瞇地說：「他不說他看不懂現代詩、現代小說，他反而咬那些詩人小說家一口，說他們根本不懂心理學，寫出來的東西無根無据，胡扯一通。」

「對，伯父是心理學權威。」姚琢吾說。

「我也不知道誰錯誰對？」韓老太太一笑：「反正他們總有一方是神經病。」

「媽，您一竹篙打倒一船人。」韓素梅又笑了起來。

「媽不懂就是不懂，誰叫他們米湯裡洗澡，搞不清漿？」韓老太太笑着說。

韓素梅和姚琢吾都笑了起來。韓道良從房裡走出來接着說：

「媽，診神經病是我們醫生的責任。我從爸那裡學了一點心理學，也研究過佛洛依德的著作，實習時很管用。」

第二十三章 男弟子出口無狀 女老師啼笑皆非

韓素梅洗過澡，吃過晚飯，就趕到陶公館上課。

陶新富夫婦又不在家。韓素梅一進來，就直接向樓上走，銀嬌把她叫住，請她在客廳休息一下。她望望那一架子的新書，好像還沒有動過。

銀嬌倒了一杯冰開水給她，同時遞給她一個信封：

「韓小姐，這是妳的薪水，太太要我交給妳的。」

「太太又不在家？」韓素梅隨口問了一句。

「韓小姐，老規矩，這還用問？」銀嬌賣弄地說。

韓素梅在信封裡抽出兩張十塊錢的新票子，往銀嬌手上一塞，笑着說：

「銀嬌，對不起，我不會打牌，沒有水子錢給妳，這算請妳看場電影吧。」

「韓小姐，妳何必客氣？」銀嬌嘴裡這麼說，却隨手把那二十塊錢塞進裙裝前面的口袋：「妳是規規矩矩的大小姐，教書也很辛苦。」

「每次來都痲煩妳，我眞不過意。」

「這是我作下女的本份哪！」銀嬌討好地說。

「銀嬌，這些書陶先生看過沒有？」韓素梅指指書架說。

「老爺那有功夫看書啦！」銀嬌格格一笑：「他總是半夜三更回來，有時還一兩夜不歸家。」

「陶先生眞的那麼忙嗎？」

「韓小姐，天知道！」銀嬌嘴角一撇，壓低嗓門說：「聽說老爺在外面姘了一個酒女，年輕漂亮，他專在太太面前耍花槍。」

「陶太太不知道？」

「偶然也聽見他們吵嘴，不過太太只要有牌打，天塌下來她也不管。」

「那他們兩人是各有所好。」韓素梅微微一笑。

「太太也就是給老爺抓住了小辮子，才不敢大吵大鬧，睜一隻眼閉一隻眼；老爺自己又賭又嫖，所以也不能禁止太太不賭。這樣反而太平無還有人說什么金屋藏嬌。

「結果還是鈔票吃虧。」

「韓小姐，妳放心，老爺辦法多得很！財趕大伴，鈔票滾滾來，那像我們賺這幾個辛苦錢？」

「少爺小姐在不在？」韓素梅指指樓上問。

「在。」銀嬌點點頭。

韓素梅連忙起身，走上樓來。

陶朱正躺在沙發上看一冊「藝術入像」，全是裸體照片製版的。韓素梅上來他以爲是銀嬌，根本不理不睬，一心看照片。韓素梅看他看的是這種東西，臉孔微微一紅，大聲地說：

「陶朱，你正經書不看，怎麼看這種東西？」

陶朱這才慢慢地坐起來，揚揚手中的藝術入像，一臉邪氣地問她：

「老師，妳要不要看？」

「我不看這種東西！」韓素梅板着臉說。

「老師，報上說這是藝術，書攤上公開賣，又不是禁書，眼睛吃冰淇淋，妳怎麼不看？」陶朱笑嘻嘻地說。

「陶朱，你不要流裡流氣，專走邪路。」

陶朱望望她，有點不高興。但一想起那次挨揍，韓素梅送他到醫院，送他回家，他又忍了下來，把那冊「藝術入像」住沙發上一扔，嘆口氣說：

「老師，妳太正經，年紀輕輕的，像個老朽！」

韓素梅聽了又好氣又好笑，最後還是板着臉說：

「陶朱，你教訓起我來了。」

「老師，不敢。」他站起來左手往胸前一貼，身子一躬，學着古裝西片男明星行禮的動作。

「陶丹呢？叫她來上課。」韓素梅命令他。

「姐姐在房裡睡覺。」陶朱站着不動。

「叫她過來，怎麼這麼早就睡覺？」

韓素梅一再催促，陶朱才把陶丹叫了過來。

陶丹頭髮蓬亂，衣衫不整，脚上拖雙綉花拖鞋，一身慵懶，身體靠在門框上，像個少奶奶。

韓素梅看了一怔，連忙問：

「陶丹，妳是不是生了病？」

「沒有，」陶丹搖搖頭：「就是想睡。」

「妳又沒有做什麼粗事，怎麼會這麼疲倦？」

「老師，上學嘛！跑來跑去累死人！」陶丹慵懶地回答。

「我不是一樣上學？晚上還來上課。」

「老師，十根指頭有長短，妳的精神好嘛！」

「少廢話，快上課。」韓素梅指指桌子說。

陶丹身體一動，忽然哇的一聲想吐，但又沒有吐出來，樣子好像很難過。

韓素梅連忙扶住她，問她吃壞了什麼東西？那裡不舒服？她撫着胸口說：

「老師，我實在不能上課，讓我睡吧，躺着好過些。」

韓素梅只好把她扶進她自己的房間。她一走近床就往床上一倒，把綉花拖鞋甩了兩三尺遠，身子在席夢思上打了一個滾，面朝裡睡，不管韓素梅。

韓素梅怔怔地望着她，不知道是怎麼回事？在她腦殼上摸摸又不發燒，囑咐她兩句就回到書房來問陶朱：

「陶朱，你和姐姐是不是在外面亂吃東西？」

「我們才不吃攤子上的蹩脚貨。」陶朱神氣地回答。

「那陶丹怎麼會不舒服？」

「老師，我又不是她肚子裡的蛔蟲，怎麼知道？」陶朱聳聳肩，很像美國明星的派頭。

韓素梅又好氣又好笑，也懶得再問，開始查詢陶朱的功課。

一問功課，陶朱馬上愁眉苦臉，沒有先前那種神氣。韓素梅指定他的功課他完全沒有做。

「陶朱，你怎麼一問三不知？你幹什麼的？」韓素梅有點生氣。

「老師，學校的功課我都做不完，那有時間做課外的？」

「胡說，這全是課內的，而且都是你唸過的。」

「老師，冷飯炒三次狗都不吃，唸過了的再唸有什麼意思？」

「好，你倒有理？」韓素梅望着他說：「要是唸過的英文你沒有生字，唸過的代數你題題會做，你就不用再唸，明天我就向你媽媽辭職。」

「老師，我又不是神童，我那有那麽大的本領。」陶朱又嬉皮笑臉起來：「其實妳也不必辭職，妳辭了媽還是會再找一個，要是找了一個老處女，醜八怪，我眞會嘔三天。」

韓素梅啼笑皆非，要是逭生，她會敲他兩下，但對陶朱這種學生，她不敢貿然處置，萬一他回手，那老師的尊嚴就掃地了。因此他順着他的口氣說：

「那你就好好地用功，不然我介紹我們學校的重量拳擊選手來教你，你不聽話他一拳會把你打扁！」

陶朱望望她，停了一會嗤的笑：

「老師，妳別唬我，拳擊選手還不是和我一樣的草包？也配當家教？」

「教你總沒有問題。」韓素梅率性唬他：「你看見我二哥沒有？」

「是不是那天駭走幾個青龍黨的阿兵哥？」

「不錯，」韓素梅點點頭：「我同班有個男同學，身體比我二哥還棒，火氣大得很，他一拳打死過一條狼狗，你要是再不用功，下次我就帶他來，要你吃不了兜着走。」

陶朱果然被她的話鎮住了，過了一會他虛心地問：

「老師，他會不會柔道？」

「他是十項全能，柔道，少林，太極……樣樣都行。」

「老師，憑良心說，家教還是妳最好，妳可不可以請他傳我幾手？」

「他才不會教你這種人！」韓素梅故意輕蔑地看了他一眼。

「老師，要我燒香磕頭都行！」陶朱急切地說。

「他自己品學兼優，他最恨太保學生。」韓素梅牽性胡謅下去：「他說他畢業後一定要投效警察局少年組！」

「那不是成了我們的尅星？」

「人外有人，天外有天，你以為你們的老大很行？」

陶朱望望她，不再作聲。韓素梅指指英文課本說：

「快讀，這一課今天要背。」

陶朱雖然不大樂意，但還是大聲地朗讀起來。他彷彿要出一口悶氣，聲音高得駭人，像陶新富一樣衷氣十足，額上暴出青筋，韓素梅看了好笑；但她不打斷他，發覺一兩個字發音大有問題，她也不及時糾正。等他自己嘆了一口氣，嘎然住嘴，她才糾正他的發音，要他跟着她唸。

兩個鐘頭下來，他一課英文還沒有唸熟，結結巴巴地勉強背完，但她已經非常滿意，他總算實實在在唸了兩小時的書。

下樓時她差點笑出聲來，她沒有想到她信口胡謅竟產生了意想不到的效果。

在客廳她突然想起陶丹，馬上對銀嬌說：

「銀嬌，陶丹好像有病，妳看要不要請個大夫看看？」

「小姐身體好得很，她有什麼病？」銀嬌搖搖頭，完全不相信。

「銀嬌，我也不知道她有什麼病？」韓素梅抱歉地一笑：「她反胃作嘔，哇哇想吐，沒有上課，現在還睡在床上。」

銀嬌眼睛轉動了幾下，恍然大悟似地說：

「難怪她要我買酸梅給她吃！」

「銀嬌，吃酸梅有什麼稀奇？」韓素梅不解。

「韓小姐，妳不知道這裏面的奧妙！」銀嬌賣弄地一笑：「我們吃酸梅只偶爾吃一兩顆，她簡直把酸梅當飯。」

「這是什麼緣故？」

「我看小姐不規矩，」銀嬌咬着韓素梅的耳朵輕輕地說：「一定是出了紕漏！」

韓素梅突然想起陶丹跟那些不三不四的小太保一道，也恍然大悟，着急地說：

「那怎麼辦？陶丹還沒有出嫁呀！」

「韓小姐，皇帝不急，何必急壞了我們兩個太監？」銀嬌一笑：「有錢能使鬼推磨，老爺太太生了這一對活寶，他們自然會想辦法啦。」

第二十三章　女弟子情迷意亂　男老師馬耳東風

姚琢吾有兩處家教，一三五教兩個中學生，二四六教王先生王太太。

王先生四十左右，王太太只有二十六七，他們沒有孩子。王先生在一家洋行裡當高級職員，待遇也很高。他是個面面週到的人，很會交際應酬，他替那家洋行搞公共關係，經常要同外國人打交道，他的英文是一竅不通，但他很聰明，會幾句洋涇濱，他就憑那幾句洋涇濱和洋人鬼混，上北投，進出酒吧間觀光飯店，使洋人心滿意足。由於生意越作越大，他和洋人的交往也更多，他感到需要多學點英文，他太太有時也得陪他交際應酬，因此一舉兩便，而又找上了姚琢吾，姚琢吾先後教了他們將近一年。

王太太一三五照例打牌消遣，陶太太是老搭子，有時在王太太家裏，有時在別人家裡。二四六王太太不打牌，上午讀讀英文，下午看看電影，或是出去應酬一下，夜晚上課，很少外出，她學英文倒比丈夫專心，王先生應酬太多，還時常缺課。

禮拜六晚上他又照常去王公館，這是一棟精緻的小洋房，非常適合小家庭居住，是王先生頂來的。由於人口簡單，他們只請了一個早來晚歸的小下女。

姚琢吾輕輕地按了一下電鈴，王太太穿着一身月白色的睡衣褲，拖着綉花鞋，披着BB式的頭髮，滿身香氣，輕盈地走過來開門。

門一打開，姚琢吾一怔。一陣香氣撲鼻而來，他有點飄飄然，他從來沒有聞過這種香氣，他母親妹妹從來不用香水，韓素梅也不用香水，夏雲她們偶爾洒幾滴香水，但不是這種味道，王太太以前洒的香水也沒有這麼濃。往日她也偶爾來開過門，但不是這一身裝束，這是他第一次看見她穿睡衣，一般說來，不够莊重，但她穿的是新睡衣，沒有縐紋，反而顯得親切，自然俏麗，艷光照人。她有一身羊脂般的好皮膚，烏黑的頭髮斜披在雪白的臉上，更增加了幾分媚態。

「進來，進來。」她笑着對他說。

他這才如夢初醒，鎮定了一下，大步跨了進來，裝作十分平靜地問了一聲：

「桂花這麼早就回家了？」

「她也像先生小姐們一樣上班下班，」她關上門笑着回答：「今天禮拜六，吃過晚飯就走了。」

她和他並肩走進小客廳，沒有看見王先生，房子裡靜悄悄的，他不禁發問。

「王先生又有應酬。」

「不，他昨天到香港去了。」她從冰箱裡端出一盤切好了的木瓜，放在姚琢吾的面前，盤子裡有兩柄不銹鋼叉，她在對面的沙發上坐下。

「王先生什麼時候回來？」

「兩個禮拜以後。」她拿鋼叉遞給他，輕柔地說：「別說野話，吃木瓜吧。」

吃水果這倒不是第一次，每次他來時，不管是他們夫妻兩人，或是她一個人，都有水果招待，這比敎一般中學生好得多。

他從她手中接過叉子，發現她雪白圓潤的無名指上戴了一枚鑲着鷄心形的紅寶石的金戒指，顯得特別好看，他以前沒有注意到。

他說了聲「謝謝」，她兩眉微微一皺，輕顰淺笑地說：

「你又不是今天剛來，何必這樣客氣？」

姚琢吾今天下了最後一堂課，在學校前面的小館子裡吃了一盌牛肉麵，就匆匆地趕來，似乎還沒有吃飽，這盤木瓜正好，她只是做做樣子陪着他吃，他吃了三分之二，吃完他馬上看看腕錶說：

「我們開始吧！」

「時間還早得很，你何必這麼急？」她笑着把盤子拿走。

「晚上我還想趕着翻完一篇東西。」他說。

「你白天讀書，晚上教書，已經够辛苦了，何必整夜翻什麼文章？」她關切地說：「我早就跟他說了，要加你的錢，你怎麼不要？」

「你們一人三百，公公道道，我不能多要。」

「你眞迂！」她笑着把高三英文讀本實驗文法和靈格風教材唱片都拿過來。

姚琢吾除了按正規教法，教他們的讀本文法之外，還得教他們會話，因為王先生的主要目的是學會話，他沒有耐性讀課本和文法，他很有語言天才，會話進步很快，發音也相當準確，就是日常從美國G. I. 那裡學了一些不恰當的美國音，Often這個普通字，他常常把T發出音來，聽起來非常刺耳，姚琢吾糾正了很多次他都改變不過來，他甚至認為那樣發音才够美國味。至於文法那更是錯誤百出，遠不如他太太。

王太太問了他幾個文法上的問題，姚琢吾解答了一番。他總是要她先看先做，再替她解答，然後在讀本上挑幾個生字要她拼，她都拼了出來。

「妳很用功。」他隨口誇獎了她一句。

「我還能辜負你一片心？」她半閉着眼睛向他一笑。

那種語調，那種媚態，伴着一陣濃烈的香水味向他飄送過來，他又觸電似地一震。她看他那呆頭呆腦的樣子，嗤的一笑。拿着讀本坐到他的雙人沙發上來。

姚琢吾把身子移開了一點，她看了他一眼，笑盈盈地說：

「今天該上新課了？」

他接過讀本，攤在保麗板面的長几上，開始上新課。他讀一句她跟着讀一句，遇上重要句子的文法結構，他就停頓下來解釋分析一番。講書時他思想集中，反而特別鎮定。但有時她故意打岔，找他講話，他一看到她那種眼神，那種媚態，他的思想就馬上紊亂起來。

上完了一課書，還剩下半個鐘頭，她自動放靈格風唱片，故意把音量開大，手上拿着教材，不時輕輕地請他教生字。他解釋時她又裝作沒有聽淸楚，偏着頭湊近他，以致長髮不時拖在他的肩上，胸前。他沒有別的辦法抵抗，只好閉起眼睛。

她笑着注視他，心裡非常得意。他睜開眼睛時發覺她在注視自己，兩頰一紅，一躍而起，窘迫地對她說：

「對不起，我想先走一步，我說了我要趕譯一篇東西。」

她一點不覺得驚奇，把手在沙發上輕輕地拍拍，笑盈盈說：

「不要性急，時間還早。」

他看看錶，下課還差二十分鐘，他不好意思先走，在客廳踱去來踱。

她看他不想坐下，也站起來慢慢向他走近，輕柔地說：

「你要是不願意聽靈格風會話，我放張「魂斷藍橋」，我們跳支舞輕鬆一下好不好？」

「我不會跳舞，」他抱歉地搖搖頭：「這也不是跳舞的時候。」

「外文系的學生不會跳舞，那不是洋包子？」她吃吃一笑，向他招招手，點點頭，作了一個姿勢：「來，我教你。」

姚琢吾不知如何是好？站着不動，她笑着走過去，低低地說：

「放心，不收學費。」

姚琢吾噗哧的一笑，她拉起姚琢吾的手，不由分說教他慢四步。姚琢吾本來會跳，只是跳得不好，她這一拉一他帶，他像着了魔一樣，自然跟着她跳了起來，兩人越跳越快。

她突然把頭埋在他的胸口，雙手搭在他的肩上，輕輕地溷泣起來，不知道是快樂還是悲傷？

這完全出乎姚琢吾的意料之外，他像木頭人一樣站着，不知如何是好？

「我很寂寞，請你不要離開我。」她喃喃地說。

她的話反而使他清醒過來，他把她的手拉開，倒退兩步，冷靜地回答：

「王太太，妳請下女作伴好了。」

她抬起頭來望着他，眼角掛着兩顆晶瑩的淚珠，彷彿雨後梨花。艾怨地說：

「你不瞭解我，我是心虛，希望你能陪我。」

「王太太，這怎麼可以？」

「這是現成的機會，只要你有膽量。」

「這不是膽量問題。」

「難道現在的大學生頭腦還那麼古板？」她突然格格地笑了起來。那笑聲裡有種原始的野性在掙扎，在呼號。像隻黑母貓在午夜的屋脊嗥叫。

他聽了一驚，心裡怔忡不定。他不知道如何回答？她突然雙手攫住他，用力搖撼，兩隻閃着奇異的光亮的眼睛盯着他，低沉地問：

「回答我！回答我！我等了很久了！你是不是老古板？」

他倒抽了一口冷氣，半天才輕輕地說：

「王太太，不要逼我，再逼我以後不來了。」

她揚起手在他臉上重重地打了一個耳光，伏在沙發上痛哭起來。

這兩個連續的動作又完全出乎他的意料之外，他又氣又惱，又有幾分同情。他望望她一起一伏的肩頭，披散的頭髮，深深地嘆了一口氣，悄悄地走開。

他把朱紅的院門輕輕地拉開，側着身子出來，隨手把門輕輕地關上。

他摸摸自己左邊的臉，臉還在火辣辣地發燒。

星期二，他又該去王公館家教，他知道王先生還沒有回來，他不能決定自己應不應該去？這兩三天他一直爲這個問題苦惱。不去嗎？不但更傷害了王太太的自尊心，對王先生也不好交代，可能還會引起王先生的疑竇，要是他盤根問底，王太太作賊心虛，事情反而會弄糟，對她對自己都不好。去嗎？他實在沒有把握再逃避王太太，她不是個醜八怪，她是個很有魅力的女人。他也不是塊大石頭，萬一一時情感衝動，那會鑄成大錯。

想來想去，他忽然想到韓素梅身上。中午休息時他把韓素梅叫到一棵僻靜的大樹下，坐在草地上，把星期六那天晚上的事源源本本地告訴她，她聽了又驚又喜，笑着問他：

「現在你打算怎樣？」

他把那兩種想法都告訴她，然後對她說：

「妳二四六沒有家教，我想請妳幫我代幾次課，就說我生了病請假，這樣既不傷害她的自尊心，可以讓她冷靜一下，同時妳一去更可以使她死了那條心，王先生回來以後，教不教我再見機行事，這樣就不着痕跡。彼此都落個體面。」

「你想得兩面光，如果她把我轟出來那怎麼辦？」韓素梅笑着說。

「我想不會，」姚琢吾說：「她不是沒有受過教育的人，那天可能是一時情感衝動？」

「冰凍三尺，非一日之寒。我看他對你早有那麼一點兒意思？」韓素梅打趣地說。

「也許我粗心大意，沒有發現？他先生也一直沒有離開過臺北，這次突然去香港，一去就是兩個多禮拜，也許饑寒起盜心，她獨守空房，才冒了這麼個大險？」

「她打了一次沒有把握的仗。」

「偏偏遇着我這麼個大傻瓜，要是換了別人，那不好事成雙？」

韓素梅望了他一眼，兩人相視大笑。隨後姚琢吾又囑咐韓素梅：

「妳千萬不能露出一點妳知道這件事，不然弄巧反拙。」

「當然，我不會叫起忘八犯夜。」韓素梅點點頭。

下午下了最後一節課，姚琢吾請韓素梅吃了一盌排骨麵，親自送她去王公館，他指示了目標，就隱入附近的小巷，韓素梅躭心地說：

「你不要走，說不定她會趕我出來？」

「我等妳一刻鐘，」姚琢吾看看錶：「要是一刻鐘之內你沒有出來，我九點鐘再來接妳。」

「OK！」韓素梅鼓起勇氣，笑着向王公舘走去。

走到門口，她停了一會才按電鈴。過了兩三分鐘，王太太穿着淡灰色的旗袍，臉上不施脂粉，頭髮向後披着，神情慘淡地走來開門。

兩人一見面，彼此都微微一怔，互相打量了一眼，王太太先開口問韓素梅：

「請問妳找誰？」

「對不起，我是姚琢吾的同學，」韓素梅點頭一笑：「姚同學生了病，請我來代課。」

王太太哦了一聲，遲疑了一下，才讓她進來。

韓素梅隨後又說出自己的姓名。走進客廳，王太太遞給她一杯凉開水，裝作漫不經意地問。

「姚先生什麼病？上次來他還是蠻好的。」

「傷風感冒，沒有什麼大不了，可能三兩天就會好的。」韓素梅把預先想好的話說了出來。

「姚先生教書倒很負責認眞，這一年來我們的英文進步不少。」

「承王太太誇獎，他是我們系裡的高材生，我恐怕沒有他教得好，請王太太包涵包涵。」

「韓小姐不必客氣，我早聽陶太太說妳教得很好。其實脫一兩次課也沒有什麼關係，何必麻煩妳代？」

兩人談得漸漸投機，韓素梅又處處順着她，王太太並沒有趕她走的意思，韓素梅這才放心。

韓素梅要上課，王太太並不急於上課，情願和她談談天，她心裡似乎有很多話，又吞吞吐吐不願講出來。她不時打量韓素梅一眼，似乎想瞭解她和姚琢吾還有沒有其他的關係？韓素梅又不便明白表示。

她們談了大約二三十分鐘的話才開始上課，王太太要韓素梅專講文法，沒有上讀本，更沒有放靈格風唱片。

九點一到，王太太就自動收起課本，說了聲謝謝，把韓素梅送到門口。關門時意氣消沉地說：

「對不起，韓小姐，麻煩妳代我問候姚先生一聲。」

韓素梅點點頭，一笑而去。

姚琢吾在巷口接着她，韓素梅打趣地說：

「王太太楚楚可憐，她對你似乎一往情深哩！」

「別開玩笑！」姚琢吾把韓素梅一拉：「我實在不瞭解女人的心理，我應該向妳父親多選修幾個學分。」

「你眞是個大傻瓜。」韓素梅笑着推他[illegible]拳。

以後她繼續代他上課，直到王先生從香港回來，再由姚琢吾自己去。

姚琢吾恢復上課的這天，是王先生開門，王先生和他兩個多禮拜不見，顯得十分親熱，有說有笑，還送了他一件鱷魚牌襯衣。

王太太只是當他進來時偷偷地多看了他兩眼，隨後又恢復常態和過去一樣，彷彿沒有發生過那件事情一般。

姚琢吾如墮五里霧中，他覺得王太太的心理十分奇妙，他愈想愈迷惘。

「假如那天晚上我們糊糊塗塗地搞在一塊，現在的局面又是怎樣？」他想來想去總想不透。

從這天起，每逢韓素梅的父親上心理學時，他總拉着韓素梅一道去旁聽。

第二十四章 銀嬌貞操付流水 陶朱色膽可包天

韓素梅在陶公館門前按了好幾次電鈴，沒有人來開門，她心裡有點奇怪，陶新富夫婦不在家，難道銀嬌也不在家？還有陶丹，陶朱，難道他們兩姊弟也出去了？

她看看錶，快八點，心裡有點抱歉，今天有事來遲了一步。可是這不是第一次，以前也有兩次因事遲到，家教是按鐘點計算，每次兩個小時，她一分鐘也沒有少過，而且今天還事先打過電話來，說明自己可能會遲到一點，是銀嬌接的電話，她怎麼不來開門呢？

她又舉起手，在電鈴上重重地按了一下，手指不馬上移開，電鈴鈴鈴地響了很久。直到她聽見有碎步跑來的聲音，她才停止按鈴。

門一打開，她不禁一怔，銀嬌披頭散髮，滿面淚痕，花裙裝胸襟撕破了一大塊。她把門一關上就抱住韓素梅哭訴起來：

「韓小姐，請妳替我申冤啊！」

「什麼事？」韓素梅驚慌地望着她。

「少爺，少爺是個畜牲啊！」銀嬌哽哽咽咽地哭着：「他用刀子逼我……」

韓素梅看着她那副樣子，心裡明白過來。扶着銀嬌走進客廳，氣憤地問：

「銀嬌，陶朱眞敢這樣胡作非爲？」

「韓小姐，我還敢寃枉他？」銀嬌指指自己胸口破爛的衣服，又跑到自己房裡拿出一條陶朱的白內褲，往韓素梅面前一攤，韓素梅連忙閉上眼睛。銀嬌咬牙切齒地說：「他膽大包天，什麼都幹！平日打我罵我，我都忍氣吞聲，今天這件事我實在受不了，韓小姐，我還沒有出嫁，請妳替我申寃啊！」

銀嬌說完又哭了起來。

韓素梅心裡雖然很同情銀嬌，但是一談到申寃，她就感到有點爲難。她不是新聞記者，不能替她在報紙上發個新聞，也不是律師，不能替她向法院告狀。她想來想去，還是想到先把陶太太找回來，因此她問銀嬌：

「妳知不知道陶太太上那兒去了？」

「在楊處長家打牌。」

「妳知不知道楊公館的電話號碼？」

銀嬌告訴了她。她拿起話筒，撥了幾下，立刻接通了，對方是下女接電話，她告訴下女請陶太太接電話，一會兒話筒裡就傳出陶太太不耐煩的聲音：

「誰呀？」

韓素梅報出自己的姓名，陶太太哦了一聲，韓素梅接着說：

「陶太太，請妳回來一下，府上出了事情？」

「什麼事情？」

「在電話裡不便講，妳回來就知道？」

「還有四圈麻將，我正在坐莊。」

「陶太太，妳不要坐莊，最好回來一下。」

「是不是陶朱又在外面打架？」

「不是。」

「是不是陶丹……？」陶太太說了一半戛然而止。

「陶太太，妳不必問，我也不便講，請妳回來。」

「好，好，好！」陶太太很不耐煩地把電話掛斷。

「上樑不正下樑歪！女兒偷人養漢，兒子強姦下女，還不肯回來。」銀嬌憤憤地說：「她要是不公不正，我拼了不要臉上這張皮，把他們兒子女兒的醜事統統掀開，看他們要不要臉？」

「銀嬌，我先上樓去上課，妳也去換件衣服，這樣不大好看。」韓素梅勸她。

「韓小姐，我不能換衣服。」銀嬌立刻回答：「我要是換了衣服，太太會說我栽誣。」

「那不會吧？」韓素梅一笑。

「韓小姐，妳不知道，太太和老爺心眼兒多得很，不是什麼厚道人。我要是不妨一手，那眞會賠了夫人又折兵！」銀嬌揚揚手中的白短褲：「連這條短褲我也不會放過。」

韓素梅覺得銀嬌不是個蠢人，她雖然吃了陶朱的虧，看樣子不肯再上當。她笑着安慰銀嬌：

「好，妳休息一下，我上樓去看看。」

「韓小姐，太太回來了請妳作個證人，講幾句公道話。」

韓素梅望了她一會，終於點點頭：

「好，待會兒陶太太回來了妳叫我下來。」

韓素梅輕輕地走上樓，看陶朱坐在桌前做功課，很像那麽回事，她心裡不禁好笑。看看陶丹不在，她逕自到陶丹房裡看看，陶丹躺在床上看晚報。

「陶丹，妳是不是好了一點？」韓梅素走到床邊問她。

「老師，媽要我休息兩天，不讓我上學上課。」陶丹答非所問地說。

「陶丹，妳人也不小了，不要再和那些太保鬼混。」韓素梅說。「吃一次虧，學一次乖。」

「老師，現在男女完全平等，誰也不吃虧。」陶丹坐起來回答。

韓素梅倒退兩步，兩眼瞪瞪地望着她。她蓄着赫本式的短髮，穿着紅襯衫，下半截塞在黑短褲裡，完全像個西部片子裡的野女郎，就是手裡少了一根馬鞭，腳上少了一雙馬靴，韓梅素一聲不響地退了出來。

她來到書房，陶朱在位子上把屁股微微一掀，表示歡迎。韓素梅打量他一眼，他一點也不臉紅。韓素梅問他：

「陶朱，你不好好地讀書，怎麽作那種糊塗事？」

「老師，這不能怪我。」陶朱滿不在乎地回答。

「不怪你怪誰？」韓梅素奇怪地問。

「誰叫銀嬌一身騷勁？」

「胡說！」

「老師，可惜妳不是男人」。陶朱輕鬆地一笑：「如果妳是男人，妳就知道銀嬌那個賤東西多麼惹火？」

「你拿刀子對付她，還怪她惹火？」

「誰叫她不放乖一點？公平交易，還搾個什麼窮勁？」

韓素梅又羞又惱，只好威嚇他說：

「你媽馬上要回來，銀嬌不會放過你。」

「她敢咬我的鳥？」陶朱笑了起來：「大不了賞她幾個遮羞費！」

韓素梅羞得滿臉通紅，氣惱地說：

「我要你媽好好地打你一頓！」

「老師，我是媽的心頭肉，她只有我這麼一條根，她捨不得打我。就是打兩下，也不過替我抓抓癢。」

「我要你爸剝你的皮！」

「我爸情願摸酒女，不會在我身上花那麽多工夫。」

韓素梅啼笑皆非，沒有辦法，只好要他背書。他背不出來，她又報單字要他拼。

陶太太坐着計程車趕回來，銀嬌去開了門，她看見銀嬌那副樣子，厲聲問：

「銀嬌，妳怎麽這副鬼相？」

「太太，妳問韓小姐吧？」銀嬌一面回答一面上樓把韓素梅請了下來。

「韓小姐，到底是怎麽回事？」陶太太往沙發上一坐，同時發問。

韓素梅在她對面坐下，委婉扼要地告訴她，她聽了以後反問韓素梅。

「韓小姐，妳親眼看見？」

「陶太太，我雖未親眼看見，剛好是在我來府上時發生的，我在門外等了很久，銀嬌才哭着來開門，剛才我在樓上問陶朱，他親口承認，還很得意。」

「韓小姐，眞有這回事？」陶太太還不肯相信。

「陶太太，我怎麼會騙妳？妳可以叫陶朱下來問問。」韓素梅說。

陶太太不作聲，停了一會，站了起來，自言自語地說。

「我上去問他。」

陶太太撇下她們兩人，走上樓來，走進書房，把房門一關，輕輕地問陶朱：

「陶朱，你是不是糟踏了銀嬌？」

「媽，銀嬌又沒有少什麼，怎麼算糟踏嘛？」陶朱笑着回答。

「韓老師問你時，你承認了？」

「媽，承認了又怎樣？我又沒有強姦她！」

陶太太揚起手來給他一耳光，陶朱怔怔地望着她，她指着陶朱的鼻子罵：

「草包！這種事情怎麼能承認？打發銀嬌容易，韓小姐是大學生，要是她打抱不平，我們怎麼對付得了？」

「媽，妳就是樹葉兒掉下來都怕打破頭！」陶朱大聲地說：「把她辭掉不就得了？」

陶太太連忙雙手蒙住兒子的嘴巴，右脚直頓：

「草包！草包！這不是搬石頭打自己的脚？你糟踏了銀嬌，還敢得罪韓小姐？」

陶朱雙手一推，掙脫了母親的手，陶太太身子連連倒退，差點跌倒，她指着陶朱低聲地罵：

「報應！報應！陶丹在外面丟人，你又在家裡出紕漏！我怎麼生出你們這一對活寶？」

「別嚕囌，！賞她幾個錢叫她滾蛋不就得了？還怕請不到下女？」陶朱不耐煩地說。

「你以爲銀嬌是十三點？她不獅子開大口才怪！」陶太太捉摸地說：「萬一她張揚出去，誰敢到我們家來當下女？」

「妳還把她當作老祖宗供奉？」

「不要强嘴，你出了這個大紕漏，我也沒有主張，我叫你爸回來收拾你！」陶太太打開門，退出書房。

「媽，妳請便，」陶朱從窗口伸出頭來對陶太太說：「叫爸把回來又怎樣？他還能喝口水把我吞下去？」

陶太太回頭瞪了兒子一眼，匆匆地走下樓來。

「太太，妳該問清楚了吧？」銀嬌看陶太太下了樓，大聲問她。

「銀嬌，這也不能完全怪他？」陶太太笑着往沙發上一坐：「他小，妳大，他說是妳勾引他。」

「太太，講話要摸良心，我沒有生得那麼賤，鬼才勾引他！」銀嬌氣得滿臉通紅，眼淚直流。

「銀嬌，自來只有和姦，沒有強姦。如果妳不半推半就，他怎麼騎得上老虎背？」陶太太望着銀嬌說。

「太太，妳看我衣服撕成什麼樣子？」銀嬌指指胸襟一條長口說：「要是人家用刀子抵住妳的胸口，妳敢不敢動？」

「胡說！」陶太太兩眼一瞪，罵了銀嬌一句。

「太太，妳袒護兒子也不是這樣袒護！」銀嬌也生了大氣：「我人一個，命一條，妳不公不道，我就去法院告狀，去報館喊冤，把妳兒子女兒的醜事統統掀出來！」

陶太太像觸了高壓電線，從沙發上跳了起來，又癱坐在沙發上，怔怔地望着銀嬌，半天才說：

「銀嬌，妳可不能隨便造謠？」

「有憑有據，我造什麼謠？」

陶太太望望銀嬌，又望望韓素梅，嘆了一口氣，沒有作聲。銀嬌却接着說：

「太太，人逼懸樑，狗逼跳牆。我有話先說，到時候妳可別怪我反臉無情？」

陶太太又望着她和韓梅素，嘆了一口大氣，站了起來，對她們兩人說。

「我也不知道怎樣是好？我找陶先生回來。」

她抓起話筒，撥了幾個電話，都沒有找到陶新富，最後托了一個朋友出面打一個電話給他，才找到他，那個朋友轉告她說陶新富馬上回來。

韓素梅說要給陶朱上課，陶太太搖搖頭。她看看錶，時間未到，她又不便走。

陶新富很快地就坐着自己的轎車回來。陶太太聽見汽車喇叭聲，連忙跑出去，和丈夫在車房裡唧噥了好半天。陶新富聽了太太的報告，突然哈哈一笑：

「想不到陶朱也長了心？曉得要女人？」

「生了這麼一對活寶丟人現眼！你還好意思笑？」陶太太罵丈夫。

「妳別大驚小怪，不是我們一家如此，有錢人家的子女都差不多。」陶新富坦然地說。

「看你現在怎樣打發銀嬌？」

「有錢能使鬼推磨，給她一筆遮羞費不就得了？」陶新富的口氣和他兒子一樣。

「她要是獅子大開口，你怎麼辦？」

「妳放心，」陶新富笑着拍拍太太的肩膀：「一個下女一萬塊錢保險可以擺平！多少男子漢，大丈夫，我都用紅包塞住他們的嘴，何況銀嬌？」

「她知道你最近撈了幾筆大錢，一萬塊恐怕不容易打發？」陶新富的手一拍上陶太太的肩，陶太太也有點飄飄然，他們兩夫妻「會少離多」，他一直對她沒有過這種舉動，她談話的語氣自然輕柔了許多。

「金山銀山也是我的，她還能搬過去？」陶新富輕鬆地說，把車子鎖好，走出車房，再把車房鎖上。

他們兩夫妻一道進來，韓素梅禮貌地站起來，陶新富也對她客套了兩句。

銀嬌低着頭坐在沙發上，一言不發。陶新富在她對面坐下，打量了她兩眼，從容不迫地說：

「銀嬌，事情我已經完全明白，陶朱那個畜牲眞不是人，我要好好教訓他一頓。不過，他年輕無知，妳在我家裡又不止一年，你們像兄弟姐妹一樣，請妳原諒他一次……」

「老爺，我還沒有出嫁，我怎麼能見人？」銀嬌打斷他的話，哭了起來。

「銀嬌，妳不要哭，我的話還沒有說完。我不是要妳白白地原諒他，我準備送妳五千塊錢，作爲賠償，妳的意思怎樣？」

「老爺，我父母養我這麼大，五千塊錢就把我一生斷送了？」銀嬌睜大眼睛望着她。

陶新富滿臉堆笑，望望韓素梅，然後十分和藹地對銀嬌說：

「銀嬌，妳如果嫌少，我還可以再加一點，好在送妳也不是送給外人。陶朱還沒有成年，打不起官司告不起狀。」

銀嬌沒有作聲，陶新富又向韓素梅一笑：

「韓小姐，妳是讀書人，任何事都不外天理、國法、人情，妳說對不對？」

韓素梅不好表示意見，只是淡然一笑。

「銀嬌，妳的意思怎樣？」陶太太又低聲問。

「太太，我沒有臉見人，我明天就走。」銀嬌氣鼓鼓地說。

「唉，銀嬌！」陶新富搖頭一笑：「妳怎麼發小孩子脾氣？妳在我家裡幾年，怎麼好意思走？剛才我和太太說了要加妳的工錢。」

銀嬌絞扭着衣角，沒有作聲，陶新富又笑嘻嘻地說：

「銀嬌，我再加一千塊錢給妳買點首飾好了。女大十八變，妳也應該打扮打扮。」

銀嬌低着頭不作聲，陶太太又說：

「銀嬌，這總給足了妳的面子？六千塊錢也不是少數。不看金面看佛面，我們這兩塊老面皮，妳還好意思揭下來？」

「請韓小姐主持公道，替我作主。」銀嬌拉拉韓素梅的手，兩眼望着她。

「對，韓小姐，妳是最好的中人。」陶新富馬上向韓素梅一笑：「只要妳說一句話，我陶新富一定依。」

韓素梅不能再置身事外，她望望銀嬌，看她頭髮蓬亂，胸襟裂開，彷彿自己也受了侮辱。她咬咬嘴唇對陶新富說：

「陶先生，你泥多佛大，銀嬌是個下女，既然陶朱作了這種事，斷送了銀嬌一生的幸福；這是金錢買不到的，爲了你們雙方的面子，你就給她一個整數怎樣？」

「好！」陶新富豪爽地在大腿上一拍：「韓小姐，就憑妳這句話，我加四千！」

他隨即掏出支票簿，開了一萬塊錢，在背面簽了字，蓋了章，遞給銀嬌說：

「銀嬌，你明天自己到銀行去提好了！」

銀嬌紅着臉把支票收下，喃喃地說：

「老爺，太太，你們還要保證少爺以後不能再亂來？」

陶新富兩夫婦互相看了一眼，過了一會陶新富向韓素梅說：

「韓小姐，我們實在太忙，我特別拜托妳多多管教。」

「陶先生，陶太太，」韓素梅望望他們夫妻兩人說：「我來府上的時間少，無能爲力。最好你們兩位多操點心，免得以後出大亂子。」

第二十五章 打麻將語無倫次 韓素梅紛弦五章

陶太太有兩天沒有出去打牌，第三天實在忍不住，打電話邀了幾個搭子到自己家來，其中有一位是年輕漂亮的王太太。她穿着入時，打扮了一下更像出水芙蓉。另外兩位是四十多歲的吳太太，三十多歲的李太太。李太太是第二房，但是妖冶而工於心計，東風壓倒了西風，一切宴會應酬都由她出面，儼然夫人。

家裡有人打牌，銀嬌又忙得團團轉。跪倒餵豬，爲的是錢，她也有她自己的打算。

三個女人在一塊，賽過一羣鴨，四個女人加一桌麻將，那就更加熱鬧，而且都在牌桌上訓練成一張利嘴，王太太資歷最淺，在這方面反而畧遜一籌。

李太太看看王太太穿着從香港做回的旗袍，質料好，式樣新，又非常合身，格外顯得曲線玲瓏，故意調侃她說：

「王太太，你王先生總算有點良心，沒有在香港玩昏頭，還會替妳做件旗袍？」

「是我在台北量好身樣要他帶去的。」王太太說。

「他在香港一去半個月，妳也放心？」李太太瞟了王太太一眼。

「李太太，王先生是去香港接洽生意，又不是去會情人，要妳多個什麼心？」吳太太插嘴。

「王太太年輕，男人都是石灰籮，到處留情，我不過提醒她一下，免得她蒙在鼓裡。」李太太說。

「知道了又怎麼辦？」王太太笑着問她。

「抓住了男人的小辮子，他以後就不敢瞞天過海。」李太太回答。

「像我那個老不修，給他頭上戴個緊箍咒也沒有辦法。」陶太太插嘴。

「陶太太，這只怪妳太好，」李太太說：「妳要是也和他一樣，他就不敢。」

「李太太，我打春的蘿蔔立秋的瓜，那個男人要我做老娘？」陶太太哈哈地笑起來：「我天天有牌打，就心不憂，肚不煩，隨他去打野食，我落得個清靜自在。」

「我們這些人，還是王太太最當令，」李太太又把話頭轉到王太太身上，同時瞟了王太太一眼：「王先生去香港半個月，不知道她怎麼過？」

「還不是和平時一樣，」王太太接嘴：「一三五打牌，二四六讀英文。」

「妳先生不在家，那個姓姚的大學生還是照常去上課？」李太太偏着頭問。

「他收了我們的學費，怎麼能不上課？」王太太回答。

「那姓姚的倒見一表人材，你們旗鼓相當，妳不怕電線走火？」李太太打趣地說。

「李太太，妳眞是歪嘴吹喇叭，一團邪氣。」王太太笑着罵李太太：「我可不是那種女人。」

「妳又沒有七老八十，誇什麼海口？」李太太望着王太太一笑：「乾柴遇着烈火，不燒才怪！」

「人家姚老師可是少年老誠的人，」王太太說：「不然我先生也不會請他。」

「那有猴兒不上樹？妳眉眼兒一溜，他還不順手牽羊？」李太太眼睞眉毛動地說。

「妳自己壞了手脚，也以爲別人會偷？」王太太笑着罵李太太。

「尼姑也會思凡，妳和那姓姚的在一塊，我才不相信妳是鐵觀音。」

「李太太，妳別胡說八道。」吳太太支援王太太：「王太太和王先生恩恩愛愛，她才不會三心二意。」

「讓她爛舌根。」王太太望着自己的牌說。

「我決不假正經，」李太太打出一張白板說：「我是過來人，我知道男人的心和女人的心。不管怎麼恩愛，只要不在一塊，就會各懷鬼胎。」

王太太臉孔微微一紅，幸好有一層淡淡的胭脂遮住，沒有被李太太發覺，她反擊李太太一下：

「那妳把李先生吊在褲帶上好了？」

「除了上下班，我決不放鬆他一步。」李太太坦然地說。

「男人花樣多得很，」陶太太說：「我那個老不修，從來沒有離開過台灣，還不是拈花惹草？」

銀嬌端了四份一剖兩開的木瓜進來，每人面前放着一份木瓜，一柄不銹鋼的小調羹。李太太打量了她兩眼，銀嬌走後，她向陶太太一笑：

「妳家裡請着這麼個俏下女，妳不怕陶先生揩油？」

「兎兒不吃窩邊草，」陶太太說：「老不修倒沒有在家裡打歪主意。」

「你兒子也不小了，我看他和陶先生一模一樣，妳也不怕他這個小風流？」

「他沒有這麼大的狗膽，他怕他老子剝他的皮。」陶太太十分輕鬆地回答。

「陶太太，妳的家教眞好！」吳太太是第一次到陶公館來，她沒有看見陶丹陶朱，聽了陶太太的話立刻讚揚：「兒女到了這麼大，最容易出紕漏！」

「我替他們請了一個好家庭教師。」陶太太得意地說。

「男的，女的？」吳太太問。

「女的。」陶太太說：「她是台大的高材生，老子娘都當教授。」

「我老大明年要考大學，麻煩妳問問她肯不肯兼我們的家教？」

「吳太太，妳可別挖我的牆脚？」陶太太笑着說：「我兒子女兒明年都考高中，我恨不得她住到我家來。」

「王太太，妳們那位姓姚的家教怎樣？」吳太太又轉問王太太。

「學問好得很！」王太太眉開眼笑地說：「不過他已經教了兩處，最近還想辭我們這邊的，我先生不肯放。」

「找家教比找下女還難，」吳太太說：「又怕人品不好，又怕肚子裡貨色不行，我老大是個女孩子，正是不尷不尬的年齡，不能不當心。」

「她的功課怎樣？」陶太太問。

「功課鴉鴉烏，又是私立學校，不特別補習，還想上榜？」

「眞奇怪，我們的孩子也不蠢，怎麼功課不行，考不取好學校？」陶太太不服氣地打出一張九萬。

「這也不能怪孩子，」吳太太說：「現在的公立學校實在太難考！」

王太太沒有孩子，李太太一個女兒還在幼稚園，她們兩人並不關心這些事。李太太不耐煩地說：

「兒孫自有兒孫福，何必操那些窮心？我們還是及時行樂，打牌要緊。」

於是桌上劈劈啪啪打得更起勁。

下午七點多鐘，韓素梅又來上課。銀嬌替她悄悄地開門，她也不聲不响地走進客廳。逕自上樓。走到樓梯口，銀嬌把她拉住，塞給她一枝二十一型的派克鋼筆。韓素梅連盒子都沒有打開就遞給她：

「銀嬌，我有兩枝鋼筆，謝謝妳。」

「韓小姐，這是我一點心意，妳一句話使老爺多賠四千塊，我眞不知道怎樣感激？」銀嬌推推搡搡地說。

「銀嬌，這筆錢在陶先生不算什麽，妳倒很有用處，不要亂花。」

「我存起來了，一個也沒有花，留着將來出嫁。」

「那很好，鋼筆妳也留着，我心領就是。」

韓素梅費了一番口舌才推辭掉，隨後又輕輕地問她：

「這兩天陶朱該沒有亂來吧？」

「沒有，」銀嬌笑着搖搖頭，又特別壓低聲音附着韓素梅的耳朶說：「我枕頭底下放了一把大剪刀，他再不安份我就把它剪掉！」

韓素梅的臉一紅，嗤的一笑，隨後又警告她說：

「小心鬧出人命？」

「他自己找死，怪誰？」

「陶先生打他沒有？」

「老爺假裝要打，太太認眞去拉，完全是做樣子給我看，騙誰？」

「騙他自己。」

韓素梅說完就匆匆上樓。她剛坐定，銀嬌就送來一份木瓜。陶朱馬上對銀嬌把眼睛一瞪：

「怎麼不送我一份？」

「你和小姐剛吃過的。」銀嬌說。

「半個木瓜還脹得死人？再來一個我也能吃下！」

韓素梅把自己的木瓜遞給他，他搖搖頭說：

「我要她再送！」

銀嬌不作聲，只好再送兩份上來，給陶丹一份，陶丹不要，陶朱又伸手接過去：

「妳不要我要！」

韓素梅一份木瓜還沒有吃了，陶朱却一口氣把兩份吃掉。

陶丹同母親去過私人醫院一次，休息了幾天，已經恢復正常，不再作嘔。

韓素梅替他們上了一課英文，出了幾題代數，就坐在旁邊監督他們做功課。陶朱吃飽喝足，也自在起來，望着題目皺眉苦臉，不像望着銀嬌那麼神氣。陶丹也一題都做不出來。

樓下陶太太突然爆發出一陣哈哈大笑，邊笑邊說：

「莊家，双龍抱！妳們三歸一，一牌兩千多，我穩坐江山了！」

「那有這麼巧？妳是不是做了手脚？」李太太也高聲大叫。

「我兩隻眼睛，妳們六隻眼睛，我還能瞞天過海？」陶太太又哈哈大笑。

「嚯！」陶朱手在桌上一拍，高興地說：「媽又贏了錢！」

「陶朱，不要野，這不關你的事。」韓素梅說。

「老師，媽贏了錢我也有好處，怎麼不關我的事？」陶朱反問韓素梅。

「是呀，老師！」陶丹接着說：「媽贏了錢我們也有外快，散場後少不得向她要個一百兩百。」

「陶丹，你們讀書要緊，怎麼儘想這些事？」韓素梅兩眉一皺。

「老師，錢是通行證，有錢萬事行！」陶朱接嘴：「一萬塊錢不就把銀嬌擺平？」

「陶朱，你不應該有這種觀念！」

「老師，錢既然能遮羞，還有什麽事不可以遮住？我父親要是沒有錢，他自己也要出紕漏，我們也不能請妳當家教。多少窮人的孩子比我們會讀書，他們還不是做小工、當學徒？我這種觀念有什麽不好？」

韓素梅沒有辦法反駁陶朱的話，心裡十分彆扭。陶丹又吃吃地笑，她簡直有點冒火，生氣地說：

「不錯，錢能使鬼推磨！但是錢買不到知識，買不到學問，你們知不知道？」

陶丹陶朱姊弟兩人都哈哈地笑了起來，陶朱笑着問韓素梅：

「老師，知識學問多少錢一斤？在觀光飯店當Boy的，在航空公司當空中小姐的，不有好多都是大學生？街上有些蹬三輪的，知識學問都比我爸爸高，有個屁用！」

「好，那你們不必要我教了！」韓素梅拎起皮包就走。

陶朱一楞，陶丹連忙攔住她：

「老師，妳怎麼生氣了？」

「金錢萬能，你們不必我教，看你爸爸能不能替你們買張台大文憑？」

陶丹向陶朱遞了一個眼色，陶朱也來攔住韓素梅，使韓素梅動彈不得。她只好站住，繃着臉對他們說。

「我老實告訴你們，前幾天你們一連發生那兩件事，我都覺得羞耻，當時我就不想再教，因爲你們的父母還希望你們攷取好學校，我不好意思開口辭職。既然你們這樣看重金錢，輕視知識，我更不願白費氣力。我不靠當家教吃飯，當家教的機會也多的是，你們讓我走！」

陶丹陶朱這纔覺得事情嚴重，陶朱在自己臉上打了一個耳光，陪着笑臉說：

「老師，算我放屁！算我放屁！」

「老師，妳不能走，妳走了爸眞會打我們。」陶丹說。

「老師，我要媽加妳的補習費好了！」陶朱大聲地說。

「誰要你媽加補習費？」韓素梅瞪他一眼：「你請你媽來，我親自對他講。」

「老師，請妳原諒我一次，下次我決不瞎放屁！」陶朱像演戲一樣，跪下一隻腳。

韓素梅不好意思再走，望望他們兩人說：

「你們答應我兩個條件，我就繼續教，否則我立刻走。」

「行！」陶朱用力點頭。

「老師，什麽條件？」陶丹問。

「第一，要認眞讀書，我教的課攷不到六十分不行。」

「老師，六十分太高，四十分行不行？」陶朱兩眉一皺。

「四十分你能攷取什麽鬼的學校？」

「私立中學，私立大學。」

「別打如意算盤，不許討價還價！」韓素梅不肯通融。

「好，老師，我只好拚掉這條老命！」陶朱把牙一咬。

「第二件呢？老師。」陶丹又問。

韓素梅指着陶朱，氣憤地說：

「你要特別注意；不能再對銀嬌胡來！」

「老師，妳放心，我對她已經倒了胃口。」陶朱嬉皮笑臉地回答。

「你簡直豈有此理！」韓素梅氣得有點發抖。轉向陶丹說：「下女也是人生父母養的，你們不要使少爺小姐脾氣，對銀嬌應該客氣一點。」

「老師，依妳。」陶丹說。

陶朱自動站了起來，把韓素梅的皮包拿下，放在桌上。

韓素梅教他們作完了幾題代數，分配了下次的作業，時間已經過了十幾分鐘。她匆匆地走下樓，聽見劈劈啪啪的牌聲和太太們的高聲談笑，恨不得把耳朵塞住。

銀嬌送她出門，她搖搖頭對銀嬌說：

「她在家裡打牌比在外面打牌更壞！」

第二十六章 夏雲買詩看風景 琢吾家教遇難題

「我決定不到王家去教英文了。」一天下午下了最後一堂課，姚琢吾突然對韓素梅說。

韓素梅望望他，笑着問：

「是不是王先生覺得有點不妙？」

「不，王先生什麼也不知道。」姚琢吾搖搖頭：「他前天又到東京去了。」

「那天回來？」

「這次得個把月。」

「我代你去好了。」韓素梅自告奮勇地說。

「不必，我已經寫了信通知王太太。」

「那不傷了她的心？」

「我說功課太忙，請她原諒。」

「她才不會相信。」

「信不信由她，比當面辭職好些。」

「那你對王先生還是沒有交待？」

「那我也只好抱歉了！」姚琢吾尷尬地一笑：「我不能填他的空缺。」

「你不去王家不是少了一筆收入？」

「另外有人請我。」

「你的路子倒不少。」

「每年想升學的人這麼多，自然少不了我們這盌飯。妳要是想多教一家，我也可以找到。」

「算了吧，陶家我都不想教。」

「妳也遇到了什麼麻煩？」

「我倒沒有遇到什麼麻煩，是陶家的紕漏太多。」

「是陶先生還是陶太太？」

「上樑不正下樑歪，沒有一個好的。」

「妳怎麼一竹篙打倒一船人？」

韓素梅便把陶家的情形講給姚琢吾聽，他聽到陶丹陶朱兩人最近發生的那兩件事他不禁張口結舌，反問韓素梅：

「眞有這種事？」

「要是不當這個鬼家教，我想也想不到。」韓素梅掠掠頭髮說。

「不經一事，不長一智。」姚琢吾笑着說：「當了家教，長了不少見識，這是教授們沒有教的。」

「我原先以爲別人的家庭都和我們的家庭一樣，想不到簡直是兩個世界？」韓素梅說。

「我父親汗馬一生，豆腐靑菜；要不是我當家教，豁點東西，眞會靑黃不接。陶新富狗屁倒灶，反而泥多佛大。這眞是從那裡講起？」

姚玉華和韓道生夾着厚書從後面趕來。韓道生穿着父親的舊西裝上衣，黃卡其褲，一副大學生的派頭，神氣得很。姚玉華也不再是綠衣黑裙，她穿着裙裝，上身套着一件鵝黃色的毛絨外套，風姿綽約。她揚揚手大聲地喊了一聲「韓姐姐」，碎步追了上來。

韓素梅和姚琢吾回頭一看，韓素梅看見她那副樣子十分高興，笑着對姚琢吾說：

「你父親有了你們兩兄妹，眞是無價之寶。陶新富花再多的錢也買不到。」

姚玉華一跑到，就在韓素梅身上一貼，韓素梅用右手攬着她，用鼻子在她臉上親了一下。韓道生和姚琢吾也有說有笑。他們一道走向公共汽車站。

夏雲、張莉莉、朱紫娟三人也隨後趕來。她們一路喞哩哇啦，不時大笑，一起上韓素梅姚琢吾他們，夏雲就對他們兩人說：

「怎麼你們一下課就開小差？也不向我們打個招呼？」

「妳們在和胡子餘教授討論新詩，我們怎麼敢打擾？」姚琢吾回答。

「是夏雲發神經病，要和胡教授談什麼鬼的現代詩。」張莉莉說：「其實她看也看不懂，談個什麼窮勁？」

「就是看不懂，我才要問他，」夏雲說。

「結果還不是米湯裏洗澡，越弄越糊塗？」張莉莉譏諷地說。

「姚琢吾，你看看這種鬼詩，別人怎麼懂？」夏雲從脇下抽出一本《現代詩選》，指着一首題名「風景」的詩給姚琢吾看。

姚琢吾韓素梅他們都圍攏來，姚琢吾邊看邊唸，

防風林　的
外邊　還有
防風林　的
外邊　還有
防風林　的
外邊　還有
然而海　以及波的羅列
然而海　以及波的羅列

姚琢吾眉頭一皺，一臉的苦笑。夏雲幸災樂禍地問他：

「姚琢吾，你是高材生，它寫的什麼呢？你講給我聽聽？」

「胡教授怎麼講的？」姚琢吾問。

「他也講不出來，只說是一首好詩，我就不知道它好在那裡？」夏雲說。

「胡子餘還說看不懂的才是好詩，看得懂的算不得好詩。」張莉莉說。

「姚琢吾，你說他這種話是不是放屁？」夏雲笑着問。同時指出幾首排列得顛顛倒倒，加了些阿拉伯數字，參差重複的怪詩給姚琢吾看。

姚琢吾把眼睛一閉，笑着討饒：

「夏雲，我看了會暈頭轉向，做做好事，不要害我搭錯了車！」

張莉莉和朱紫娟她們都笑了起來。夏雲又對韓素梅說：

「素梅，不是我一個人不懂，我問了好幾位英文中文教授，他們也不知道這是什麼鬼詩？」

「那妳何必附庸風雅？花錢買它？」姚琢吾問。

「是胡子餘特別介紹我買的，他還說這本《現代詩選》是中國詩的代表作哩！」夏雲說：「他打算介紹到外國去。」

「那妳就把它供起來吧！」姚琢吾笑着打趣地說。

「去它的！」夏雲用力一甩，剛好甩進路邊的陰溝。「我再也不信胡子餘胡說八道了。」

「我們學文學的眞走進了死弄子！」張莉莉說：「像胡子餘這種洋時髦，月亮也是外國的圓。人家的垃圾箱，也檢回來當聚寶盆，我們自己眞是捧着金飯盌討飯。」

「小半仙，高論，高論！」夏雲翹指大姆指向張莉莉一笑。

「我們的文學眞應該走我們自己的路子。」姚琢吾說。

「姚琢吾，我賀你的成！」夏雲嬉皮笑臉地說：「將來你要是出了書，我買十本。」

「夏雲，妳最好要妳爸爸拿點錢給妳辦出版社。」張莉莉慫恿地說。

「要我爸爸印鈔票，他倒很樂意，印書他可不幹。」夏雲笑着回答。

他們邊走邊說，不一會就走到了停車站，各自搭車回家。

姚琢吾一向只有星期天晚上在家吃晚飯，其餘的日子都有家教，今天他和妹妹一道回家，他母親有點奇怪，不禁發問：

「琢吾，今天晚上你怎不去上課？不要誤了人家的事。」

「媽，王家的家教我已經辭了。」姚琢吾回答。

他母親聽了一怔，望了他半天才說：

「孩子，人老把頭低，你父親年紀大了，沒有人要，家裡的錢又不夠用，找個家教也不容易，你怎麼好好地把它辭掉？」

「媽，您別着急。」姚琢吾說：「我已經找好了別家，星期四就去上課。」

姚老太太聽兒子這樣說又展顏一笑，隨後又奇怪地問：

「王家不是待你很好？大人也好教些，你何必走馬換將？」

「媽，就是他們待我太好，我反而不便教下去。」姚琢吾笑着回答。

「你這孩子眞怪！教書就難得個賓主融洽，既然遇上了這麼好的主兒，辭掉了多可惜？」

姚琢吾不好再講下去，老太太又說：

「你自己不教，怎麼不讓給玉華？」

「媽，玉華不是學外文的，人家的英文程度差不多可以考大學了。」

「你也替玉華留意一下，要是有初中的英文數學，玉華總可以教教？」

「媽，我才進大學，怎麼夠格當家教？」姚玉華笑着揷嘴。

「妳也可以摸摸自己的米桶，量力而爲。別人上一年級的不是照樣當家教？」姚老太太望着女兒說：「媽不是想要妳賺錢家用，妳女孩兒家，自己賺錢自己做做衣服買買鞋子也是好的，上了大學那個不燙了頭髮？妳還是清湯掛麵，不像個大學生。」

「媽，外面一朶花，肚裡一包草，那有什麽意思？」姚玉華笑着回答。

「人要衣粧，佛要金粧。妳黃花少女，總不能像媽老太婆一樣窩囊？」

姚玉華被母親說得笑了起來。隨後又說：

「媽，我要賺得到錢，先給您做幾件衣裳。」

「媽三年難得出一次門，醜在家裡。妳天天在外面拋頭露面，應該頭是頭，脚是脚，讓人家看了像個大小姐才對。」

「媽，您放心，我給玉華留意就是。」姚琢吾說。

老太太又望望兒子，欲言又止，最後才吞吞吐吐地說：

「琢吾，你自己的事你也應該留意留意。」

「媽，我當了兩份家教，再也難得分身，要留點時間自己讀書，還能再兼別的工作？」

姚琢吾沒有領會母親的意思，老太太笑着罵他：

「你眞是個書獃子！娘是說你和韓小姐的事。」

「媽，現在還沒有畢業，功課第一，以後再談別的事。」姚琢吾拿起書走進自己的小房間。

老太太望望兒子的背影，拉着女兒輕輕地說：

「韓小姐是書香門第，才貌双全，妳應該替哥哥穿針引線。」

「媽，要您操什麽心？」姚玉華一笑：「他們兩人早就情投意合，只是嘴裡沒有講出來。」

老太太也開心地一笑，隨後又輕輕嘆口氣，自言自語：

「可惜我們家裡太窮，妳爸爸又卸甲丟盔，我也只讀過幾年古書，比不上韓家。」

「媽，哥哥和韓姐姐倒是半斤八兩。」姚玉華連忙接嘴：「這是他們兩人的事，我看韓姐姐也不是嫌貧愛富的人。」

「但願如此，」姚老太太輕輕地吐口氣：「娘眞希望有她那樣一個好媳婦兒。」

「媽，您坐在家裡專想好事？」姚玉華望着母親好笑。

「我和妳爸都是樹老葉兒稀，還有多少好風光？自然指望你們開花結果。」姚老太太說。

「媽，人生七十才開始，你們還不到六十，早得很。」

「妳別信那些鬼話，」姚老太太淒涼地一笑：「妳爸爸汗馬一生，吃過多少苦？我像貓兒啣老鼠，把你們兩兄妹啣到東啣到西，沒有過過一天好日子，還能像別人一樣活到七老八十？」

姚先生從山邊散步回來，手裡揑着一把野竹筍，交給姚老太太：

「我記得家鄉這種小竹筍鮮得很，你炒出來試試看？讓我打打牙祭。」

「台灣不比大陸，筍子的味道也差勁，清水煮螺螄有什麼好吃？」姚老太太望望瘦瘠的小竹筍說。

「媽，您明天買點肉，炒給爸爸下酒。」姚玉華說。

「玉華，難得妳這片孝心，」姚老先生望着女兒一笑：「吃酸吃辣我也高興。」

飯後，兩兄妹各自在自己的鴿子籠裡埋頭做功課，姚玉華在數學中找樂趣，姚琢吾在翻一個短篇小說。

深夜十二點以後，他們房裡才不見燈光。

第二十七章 情敵見面流鮮血 刑警追蹤逮陶朱

陶朱帶着女同學陸曼曼去看晚上最後一場電影第七號情報員。陸曼曼比陶朱大一歲，是個早熟的小妖姬，十二歲進初中，一二年級讀了四年，初三也留了級，人却長得十分豐滿成熟，和陶丹差不了多少。陶朱是班上的小霸王，任何男生都不敢惹他，小妖姬崇拜英雄，愛上了他這位小霸王。陶朱也特別歡喜她膽大風騷，刺激够味。開學以來兩人更打得火熱。可是小妖姬陸曼曼在上學期曾經有過十八歲的情人許天成，他現在讀高一，兩人雖然沒有在一個班上那麽密切，上學放學時仍然見面，許天成更常常藉故找她，她也並不拒絕，她覺得在他們兩人之間周旋也很有趣。

進場時陶朱和陸曼曼並沒有發現許天成。開演以後，他們更被那緊張刺激的劇情抓住，女主角的美麗性感，男主角的勇敢機智，使他們非常開心。陸曼曼暗自喜歡男主角，陶朱暗自喜歡女主角，男主角自然也激發了他的英雄慾望和好勇鬥狠之心。演完時陶朱還望着空白的銀幕連聲說：

「過癮！過癮！」

「還是看外國武打片子好，」陸曼曼馬上接嘴：「人家打得又狠又準，眞够意思。我們的武打片子完全是戲台上練把式，溫吞水，眞不帶勁！」

「那兩個男的眞棒，都有幾手。」陶朱羨慕地說。

「你要是有他們那樣，就可以當老大了。」陸曼曼說。

「我要是有他們那樣，刑警都要吃癟！」陶朱得意地聳聳肩膀。

他們兩人隨着人潮，慢慢地走向出口。剛剛走到門口，背後就有人叫了一聲「曼曼」。他們兩人同時回頭一看，原來是許天成。

許天成看見是陶朱和陸曼曼手挽着手，瞪了陶朱一眼：

「小子！你居然在太歲頭上動土？」

陶朱也瞪他一眼，撇撇嘴回答：

「你算老幾？我小霸王怕過誰？」

「好！我們找個地方談談，這裡碍手碍脚。」許天成低沉地說。

「天天見面，談個什麼勁？」陸曼曼輕鬆地聳聳肩膀。

「曼曼，妳也去，我們三人當面解開這個結。」許天成說。

「我請你們兩人吃湯圓好了。」陸曼曼笑嘻嘻地望望他們兩人說。

「等這樁公案解決以後，我們兩人吃。」許天成說。

「別做夢，你想老虎口裡拖豬？」陶朱鼻子裡嗤了一聲。

他們三人邊走邊說，走進一條小巷，許天成看看兩頭無人，馬上停步，對陶朱說：

「小子，識相點，進廟門也有個先來後到，你怎麼橫刀奪愛？」

「你問曼曼，她是愛你還是愛我？」陶朱挑戰地說。

許天成望望陸曼曼，停了一會才問：

「曼曼，妳說良心話，妳到底愛誰？」

「別說得這麼俗氣，」陸曼曼賣弄風情地一笑：「手掌手背都是肉，你叫我怎麼說？」

陶朱奇怪地望望她，許天成又接着說：

「曼曼，我眼睛裡容不得一粒砂子！我早就聽說這小子想吃天鵝肉，今天總算被我抓到。」

「你抓到我個鳥！」陶朱朝地上唾了一口。

許天成朝他臉上一拳，打得陶朱倒退幾步，鼻子出血。陸曼曼看了一點不怕，反而嗤的一笑。許天成摟着陸曼曼，向他譏諷地說：

「小子，回去吃幾口娘奶再來。」

陶朱摸出草紙把鼻子一塞，迅速地掏出一把彈簧刀，直衝過來，許天成把陸曼曼一推，身子一閃，讓過一刀。但陶朱像發了瘋的小野牛，一下也不放鬆，舉着小刀左右開弓，許天成不敢還手，儘量閃避。半天才找到一個機會朝陶朱飛起一脚，陶朱的刀子正好插在他的小腿上，他啊喲一聲，倒了下去。陸曼曼連忙趕了過去，陶朱朝他身上連戮兩刀，拖着陸曼曼從巷子的另一頭逃跑。

在街口他們碰上了一輛空計程車，他手一招，車子馬上停在他們面前，他們鑽進後座。陶朱向司機輕輕地說了一聲：

「大直！」

司機回頭望了他們一眼，計程車便如紅色的野馬一般向前直衝。

陸曼曼奇怪地望着他，他揑揑她的大腿，兩眼盯着司機。陸曼曼知道他不敢回家，怕被警察抓到。也許大直他有親戚？暫時到親戚家裡避避。她一到大直再單獨回家也是一樣。她覺得她沒有罪，她不怕警察。

車子風馳電掣地向大直急駛，過了大直國校他還不叫停車。司機回頭望望他，他又說「內湖！」司機很不樂意，生怕空跑一趟，把車子一停，他把刀子指着司機的腦袋，司機連忙把車子開走，他低沉地說：

「不准再回過頭來，小心你的腦袋！」

司機眞的不敢回頭，向內湖急駛。路上沒有什麽人家，車輛也少，司機開得特別快。陶朱放心很多，陸曼曼一肚子的狐疑，又不便問。

車子駛過內湖街，司機照着陶朱的命令向金龍禪寺那個方向開，不敢反抗。

陶朱對這一帶的地形很熟，因爲春假暑假時他來過兩次，大山他也爬過幾處。他不要司機開到金龍寺，一直沿着山邊開了一路段，他才命令司機停車，要陸曼曼先下，他隨後下車。司機向他要車費，他冷笑一聲說：

「我沒有要你的錢已經很客氣，你敢向老虎要皮？」

司機自認倒楣，不再作聲，把車子向後倒退，因爲路窄，車子轉不過身來。陶朱站在山邊的一塊石頭上警告司機說：

「不許走漏消息，小心我老大剝你的皮！我記得車子的號碼和你的熊相！」

司機一聲不响，把車子迅速地向後退，退到可以轉彎的地方，調頭急駛而去。

車子一走，他們眼前突然一黑。這裡沒有路燈，也沒有人家，過了一會，他們才能辨別一點路徑。

「陶朱，你把我帶到這裡來幹什麽？」陸曼曼有點不高興。

「走，我們一道上山去。」陶朱把陸曼曼一拉。

「不，我要回台北去。」

「今天和我在山上住一夜，明天妳給我去廟裡買幾天吃的東西再回去。」陶朱說。

「你在山上也不一定躲得掉？」

「有錢能使鬼推磨，我爸爸會有辦法，風頭一過，我再下山，轉個學校，不就得了？」

「不知道許天成傷得怎樣？」陸曼曼問。

「管他的！」他把陸曼曼一摟：「我們上山去。」

「我一夜不回家，我媽會着急。」

「讓她去急，反正急不死人。」

「你眞害人！」陸曼曼把脚一頓。

「要不是爲了妳，我也不會動刀子。」陶朱邊說邊把她往山上拉。

「你們男人眞是醋罈子！爲什麼不可以和平共處？」

「兩人穿一條褲子，我才不幹。」陶朱鼻子裡哼了一聲。

山上沒有荆棘，盡是些蕨薇和灌木，他們兩人都是穿的牛仔褲，這倒有不少方便。爬上了半山，他們能清楚地望見松山機場的燈火，和停在機場的飛機。整個台北市，眞是個不夜城，新建的觀光飯店，比總統府還高，燈火輝煌。彷彿睜着千萬隻大眼睛，突破黑暗，照亮夜空。

陶朱想找個山洞藏身，但是兩三尺外，什麼也分辨不出，怎麼知道那裡有山洞？穿過一片竹林，走到一棵大樹底下，樹下有塊大青石，陶朱往地上一坐，往大石上一靠說：

「今天晚上我們就在這裡將就一夜，明天再找山洞。」

陸曼曼只好靠着他坐下，沒有作聲。她已經有點累，手也刺破了。

「我們要是在這山上能遇到一個奇人，傳給我們一身絕世輕功，幾套無影劍，那該多好？」陶朱忽發奇想。他看了很多武俠小說，那些小武俠都是在山上遇着奇人，學得一身武藝再下山的。

「你別做夢！」陸曼曼沒有好氣地說：「我們爬了半天才爬到這裡，那有什麼鬼的輕功？更沒有什麼鬼的無影劍，傳言入密的邪門。」

「這是因爲我們不是武俠，所以不會。」陶朱說。「照報上登的那些武俠小說看，能人多的是！他們才不把刑警放在眼裡！」

「狗屁！」陸曼曼罵了一句。

「妳平常也是武俠小說迷，現在怎麼唱反調？」陶朱有點奇怪。

「剛才我試了好幾次，一口眞氣總是提不上來。別說一下不能縱幾丈高，我一尺也跳不起來。」

「要是今天晚上能遇着十方老人，一切問題就解決了。縱然明天刑警來搜山，我一記天雷掌就打得山崩地裂，把他們打成肉醬。」

「吹牛！」陸曼曼撇撇嘴。

「吹牛？」陶朱聳肩一笑：「當年許詠芹初出道兒的時候不也是我這種年紀？多少武林高手都敗在他的手下，妳不記得？」

「他是十方老人和大悲神尼的徒弟，又吃了千年靈芝草，你過不是白虎黨孫老大的手下，你怎麼能和他比？」

「我老早就想上山求仙學劍，今天正好，說不定會有奇遇？」

「要是遇着老虎那就倒楣！」

「放心，台灣不出老虎，除非動物園把老虎放上山來。」

「遇着狼也吃不消！」

「放心，我有刀子。」陶朱把刀子向黑暗中一揮。

陸曼曼想起他揮着刀子向許天成進攻的情形，又覺得他不愧是班上的小霸王。她在動物園裡看見過狼，不過和狗一般大小，他要是像對付許天成那樣拚命，一條狼他也可以對付。

「你有刀子，我可沒有刀子。」她想起自己赤手空拳，心裡不免有點害怕。

「放心，我會保護妳。」他把她往懷裡一摟。他想起西部武打片子裡的英雄人物，一手摟着女人，一手開槍的英雄氣概。

她也像那些女明星一樣靠在他的懷裡，她感到有點陶醉。她覺得他有點像個男人，不是毛頭小子。

夜愈來愈深，台北市的燈光也漸漸減少。竹林裡，大樹下顯得更加黑暗。獐麂在山上鳴叫，他們沒有聽見過這種聲音，不知道是什麼野獸？陸曼曼靠得更緊，陶朱自言自語地說：

「不管是什麼妖魔鬼怪，來了我就是一刀！」

獐麂時遠時近，聲音此起彼應。聽久了他們反而不怕，因爲那聲音不像猛獸那麼嚇人。

陶朱收起刀子，双手摟着陸曼曼，他覺得陸曼曼比銀嬌可愛得多。

天亮很久，陸曼曼先被大樹上竹林裡的鳥聲吵醒。她連忙坐起，看見陶朱仰面朝天地躺在地上，躺在自己的身邊。她用手搖他，大聲地說：

「陶朱，起來！」

陶朱機警地挺身坐起，向四週打量一眼，發現沒有人，才從容地站起來，摸摸褲子口袋，摸到了刀子，他取出來打開一看，發現上面還有一絲血跡，他又連忙收進去。

附近沒有山洞，這塊地方雖有竹林大樹，但不是太理想的隱藏地方。他要陸曼曼陪他去找個好崖洞，陸曼曼覺得山上的生活沒有台北舒服，勸他下山自首。他瞪了她一眼：

「妳要我送上門給警察修理？我才不那麼蠢！」

「你總不能在山上挨餓？」陸曼曼自己肚子已經有點餓，很自然地想到吃飯問題。

陶朱掏出幾十塊錢交給她，囑咐她說：

「妳去廟裡或是在路邊的小攤子上買點吃的東西上來，先將就三兩天再說。妳下山後設法向我媽要點錢送來，要是這裡藏不住，我再往別的地方跑。」

「要是刑警傳我怎麼辦？」

「妳說妳不知道不就得了？」

「聽說他們有測謊器？」

「那妳最好不要下山。」

「不下山我們兩人一道餓死？」

陶朱猜想她不肯和自己一道挨餓，打算等她買好東西之後，就躲到別的地方去，她就是說出來，警察也就找不到他了。他盤算已定，要陸曼曼馬上去買東西，陸曼曼把鈔票往牛仔褲後面口袋一塞，轉身就走。他又叫住她：

「曼曼，妳一定要送東西上來？不能一去不回頭？」

「放心，我不會這點義氣也沒有，我一定送東西上來。」陸曼曼爽快地回答。「我沒有上來以前，你可不能換地方，害我到處找？」

「當然，我在這裡等妳，」陶朱立刻回答：「兩個鐘頭以內妳一定要回來？」

陸曼曼點點頭，穿出竹林，沿着一條小徑下來。她不敢去金龍寺，她知道那邊遊玩的人多。她在半山路邊一個小茅棚裡從容地吃了幾個麵包香蕉，然後將所有的錢都買了麵包香蕉，要那個中年女人包好綑好。隨手拿起一段削了皮的甘蔗，邊走邊吃，沿着原來的小徑爬上山去。

她一離開小茅棚，小茅棚裡一個戴着斗笠的鄉下人也跟着她離開，他也買了一段削皮的甘蔗在手上啃，他和陸曼曼保持十來公尺的距離。

陸曼曼回頭望了他一眼，知道他是剛才坐在那個小茅棚裡的鄉下人，她進去時他早就坐在那裡吃香蕉。她不在意，望了他一眼又繼續向前走。走了兩三百公尺她又回頭望望，發現這個鄉下人還是跟着她走，她有點生氣，馬上停住，不客氣地問他：

「你這人眞莫明其妙！怎麼釘我的梢？你癩蝦蟆也想吃天鵝肉？」

「小姐，妳別多心，這是我的山，我順便上山看看。」他不慌不忙地回答，慢慢向她走近。

「這是你的山？」陸曼曼打量他一眼。

他笑着點點頭。

她厭惡地瞪了他一眼，又繼續向前走。走到竹林外面，發現他還是跟在後面，忍不住大聲叱責他：

「這總不是你的山，你怎麼老跟着我？」

「小姐，這也是我的山，我看看有沒有新筍子。」

「不管是不是你的山，不准你進竹林！」陸曼曼大聲命令。

「小姐，那有這樣强横覇道的事？」那鄉下人向他一笑：「我自己的竹林我怎麽不能進去？」

陸曼曼和這鄉下人爭執時，陶朱已經聽見，他在大樹背後向這邊打量了幾眼，發現是個土頭土腦的鄉下人，便大模大樣地走了過來，像喝叱銀嬌一樣地喝叱他：

「你跟我滾開！少在這裡廢話！」

那鄉下人向他一笑，把笋笠取下來，露出一頭整潔的黑髮，完全不像個鄉下人。陶朱和陸曼曼都一怔，他却從容地對陶朱說：

「陶朱，乖乖地跟我回台北去。」

陶朱迅速地摸出刀子，指着他說：

「你是什麽人？快點跟我滾！不然要你白刀子進，紅刀子出！」

「小子，你別和我來這一手，免得吃眼前虧。」那人笑着回答：「我是少年組的，你要不要看看派司？」

陶朱聽說是少年組的，調頭就跑。那人在後面追趕，大聲喝令：

「不准跑，再跑我就打斷你的狗腿！」

陶朱突然反身擲出飛刀，那人就地一滾，刀子插在他後面的竹子上。他取下刀子放進口袋，同時把小手槍收起，掏出手銬向陶朱走去，冷笑地說：

「小子，你的奶水還沒吃夠，也想班門弄斧？」

他要把陶朱的双手銬住，陶朱却不甘心，用力掙扎，他朝陶朱小腹上塞了一拳，陶朱身子一縮，癱了下去。他把陶朱的双手銬好，提了起來，往前一推，陶朱踉踉蹌蹌地竄了幾步。

「小子，你眞是敬酒不吃吃罰酒！現在乖乖地滾下山去。」那人在陶朱後面說。

陸曼曼怔怔地望望他們兩人，跟着陶朱後面垂頭喪氣地走下山來。

一輛黑色的小轎車，停在昨天晚上計程車停的地方，不過車頭調了方向。車上坐了一個司機和一個彪形大漢。

陶朱和陸曼曼一塞進車廂，車子就像一隻黑色的箭簇，向台北急馳而去。

第二十八章 銀嬌悄語說真相 素梅驚見照春宮

韓素梅來到陶公館，開門的不是銀嬌，而是陶太太。她心裡有點奇怪，一是怕銀嬌不幹了，二是想不到陶太太居然沒有出去打牌，而且親自來開門，使她有點受寵若驚。

「陶太太，眞對不起，要妳來開門。」韓素梅謙恭地說：「怎麼今天沒有出去？」

「唉！韓小姐，妳沒有看報？」陶太太把門關上，輕輕地說。

韓素梅搖搖頭。這幾天期中考，她忙着準備功課，應付考試，只看看國內外大事標題，沒有注意新聞內容。

「陶朱出事了，上了報。」陶太太仍然壓低聲音說，生怕外面的人聽見似的。

「出了什麼事？」

「其實也沒有什麼大不了！」陶太太憤憤地說：「兩個孩子打架，人家大，我陶朱小，他爲了自衛，那個姓許的孩子碰上了他的裁紙刀，受了傷，新聞記者造謠生事，登了好大一篇新聞，說我陶朱是小太保，行兇殺人。韓小姐，妳說這多難聽？」

韓素梅望望陶太太，不知道是報上的新聞對，還是陶太太的話對？她想親自問問陶朱，因此隨口問陶太太一句：

「陶朱在不在家？」

「在少年組。」

韓素梅不再作聲，她心裡已經明白幾分，逕自上樓。

銀嬌正在整理書房，看見韓素梅上來，連忙上前一步，輕輕地對韓素梅說：

「韓小姐，妳的話應驗了？」

「什麼話應驗了？」韓素梅不知道銀嬌指的是那一句話。

「少爺眞的出了大亂子，爭風吃醋，殺了人！」

韓素梅從銀嬌口裡聽出爭風吃醋四個字，她覺得不像陶太太說的那麼簡單。她想明白眞象，要銀嬌找了一份報紙，她匆匆看了一遍，把報紙放在一邊，輕輕嘆口氣：

「事情明明白白，陶朱已經進了少年組，陶太太何必還要護短？」

「癩痢頭兒子自己的好。如果不是有他們這樣的好老子娘，那有這樣的好兒子？」

銀嬌一面說一面把陶朱的抽屜拉開，神秘地向韓素梅招招手：

「韓小姐，妳來看！」

韓素梅走過去，銀嬌把面上的一張舊報紙揭開，露出幾十張不堪入目的春宮照片。韓素梅驚駭得倒退幾步，紅着臉對銀嬌說：

「銀嬌，快點拿去燒掉！」

「韓小姐，我沒有這麼大的膽，他回來了會通我一刀。」

「進了少年組，有那麼容易出來？」韓素梅說。

「錢能通神；老爺正在人上托人，保上托保，想把少爺保出來。」銀嬌說。

「他有那些冤枉錢，不如把那姓許的學生早點醫好？」

「老爺還怪那姓許的以大欺小哩！」銀嬌小心地把抽屜關上，把腰靠着書桌。「要不是那姓許的父親是個有勢力的人，還不是打落門牙和血呑？他才不肯出那筆醫藥費啦！」

韓素梅搖搖頭，停了一會對銀嬌說：

「銀嬌，妳叫小姐來上課。」

銀嬌去了一會，陶丹就走了進來。她向韓素梅一笑：

「老師，我弟弟進了「紅燈戶」，我看還是等他回來一道上吧？」

韓素梅以前聽陶朱說過「綠燈戶」，現在又聽陶丹說出「紅燈戶」，他們兄妹兩人怎麼知道許多鬼名詞？這次她明白「紅燈戶」指的是什麼？因爲陶太太剛才說過，報紙也登得很詳細。

「陶丹，你們正事不學，專編些歪名詞，這有什麼意思？」韓素梅問她：「妳要是不願意上課，我馬上就走，我實在不想教了。」

陶丹看韓素梅站了起來，連忙陪個笑臉，坐到書桌旁邊，把韓素梅一拉：

「老師，妳別生氣，我一個人單吊好了。」

韓素梅無可奈何地坐在她的旁邊，上了一課英文。然後改文法作業，十五題她只做對三題。造句也錯了很多，Tense的變化總弄不清楚。韓素梅實在奇怪，陶丹怎麼這樣不肯用心？

時間一到，她提起皮包就走。陶丹連忙拉住她說：

「老師，陶朱的事我還沒有講完哩！」

「我不要聽。」韓素梅搖搖頭，匆匆地走下樓。

陶太太靠在沙發上抽烟，看電視，她向韓素梅招招手，韓素梅正想和她講話，便一直走向她。

「陶太太，陶朱既然進了警察局，只有陶丹一個人，她又不肯用心，我想我也不必再教了。」韓素梅一坐定就這樣說。

陶太太望望她，吸了一口烟，噴出一團烟霧，把電視機關掉，才回答她：

「韓小姐，陶朱年紀輕，縱然打架傷人也不能判他的刑。何況他爸爸的法律顧問正在替他交涉辦保，三五天不就出來了？」

「恐怕這次不像上次一樣，可以私了？」

陶太太笑了起來，拍拍韓素梅的肩說：

「韓小姐，妳學問好，我們不如妳。可是社會上的五花八門，妳也不知道。不管陶朱那天回來？我照樣付妳兩份學費就是。」

「陶太太，不是學費的問題，」韓素梅連忙接嘴：「他們兩位不肯用功，我也白費氣力。」

「陶朱出來以後，我一定好好地管教他們，要他們特別用功就是。」

「陶太太，妳最好上樓去檢查一下陶朱的抽屜。他不用心讀書，和接連出事，不是沒有原因。這是我們家庭教師無能為力的。」

「韓小姐，我也不知道那些書可以看，那些書不可以看？」陶太太困惑地說，同時指指滿櫥的書：「這裡面的書他們兩姊弟望也不望一眼，完全是聾子的耳朵，配相。」

「陶太太，只要妳去翻翻他的抽屜，就知道能不能看？」

「好，妳陪我去。」陶太太站起來，拉拉韓素梅。

「對不起，我要趕回去準備攷試。」韓素梅借故推辭。

韓太太逕自上樓，銀嬌送韓素梅出來，望了樓上一眼，輕輕地對韓素梅說：

「看她老臉皮看了好不好意思？」

韓素梅想起那些照片，臉又發紅，匆匆地跑出了陶公館。

一個禮拜以後，陶朱真的回了家，韓素梅看了他簡直有點不相信。陶丹得意地對她說：

「老師，陶朱還不是回來了？」

「是，妳爸爸有辦法！」韓素梅無可奈何地一笑。

「老師，妳不願意我回家？」陶朱偏着頭說：「紅燈戶裡的日子可沒有綠燈戶裡好過。」

「那你就好好地讀書，不要再出紕漏。」

「老師，沒有三兩三，不敢上梁山。騎着驢子看唱本，走着瞧！」陶朱唱歌兒似地說。

第二十九章 計程司機遭毒打 青龍老大顯威風

陶朱回來以後，就想報那計程車司機的一箭之仇。他斷定他在山上被捕是那計程車司機通風報信的，因此使他吃了不少苦頭。他把這件事告訴老大孫連城，孫連城也認爲是司機點了水，決定替老么出口氣。

陶朱記得那司機的面貌，車子號碼和車行名稱。他們曾經打過三次電話給海龍車行叫車，結果來的都不是那一部，他們隨便坐了一段路就下車，車錢照付。孫老大不主張指定叫那部車子，免得打草驚蛇。他之能當老大，除了會打架，不怕死之外，頭腦也很靈活。

一個禮拜六的晚上，陶朱、陶丹、孫連城和另外一位白虎幫的打手，又打了一個電話給海龍車行叫車，他們打電話的地點離車行不遠，沒有多久車子就來了，陶朱在電話亭裡老遠就認出車子的號碼和那司機的面貌，他對站在電話亭外面的孫連城輕輕地說：

「老大！是這部車子！是這部車子！」

「司機有沒有認錯？」孫連城問。

「燒成了灰我也認得。」陶朱斬釘斷鐵地回答。隨即把左眼的僞裝紗布眼罩戴上。

車子尚未開到，陶丹就手一揚，車子滑到她的面前停住。孫連城連忙拉開前面的車門，坐到司機旁邊，陶丹進入後座，陶朱跟在幫中那位打手後面擠進後座。陶朱戴了一隻紗布眼罩，幾乎遮住了半邊臉，司機根本認不出來，也沒有十分留意。大家坐定之後，孫連城對司機說了兩個字：

「土城！」

司機點點頭，立刻把車子開走。

孫連城故意和他的手下輕鬆地談笑，除了陶朱怕露出馬脚，不敢作聲之外，陶丹和那位打手都談笑風生。

車子一開出台北市區，跑得更快，計程車本來像野馬，在市區都橫衝直撞，一上馬路更急駛如飛。這時已經九點多鐘，除了公路局的定時班車之外，其他的車輛不多。

車過板橋，孫連城就特別注意路邊的情況，他去過土城，他要司機走貨饒村這條路。他把頭伸出窗外，看看前後沒有車輛，沒有人家，他要司機停車，司機有點猶豫，他拔出扁鑽頂着司機的腰說：

「識相點，快點停車！」

司機只好停車，以爲他是强刼，連忙對他說：

「對不起，錢已經繳到行裡，我身上只有幾十塊錢，你統統拿去好了。」

「今天是找你算賬，誰要你的臭錢？」孫連城板着臉孔對司機說。

「老弟，我又沒有得罪你，我們有什麼過不去的地方？」司機打量孫連城一眼，覺得自己根本沒有見過他。

陶朱馬上把眼罩一拉，指着自己的鼻尖對司機說：

「你認不認識老子？」

司機看了他一眼，馬上一楞，沒有作聲。陶朱指着司機說：

「好漢作事好漢當，快點滾下去！」

孫連城命令司機把燈熄掉，低沉地對司機說：

「乖乖地下來挨揍，叫一聲我就要你的狗命！」

司機不敢作聲，也不肯下車，孫連城抓住他的衣領往外拖，他輕輕哀求，孫連城狠聲地對他說：

「識相點！不要惹老子動氣！」

司機只好下車，他們四人把他圍住，孫連城對陶朱說：

「老么，你自己下手！」

陶朱向司機小腹上揍了一拳，這是他從刑警那裡領教來的一手。這一拳打得司機的腰一彎，双手抱着小腹，他又朝司機臉上左右開弓揍了兩拳，司機本能地回手自衛，却招來孫連城和那位打手一頓拳脚，把司機打倒在水溝旁邊。孫連城提着司機的衣領把他的頭往水溝裡按，司機咕嚕咕嚕地喝了幾口髒水，他又把司機的頭提起來，這樣重複了好幾次，司機已經氣息奄奄，他把司機拖到菜田裡，陶丹朝司機臉上唾了兩口，她一直沒有伸手打司機，唾兩口表示出氣。

「這次留你一條狗命，你再報警下次就宰了你！」孫連城指着司機的鼻子說。

隨後帶着三個手下揚長而去，走到分叉路口碰上了一輛空計程車，四人又一道坐回台北。

這件事他們作得神不知鬼不覺，那位司機眞的不敢報警。陶朱非常開心，他覺得孫老大眞行！

寒假期中，陰曆年前，陶新富的財運更好，大大地撈了幾票，他幾乎把全副精神都集中在股票上面，生意只是一個幌子。陶太太賭興更濃，在家時間更少。陶朱陶丹也大玩特玩，邀些不三不四的同學到家裡開派對，大跳扭扭、恰恰，鬧得天翻地覆。銀嬌忙得團團轉，敢怒而不敢言。

他們兩姊弟，除了在家裡開派對，也參加別人的舞會，或是打百分、打彈子、擲骰子。陶朱更跟着孫連城到綠燈戶那些地方胡鬧。

一天下午，陶朱單獨到美美彈子房去打彈子。這個彈子房有一位十六七歲的記分小姐長得很漂亮，陶朱看上了她，常去和她調笑。這天下午他正在向記分小姐動手動脚時，恰巧夏青走了進來。夏青一看見這種情形就兩眼冒火，走上去左右開弓打了陶朱兩拳，打得陶朱暈頭轉向。陶朱身體雖好，但不是夏青的敵手。同時他知道夏青是青龍幫的老大，上次他們白虎幫的老大孫連城和夏青交手都沒有佔到便宜，他更有點心虛腿軟，吃了一頓拳脚，抱頭鼠竄。夏青追到門口大聲地罵他：

「小子！瞎了你的狗眼，你也不打聽打聽？居然敢在太歲頭上動土！下次再來老子宰了你！」

陶朱卸甲丟盔地跑去找老大孫連城，說夏青欺侮他，沒有說他調戲記分小姐的事。孫連城看他被夏青打得鼻青眼腫，生氣地說：

「眞沒出息！丟我的人！他打你你不會打他？」

「老大，夏青有兩手，我打他不過。」

「你不會用刀子對付他？」

「我沒有帶。」

孫連城望了陶朱一會，沒有作聲，看陶朱那副樣子，又氣又惱，認爲夏青存心丟他的臉，突然牙一咬，命令陶朱：

「你通個信兒給他，後天晚上八點，我們在南機場高爾夫球場見個高低，不去的就是龜孫子！」

「我們的人呢？」陶朱問。

「我會通知。」

「請你給我一個令兒。」

孫連城用鋼筆寫了一張紙條子交給陶朱，陶朱馬上跑回家找陶丹，要陶丹送到美美彈子房，交給那位記分小姐轉給夏靑。

「你自己不會送？」陶丹問他。

「我要是再碰上夏靑，打翻了醋罈子，他眞會宰了我。」

「你怕死我不怕死？」陶丹故意和陶朱爲難。

「你們一公一母，不會打翻醋罈子。」

「要是夏靑吃我的豆腐怎麼辦？」

「放心，那記分的小婊子比妳漂亮。」

「你別死相！」陶丹駡陶朱：「我那一點不如別人？」

「妳不過是個肉彈。人家是彈子西施，臉兒雪白，嫩得出水。妳見了人家，才知道人家比妳漂亮，不然我也不會挨揍。」

陶丹心裡很不服氣，望望他受傷的鼻子眼睛，幸災樂禍地說。

「活該！可惜揍輕了一點。」

「少廢話！妳趕快把戰書送過去，後天我要像揍那個司機一樣，揍夏靑那狗雜種一頓。」陶朱用孫連城對他的口氣對陶丹說。

「先別吹牛！」陶丹鼻子裡嗤了一聲：「夏青可不是那窩囊司機。他會兵來將擋，水來土掩，你休想拔他一根毛！」

「少廢話，快送過去！」陶朱命令地說。

「我不送。」陶丹腰一扭，頭一搖。

「這是老大的命令，不是我要妳送，妳敢反抗老大？」陶朱假傳聖旨。

陶丹聽說是孫連城要她送，就軟了下來，很不高興地從陶朱手裡接過紙條，找了一個西式藍信封，往裡面一套，上面寫了「夏青收」三個字，就往短大衣的口袋裡一塞，坐了三輪車，送到美美彈子房。

夏青正在那裡彎着腰打彈子。她打量了記分小姐一眼，才走到夏青身邊，把信往夏青手上一塞。夏青抬頭望望她，記得在植物園裡曾經見過一面，隨手拉出紙條子看了一眼，往褲子後面口袋一塞，對陶丹說：

「妳告訴孫連城，我夏青一定奉陪！」

說完又低頭彎腰打彈子，不再理她。她看了記分小姐一眼，悻悻地坐着原車回家。她一方面妬嫉記分小姐，一方面覺得夏青太看不起她！孫連城對她是很不錯的，她想還是自己的老大好。她希望孫連城這次能給他個下馬威。

這次決鬪孫連城不讓她去，只帶着陶朱和其他四個手下一道，帶着棍棍棒棒和短刀。

夏青比孫連城多帶了兩個人，双方先後到達高爾夫球場。

這裡有一大片平坦的草地，綠草如茵。以前時常有人練高爾夫球，現在完全冷落了。白天躺在這裡晒晒太陽，或是散散步，倒很有意思。晚上情人們在這裡談心，比新公園植物園也好。可是現在他們要把這片美麗的草地變成鬥牛場。

這次他們沒有上次那麼客氣，仇人見面，分外眼紅，双方一對陣，就打了起來，乒乒乓乓，一陣廝殺。陶朱雖然年紀小，可是不怕死，他揮着三四尺長的鐵條，左衝右突，他打傷了一個人，左手也挨了一武士刀，中指無名指完全砍斷，食指小指也只留着一層皮，他痛得大叫一聲，瘋狂地單手揮舞着鐵條，左右橫掃。

一陣突然而起的警笛，把他們驚散，狼奔豕突，四處逃跑。陶朱流血太多，逃跑時一個踉蹌，摔了一跤，被警察逮住。警察發現他受了傷，連忙用車子把他送進醫院。打了個電話通知陶公館。

陶新富陶太太都不在家，銀嬌接到電話，陶丹剛好從外面回來，銀嬌立刻把這個消息告訴她，她微微一怔說：

「受傷了？我還以爲他旗開得勝呢？」

當她找着父親母親，匆匆趕到醫院時，警察已經等得很不耐煩，生氣地對陶新富夫婦說：

「陶先生，陶太太，拜託你們管教管教自己的孩子，不要再給我們找麻煩！」

第三四十章　姊弟休學專補習　老師秉善未辭勞

因爲過年，陶朱只在醫院住了一天，就回到家裡。他的手指去了四根，已經止住了血，包紮好了。

韓素梅來上課時，發現陶朱的臉色慘白，左手包紮得像個大雪球，陶新富和陶太太都坐在他的旁邊。她不禁驚愕地問：

「陶朱怎麽的？」

陶新富夫婦兩人互相望了一眼，陶太太才把經過的情形告訴韓素梅。韓素梅望望他們三人，沒有作聲。陶新富接着說：

「韓小姐，我決定讓他們姊弟兩人自下學期起休學，專在家裡補習，他們學校的太保太多，不但讀不好書，人也學壞了。」

「陶先生，這不能完全怪學校，家庭也有責任。」韓素梅說。

陶新富夫婦兩人又互相望了一眼，沒有作聲，好像誰也不肯負這個責任。過了一會，陶太太向韓素梅說：

「韓小姐，我想請妳每天都來上兩個鐘點的課，星期天除外，補習費加倍，不知道妳肯不肯幫這個忙？」

陶太太的話說得很委婉，使韓素梅不好一口拒絕。在她考慮時，陶新富忽然笑着對韓梅素說：

「韓小姐，今天不必上課了，我們到樓下客廳談談。」

他領先下樓，陶太太和韓素梅跟着下來。他要銀嬌端出一盤日本蘋果，親自削了一個給韓素梅，使韓梅素有點盛情難却。

「韓小姐，我們想來想去只有這個辦法，他們兩個人也只對妳心服。」陶太太說。

「陶太太，多上兩小時的課也沒有太大的用處，我只能教書，不能管他們，要想他們學好，攷取好學校，必須双管齊下。」韓素梅說。

「我們不讓他們上學，就是不讓他們再和那些太保學生接近，從此斷絕關係。」陶新富說。

「這倒是個釜底抽薪的辦法。」韓素梅說：「不過不上學校還是會照樣出去，惹上麻煩。」

「我不讓他們出去。」陶新富堅決地說。

「你們兩位都很少在家，銀嬌又不敢惹他們，誰來管這件事？

陶新富望望太太，陶太太把頭轉向一邊，陶新富情商地對她說：

「妳不出去打牌行不行？」

「你日夜在外面鬼混，把我扔在家裡，你這主意眞好！」陶太太沒有好氣地回答。

「妳在家裡打牌也是一樣，要搭子我會替妳邀。」陶新富陪着笑臉說。

「陶先生，恕我說句放肆的話，」韓梅素插嘴：「家裡打牌也會影響他們讀書。」

陶新富兩夫婦又不作聲，彼此偷看了一眼。韓素梅冷眼旁觀，心裡又好氣又好笑。陶新富是「混」出來的，心眼兒靈活得很，自己的問題留着自己解決，不必在韓素梅面前出醜，因此他對韓素梅說：

「韓小姐，只要妳肯幫忙，每天都來上課，其他的問題那好解決。」

「陶先生，我要先問問陶朱，看他肯不肯讀書？」韓素梅回答：「如果他們兩人還是和從前一樣野，我連這兩個鐘頭也不能教了。」

陶新富夫婦聽了眉頭一皺，陶新富的變化很快，隨即滿臉堆笑說：

「韓小姐，你千萬不能打退堂鼓，不然我連這台戲也唱不下去。」

韓梅素望望他的肥頭肥腦，蒜鼻，看來又蠢又滑稽，其實兩隻鼠眼閃着狡詐的光，她心裡有一種說不出來的感覺，逕自走上樓去。

陶朱的左手用繃帶吊着，他靠在沙發上，看見韓素梅再上樓來，連忙問：

「老師，妳又來上課？」

「不，我來看看你。」韓素梅笑着回答。「你的手痛不痛？」

「老師，十指連心，怎麼不痛？」他反問韓素梅一句。

「陶朱，早知今日，何必當初？」

「老師，人爭一口氣，佛爭一爐香，我怎麼能讓人家白打一頓？」陶朱仍然有點好強。

「幸好這一刀只砍掉四根手指，要是砍在腦壳上那不完蛋？」韓素梅望着他的臉上說。

「老師，那二十年後不又是一條好漢？」他嬉皮笑臉地說。

「那算什麼鬼的英雄好漢？」韓素梅白他一眼。又望望他那纏得像個雪球般的手，同情地說

：「現在你少了四根指頭，怎麽辦？」

「也好，將來用不着當兵。」陶朱輕鬆地回答。

韓素梅聽了又好氣又好笑，特別提醒他說：

「不但不能當兵，你也別想再充什麽英雄好漢了！」

陶朱望望自己的手，他知道紗布裡面包着的幾乎是個光禿禿的手掌，再也握不成拳頭，抓不住棍棒，打架自然輸人一着。這才嘆了一口氣，把頭一低。

「這樣你正好用功讀書，攷個好學校，將來在學問方面出人頭地。」韓素梅抓住機會說。

「老師，我的功課這麽賴，那怎麽可能？」他抬起頭來望望韓素梅。

「只要你肯用功，半年之內一定大有進步。初三你讀了兩次，還怕攷不起？」

陶朱又低着頭不作聲，韓素梅接着說：

「你現在等於少了一隻手，要是再不用功讀書，文不文，武不武，將來在社會上你能算老幾？」

「老師，讀書實在太難。」陶朱又抬起頭來望望韓素梅。

「讀書一點不難。」韓素梅向他打氣：「因爲你玩野了心，一天打漁，三天晒網，所以你的功課不行。要是天天唸，你會越讀越有味，你又不笨，那一點趕不上別人？」

陶朱聽了一笑，得意地說：

「老師，小學三年級我得過第一名。」

「我早就看出來你不是個笨人。」韓素梅順着他的話說：「你要是肯用功，將來還可以得第一名。」

「老師，我媽請妳每天都來上課，妳到底肯不肯來？」陶朱沉默了一會，忽然問她。

「你要是下定決心用功讀書，我就勉爲其難。不然我一下樓就向你爸爸媽媽辭職，免得教壞了我的名譽。」

陶朱望望韓素梅，又望望自己包紮的手，嘆了一口氣說：

「老師，妳不要辭職，讓我試試看？」

「好，這是最後一次。」韓素梅點點頭：「你也勸勸陶丹，要她發奮讀書。那麼大的人了，還好意思年年讀初三？」

「OK！」陶朱突然站起來，双腳一併，他這句洋涇濱說得和Bye—bye一樣自然、純熟。

韓素梅看了他一眼，心裡好笑，抿着嘴，拎着皮包走下樓。

陶新富夫婦看她下樓，打量了她一眼，陶太太試探地問：

「韓小姐，陶朱肯不肯收心？」

「他說試試看。」韓素梅回答。

「韓小姐，妳呢？」陶新富問。

「我也試試看。」

陶新富哈哈地笑了起來。望望太太得意地說：

「好，問題解決了，問題解決了！」

「陶先生，問題還沒有解決。」韓素梅望着陶新富說：「我只是照本宣科，教他們的功課，怎樣管他們？我無能爲力，你們兩位恐怕還得多費點心思？」

陶新富抓抓後腦殼，偷看太太一眼，又向韓素梅一笑：

「韓小姐，只要皇帝肯上金鑾殿，天大的事了。心無二用，一切費神！」

韓素梅不想聽他這一套，馬上告辭。陶新富從西裝裡面的口袋裡，掏出一個信封，遞給韓素梅：

「韓小姐，這是下月份的學費，過年了，我們應該先給。」

韓素梅猶疑了一下。陶太太打開她的皮包，接過信封往裡面一塞，笑着對她說：

「韓小姐，過了初七妳再來上課，大家痛痛快快過個好年。我怕妳罵，不好意思給妳紅包。」

「謝謝妳，我不是三歲兩歲。」韓素梅笑着告辭：「我到初七再來拜個遲年。」

陶新富夫婦一面說不敢當，一面把她送到門口。

韓素梅順便在衡陽街買東西時碰到夏雲，夏雲問她那裡來？她說在陶公館來，而且把陶朱受傷的情形告訴她。她聽了双脚一跳，笑哈哈地說：

「好！原來是妳的高足和我弟弟決鬪？一個受傷，一個關進少年組。眞是大水冲倒龍王廟，自家人不識自家人。」

韓素梅原來不知道夏青是青龍幫的老大，也不知道陶朱兩次都是和夏青他們決鬪。夏雲沒有見過陶朱，更不知道陶朱是韓素梅的學生。這下兩人都明白了，韓素梅也不禁失笑。

「過年了，妳弟弟能不能回家？」韓素梅問。

「我母親吵着要父親去保，父親打了好幾個電話，也親自去過少年組，看樣子夏青要在裡面過年了。」夏雲輕鬆地說。

「看樣子你父親沒有陶新富的苗頭大？」韓素梅笑着說。

「這次青龍幫白虎幫的太字號抓進去了好幾個，都是頭上寫了王字，警察眞是拿着燙蕃薯，吃也不是，丟也不是！」夏雲說。

「妳好像是坐在黃鶴樓上看翻船，一點也不操心？」

「我操個什麼心？」夏雲一笑：「我們誰也管不住夏青，正好讓他在少年組受點折磨，我才不主張保。」

「夏青暑假要攷大學，關在少年組總不是辦法？」

「最近辦了一個進德中學，專門收太字號人物，我勸爸爸把夏青送進去。」

「都是太字號人物，校長老師不怕打破頭？誰敢教？」韓素梅搖頭一笑。

「强中自有强中手，妳不要替古人躭憂。」夏雲笑嘻嘻地說：「聽說學校的圍牆有一丈多高，還有鐵絲網，校門有衞兵把守，老師都是年輕力壯的，很有幾手，一人帶七個學生，誰也別想要花槍。四川猴子服河南人牽，要想夏青學好，只有覇王上弓，我們家裡誰也打不過他，有什麼辦法？」

韓素梅聽了好笑，搖搖頭說：

「這眞不像話！」

「妳以爲人人都像妳們兄弟姊妹和姚琢吾姚玉華？夏青他們這些赤膊鬼，一個個都變了蛇！像我這樣，眞是强盜中的大好人哩！」

韓素梅看看街上來往的人太多，夏雲講話又口沒遮攔，已經有人歪着頭斜着眼睛看她。韓素梅用手肘輕輕地碰了她一下，笑着離開。

第三十一章

除夕听戲好守歲
初一拜年喜氣多

韓素梅拿了陶家一千二百塊錢的補習費，在街上替父親買了一個好烟斗，一包好烟絲；替母親買了一筒最好的茶葉，韓老太太最歡喜喝好茶；替大哥道良，二哥道興各買了一根領帶。這些東西她帶回家時都收在自己的衣櫥裡，沒有露白。

除夕這天，韓道興從鳳山趕回來過年，一家人大團圓，格外熱鬧了。

韓老先生自己寫了一副紅紙對聯，貼在院子門口，增加了幾分熱鬧。兒子都穿起西裝，他却穿着長皮袍，這是從大陸帶出來的，台灣的天氣暖，只有過年前後才可以穿穿。前幾年穿長袍的很少，只有他們少數從大陸來的老教授才穿，顯得孤孤單單。這兩三年一般從大陸來的中年人也大發思古幽情和對故鄉故土的懷念，紛紛穿起長袍，圍起圍巾，韓老先生一看見別人穿長袍心裡就有一種安慰，他常笑着對兒女們說：「吾道不孤。」

韓素梅看見父親穿起皮袍，笑着對他說：

「爸，今年街上穿長袍的人更多，有的人穿起黑子羔，看樣子您可以組織袍哥會了？」

「爸一向不搞小組織。」韓老先生笑着說：「穿長袍的人多表示人心思漢，還沒有忘本，我很高興。當年在大陸，有幾個人穿西裝？尤其是你們大學生，男的長袍，女的旗袍，風度翩翩，十分瀟洒。今天你們男生西裝革履，女生也是洋裝，都是黃鼠狼變貓，變死不高。」

兒子女兒被父親取笑了一頓，自已也好笑起來。

吃團圓飯時，一家人格外高興，不但菜多，而且有許多臘味，都是韓老太太指導阿珠做的。兒女們平常難得吃到臘魚臘肉和自製的香腸，尤其是韓道興，團體伙食不興這一套，他更大吃特吃，他飯量好，酒量也好。韓老太太雖然那麽胖，她並不禁食，而且陪着丈夫兒女喝酒，她的酒量好，血壓也很正常，所以痛痛抉抉地吃喝，滿不在乎。

「媽眞好福氣！能吃能喝，血壓又不高。」韓素梅望望母親紅紅的臉說。

「媽是聾子不怕雷，決不放過好吃好喝的東西。」韓老太太滿面春風地說：「媽也不要那麽窈窕，不怕妳爸爸不要。」

「雞屎不嫌鴨屎臭，我們彼此彼此。」韓老先生說。

兒子女兒都大笑起來。阿珠也噗哧一聲，噴出幾粒飯菜。

飯後，韓素梅把買回來的禮物分別送給父親母親哥哥，這是出乎意外的禮物，而且都很合他們的心意。韓道與把領帶繞着頸子一比，笑着對韓素梅說：

「三妹，叨光，叨光！」

韓道生看看每人都有一份，只有他沒有，他打量韓素梅一眼說：

「三姐，妳眞是兩樣的心腸！難道我是抱養的？」

「素梅，妳看道生說得怪可憐的。」韓老太太望望女兒一笑：「薛寶釵送人情連趙姨娘也有一份，妳怎麼忘記了同胞骨肉？」

「媽，您別心疼，誰能忘記您的心肝寶貝？」韓素梅笑着回答，從大衣口袋裡掏出一個紅包，舉了起來：「我這兒有個紅包。」

韓道生連忙從她手上搶了過去，抽出來一看，是一張五十塊錢的嶄新票子，他高興得跳了起來，落在韓素梅的面前說：

「三姐，妳搶了那一家銀行？怎麼這樣大方？」

「小弟，你人不正經專往歪處想，」韓素梅輕輕地白韓道生一眼：「三姐豈是行竊打搶的人？」

「不然你就是中了愛國獎券？」韓道生說。

「我們家裡向來不做偷鷄的事，你看見誰中過獎？」

「三妹，人無横財不富，馬無夜草不肥，這次妳破費不少，我看你多少發了一點横財？」韓道與望着妹妹說。

韓素梅把陶家的事告訴他們，韓老先生老太太聽了都很驚奇。韓道興還記得陶朱，他哼聲一笑：

「那小子砍掉幾根手指也好，免得日後砍掉腦袋。」

「三妹，那兩個活寶也虧妳教？」韓道良搖搖頭。

「當初我不知道底細，既然沾上了手，又不好意思一下摔掉。如果他們眞是好材好料，又何必要我這個家教？」韓素梅回答。

「三妹，想不到妳倒有教育家的精神？」韓道良說。

「三姐，想不到妳這麽早就走財運？」韓道生笑着把鈔票往口袋一塞：「我眞是禿子跟着月亮走，叨光，叨光。」

阿珠收拾完畢，端出糖果給大家吃，韓素梅又塞給她一個紅包，阿珠不好意思接受，笑着說：

「小姐，太太已經給過了。」

「阿珠，媽是媽的，我是我的。妳要是不嫌少妳就接住吧？」

「多謝小姐。」阿珠笑着往短大衣口袋裡一塞。

「阿珠，你別見怪，我們都不會賺錢，沒有紅包給妳。」韓道生說：「三姐是在我們面前擺濶！」

「小弟，你眞是狗咬呂洞賓，看你該不該打？」韓素梅望着韓道生說。

「三姐，妳也不想想看？」韓道生向她一笑：「妳聰明一世，糊塗一時，妳當着我們的面，給阿珠的壓歲錢，叫我們三個男子漢，怎麼下台？」

韓素梅噗哧一笑，韓老先生韓老太太也笑了起來。韓老太太高興地望着小兒子說：

「道生，你的心眼兒眞多，連媽都沒有想到。」

「媽，我這都是向三姐剽學的。」韓道生笑着回答：「今天總算徒弟打倒了師傅，」

大家又笑了，韓道良韓道興望着韓道生說：

「小弟，你板眼多，比我們强。」

韓道生望望他們兩人，指指韓老太太說：

「今天媽吃多了肥肉，幫助媽消化消化，不然媽走不動路。」

韓老太太高興得大笑，兩眼瞇成一條縫，兩頰的肉像豆腐腦兒一樣顫動。

他們說說笑笑，聽聽收音機，放放唱片。各人的興趣不一樣，兒子多喜歡西洋音樂歌曲，韓老先生老太太都喜歡平劇。韓素梅的興趣在兩者之間，她對平劇的欣賞能力雖不及父親母親，對西洋音樂歌曲的欣賞能力却超過哥哥弟弟。

韓老先生老太太先讓兒子女兒放自己喜愛的唱片，等他們都放過了，韓老先生才親自動手放言菊朋的「除三害」，「取帥印」，他歡喜言戲，這張唱片更是百聽不厭。他邊聽邊向兒子女兒解釋言菊朋行腔咬字的特點。

「言菊朋腔調之美，咬字的準確考究，無論伶票兩界，無人能及，因此他的聲音特別能表達劇中人的身份情感，最富有書卷氣。「臥龍弔孝」最能表諸葛亮猩猩相惜的心情。「除三害」裡王濬的神韻和取帥印裡秦瓊的神韻就不相同，而又妙到毫巔，這份造詣可眞不淺。可惜後來倒了嗓，不然他的成就更大。」韓老先生說。

「爸，爲什麽現在的伶票都學余學楊不學言？」韓素梅問。

「我看是言太難學，光憑嗓子好沒有用，還得有點兒學問。」韓老先生回答。

「爸，你這麽歡喜平劇，每次平劇公演，你怎麽不常去看？」韓道生問。

「道生，五嶽歸來不看山，此地能聽能看的伶票實在太少。」韓老先生吸口烟斗，吐出淡淡的青烟：「不過余派名票趙培鑫的「捉放曹」，「失空斬」，「洪洋洞」我都看過。」

「爸，他唱得到底怎樣？」韓素梅問。

「他不但是台灣首屈一指的角色，有些唱腔實在比余叔岩的好聽。和言菊朋一樣，他的戲也有書卷氣，非常耐聽。」

「你們都過了癮，現在請讓吧？」韓老太太選了兩張唱片在旁邊等候。

韓素梅接過她手上的唱片，一看是梅派張派的「生死恨」，笑着說：

「媽，我替您放。」

「好，媽洗耳恭聽。」韓老太太也笑着回答。

「眞奇怪，男人居然唱出這麽好聽的娘娘腔？」韓道良聽了一會，不禁失笑。

「四大名旦沒有一個不是男人。」韓老太太自嘲地說：「我們女人眞沒有面子。」

「媽，現在的電影明星可是女人吃香呀！」韓道生說。

「這是我們中國人的一股邪氣，他們是看人不是看戲。史賓塞屈賽那個糟老頭子在美國還不是非常吃香？要是在我們中國，保險他餓飯，除非是小白臉。」

兒子女兒都被母親說得笑了，韓素梅笑着說。

「媽，您這是牛角向外彎，不給我們女人鷩腔？」

「只有我女兒是全世界第一，任何人都趕不上。」韓老太太笑着回答。

「媽，您又拐着彎兒罵人！」韓素梅噗哧一笑，滿臉通紅。

兒子也都笑了起來，韓道生接着說。

「三姐，媽唸了半天經，就是爲了這句話。妳烏雲蓋日，我們都被妳壓住了。」

這天晚上他們守歲守到兩點才睡。

初一早晨，韓老先生韓老太太的朋友學生，陸續來拜年，他們也只好起個大早，韓素梅他們自然不敢睡懶覺，比平時起得更早。

吃過早飯他們正準備出去拜年，姚琢吾姚玉華兩兄妹先來，韓素梅韓道生兩人都不能走開，韓道興想去看張莉莉，又怕張莉莉過來，韓道良不愛活動，更不想單獨出遊。

姚玉華新燙了頭髮，看起來很像個大學生了。韓老太太非常歡喜她，特別打量了她一下，使她有點不好意思。

她和韓道生天天在一塊上課，已經沒有一點拘束，那親密的的程度甚至超過姚琢吾和韓素梅，因爲韓道生比姚琢吾歡喜說笑，常常使姚玉華噗哧而笑。

沒有多久，夏雲，張莉莉、朱紫娟三人又一道來拜年。夏雲一進門就拱手作揖，大聲地向韓老先生韓老太太說：

「伯父伯母，恭喜發財。」

「夏雲，我們窮教書匠，發的什麼財？」韓老太太笑着說：「妳莫非是想討我一個紅包吧？

」

大家都笑了起來，夏雲接着說：

「伯母，我做賊心虛，您一語道破，我只好不要了。」

韓老太太笑着給他們一人一隻大蘋果。夏雲捧着大蘋果向韓素梅他們一揖：

「我們彼此彼此。」

「夏青回家過年沒有？」韓素梅問她。

「在少年組過年。」夏雲回答。

「那不要吃苦？」韓道生說，

「吃苦活該，誰叫他不走正路？」夏雲說。

「妳做姐姐的怎麼一點也不同情他？」

「要是你也和夏青一樣，看素梅揍不揍你？」

「夏姐姐，我要是眞和夏青一樣，三姐就不敢這麼神氣。」韓道生瞄了韓素梅一眼，

「你頭上長了角？」韓素梅問他。

「三姐，妳接不接得住我的天雷掌？」韓道生右手一揚，左腿一抬，作了一個發掌的架勢。

大家看了好笑，韓素梅笑着罵他：

「小弟，你又烏龜晒背脊？」

韓道生笑着收兵，自言自語地說：

「我眞想找那位武俠作者較量一下，看是他的天雷掌狠？還是我的鐵砂掌狠？」

「小弟，大年初一，你發什麽神經？」韓素梅望着他說。

韓道生向姚玉華眨眨眼睛，姚玉華抿嘴一笑。

張莉莉和韓道興有說有笑，韓素梅拉攏朱紫娟和韓道良談話，夏雲看在眼裡，在她耳邊輕輕地說：

「肥水不落外人田，妳眞是個好紅娘！」

「大哥是個老實醫生，不懂羅曼蒂克，我得關照一點兒。」韓素梅也輕輕回答。

拜年的人絡繹不絕，客廳裡人多，顯得狹小。夏雲要大家一道出去拜拜年，逛逛動物園，韓道生首先附議，於是一羣年輕人，嘻嘻哈哈地結伴出去。

走到公共汽車站，韓素梅突然發現陶新富和一位年輕妖冶的女人坐在黑色的轎車裡急駛而過。她楞了一下，半天沒有作聲。

陶朱左手的繃帶紗布解開了，露出四根光禿禿的斷指，上面長了一層剛出娘胎的孩兒臉般的紅嫩的皮肉。他試着握緊，可是怎樣也握不成拳頭。他突然感到一陣悲哀，他一向對他這隻左手十分自負，他練了不少日子的左鈎拳，打出去很有一點紛量，別人都長於用右拳，他最能運用這個冷門貨。孫連城也特別傳了他幾手左鈎拳的訣竅。這一下完了！不但握不成拳頭，任何東西都抓不住，英雄好漢的夢像剛剛吹起的肥皂泡，一下子破滅了，原來他想接孫連城當白虎幫的老大，現在只能當狗熊了。

「完蛋！完蛋！」他雙手拍打自己的頭，自思自嘆。

「陶朱，什麼完蛋？」韓素梅穿着平底鞋，悄悄地走上樓，一進書房就問。

陶朱猛然抬起頭，伸出左手給韓素梅看，嘆口氣說：

「老師我這隻手眞的殘廢了？怎麼不完蛋？」

「寫字用不着左手，讀書求學沒有一點妨碍。」韓素梅望望他的左手說。

「老師，讀書有什麼出息？」他皺眉苦臉地望着韓素梅。

「你不讀書就更沒有出息！」韓素梅立刻回答：「你還想靠兩隻拳頭打天下？」

「老師，這樣說來我只有進這條死巷子了？」

「這不是死巷子，這是一條智慧的大路，只有讀書人才不愚蠢。」韓素梅向他解釋：「世界上的大思想家，大科學家，大作家，大藝術家，有那一位是不讀書的？那些太保流氓能不能送火箭到月球去？能不能得諾貝爾獎金？能不能成爲全世界無人不知，無人不曉的大人物？」

陶朱瞪着兩眼望着她。像他們的孫老大，也只是在學校裡有點臭名，使別的同學怕他。青龍黨的夏青就沒有把他看在眼裡，至於社會上的大流氓，也只能在一塊小地方稱王稱霸，過了界就神不起來。還沒有一個人能夠獨霸台北。什麼西門豹，延平狼，萬華虎，已經是特大號的人物了，誰也不敢犯誰，而且還得藏頭藏尾，生怕警察抓去送到小琉球。愛廸生那些大科學，文學家，都寫在書上，受人尊敬。比皇帝還出名。

「老師，妳看我走正路走不走得通？能不能成爲大人物？」陶朱突然問韓素梅。

「聖賢也是人做的，浪子回頭金不換，怎麼不成？」韓素梅笑着回答。

「好！老師，我信妳的話。」陶朱點點頭：「既然當不成老大，我決心好好地讀書！」

韓素梅獎勵他一頓，要他叫陶丹來上課。他乖乖地把陶丹叫來。

韓素梅把陶朱決心用功讀書，改邪歸正的意思告訴陶丹。陶丹聽了哈哈一笑，望了陶朱一眼，轉向韓素梅說

「老師，妳信他的鬼話？江山易改，本性難移，他歪嘴喇叭，也想學好？」

「陶丹，妳不能這樣說。」韓素梅立刻堵住陶丹：「他受了這次教訓，心裡開了竅，一定可以做個好學生。妳也應該跟着他學好。」

「老師，妳要我跟着他學？」陶丹搗着自己的鼻尖哈哈一笑：「這不是爹娘沒好樣，討個媳婦偷和尙？」

陶朱用右手在陶丹的背心狠狠地搥了一拳，陶丹毫未提防，打得向前一竄，撞在韓素梅的懷裡，韓素梅雙伸手把她抱住，她才沒有跌倒。她反轉身來想打陶朱，陶朱朝她下頸一拳，打得她身子一仰，又倒在韓素梅的身上。她指着陶朱大叫大罵，陶朱也指着她罵：

「妳這個賤貨，妳還有臉罵我？要不是妳先和孫連城勾勾搭搭，我怎麽會加入白虎幫？妳打

下的那個小雜種妳自己都不知道是誰的？妳還有臉罵我？」

陶朱這一罵，陶丹馬上住嘴，不敢哼聲。

韓素梅大爲驚訝，她沒有想到陶朱還是陶丹的尅星？他一下就掀出陶丹的底牌，使陶丹無法還手。

韓素梅叫陶朱不要罵，陶朱還指着陶丹的鼻尖大聲地警告她：

「告訴妳，從今天起我要安心讀書！妳再狗屁倒灶，妳就跟我滾出去！妳不要以爲我歪嘴吹喇叭，我說到做到，我一隻拳頭對付妳，還綽綽有餘！」

說完以後他又在她面前晃晃拳頭。

陶丹膽怯地望着他，不敢哼聲。韓素梅心裡好笑，却不敢笑出聲來。她乘機要他們兩人上課。

陶朱眞的很專心聽講，一面聽一面摸摸那四根斷指上的新皮肉。

陶丹看他專心聽講，也板着臉嘟着嘴巴聽講，不再像以前那樣打野，嘻嘻哈哈。

這兩個鐘頭韓素梅也講得特別賣力，他像發現了新大陸一般高興。

課一上完，陶丹就低着頭悶着氣往自己房裡跑。韓素梅知道她受了委屈，乘機勸陶朱：

「以後對妲妲不要動武，她比你大。」

「她自己討賤，怪不得我！」陶朱理直氣壯地說：「我以前沒有揍過她。」

「以後更要客氣一些。」

「她敬我一尺，我敬她一丈。她要是再在外面狗屁倒灶，我就對她不客氣。」

「你應該好好地勸她，不要打她。」

「老師，鴨子背上澆水，有個屁用？以前我還不是把妳的話當耳邊風？不砍掉手指不知道痛！」

韓素梅被他說得一笑，又獎勵他幾句，才離開書房。轉到陶丹房裡來。

陶丹躺在床上摸眼淚，看見韓素梅進來也不起身。韓素梅坐到床沿才發現她的下巴腫了半邊，替她揉揉，問她背上受傷沒有？她咒罵地說：

「該死的東西，我沒有想到他的扒子手有這麼重？」

韓素梅差點失笑。過後才說：

「他是眞想學好，妳偏偏取笑他，所以他生氣。」

「我以爲他是戲台上吹鬍子？誰想到狐狸想成仙？」陶丹突然身子一挺，坐了起來。

「你們兩人一樣聰明，妳是姐姐，更應該作個好樣子。」韓素梅替她打氣。

「我自已惹了一身騷，還能作什麼正人君子？」

「人不是生來就是聖賢，誰都會犯錯。自已跌倒自已爬起來就是了不起的人。」

「老師，我年紀太大，就算能考取高中，又不留級，讀到高中畢業時已經二十一二，大學畢業那不成了老太婆了？」

「妳放心，我們女人用不着當兵，」韓素梅拍拍她的肩：「他們男人要當一年多的兵，這樣妳差不多可以拉平。何況讀大學沒有年齡限制，我們班上就有好幾位三四十歲的同學哩！」

「老師，妳騙我？」陶丹望着韓素梅搖搖頭。

「我不騙妳！他們都是退伍軍人，在軍隊裡幹了一二十年，再來考大學，而且非常用功，我們都很佩服他們。」

「老師，妳是不是編故事哄人？」陶丹赧然一笑。

「妳要是不信，那天同我一道去看他們上課好了？」

陶丹聽韓素梅這樣說，才不作聲。韓素梅又接着說：

「三四十歲的大學生還不大，前年有一位五十九歲的少將，考取了我們學校的心理學系。那年他最小的兒子已經在我們學校畢業，考取了留美，他剛上大學，他一點也不覺得自己年老，比起他來我們都是黃毛丫頭啦！」

陶丹笑了起來，在韓素梅身上一拍：

「老師，妳不提起我差點忘了！那年我們看了報紙差點笑掉大牙，我們都罵他是老不死哩！」

「妳怎麽能罵他？」韓素梅正色地說：「這種人才眞了不起！我們年輕人應該向他學。」

「老師，我要是讀到他那種年紀，不也可以拿到好幾個博士？」陶朱笑着問。

「十個博士也沒有問題。」韓素梅說。

「老師，我可要結婚。」陶丹輕輕地說：「我媽說男人三十一枝花，女人三十老媽媽。我們女人一過二十就不吃香，一到三十就沒有人要。」

「妳到大學畢業再結婚不遲，現在還早得很。」韓素梅說。

陶丹停了一會，低着頭喃喃自語：

「老師，我不像你，我已經不是處女，我怕將來沒有人要？」

「那妳更要好好地讀書，學問比處女不處女更重要。妳有學問男人會尊敬妳，自然也會追求妳，妳放心好了。」韓素梅說。

「老師，聽說現在的美容院可以整形，不知道是眞是假？」陶丹悄悄地問。

「妳不要動那些歪腦筋，從現在起用功讀書，將來一切問題都可以解決。」韓素梅站起來準備離開。

陶丹連忙滑下來，攀着韓素梅的肩輕輕地說：

「老師，先前陶朱講的那些屁話妳千萬不要傳出去？」

韓素梅望望她，停了一會才說：

「那妳要好好地讀書？」

陶丹點點頭。

「妳放心，我不是三姑六婆，我讓陶朱的話爛在我肚子裡好了。」韓素梅拍拍陶丹說：「不過今天上的英文妳明天要背，我要看看妳是眞用心還是假用心？」

「老師，妳騎着驢子看唱本好了。」陶丹回答。

韓素梅一走到客廳，就聽見陶丹在樓上大聲地朗誦英文，她不禁噗哧一笑。

這是她當家教以來最高興的一天。

第三十三章 西子灣大顯身手 小半仙也怕色狼

韓道興畢業典禮，韓祖培夫婦以家長和教授的双重身份，接到了邀請觀禮的請柬。韓道興也寫信來請他們去遊大貝湖，他的成績是第二名，前三名都保送西點深造，他畢業後要到美國去。他也有寫信給韓素梅，要她邀張莉莉一道去玩。張莉莉那方面他自然另外有信。

夏雲知道韓素梅張莉莉要去南部遊大貝湖，她也要參加，韓素梅自然不會拒絕。

畢業典禮前一天，他們五個人一道動身，乘的是觀光號。韓老先生韓老太太這兩三年來很少離開臺北，心情顯得特別愉快。韓素梅張莉莉夏雲更少到南部來，而車子愈往南走天氣愈晴朗，土地也更開濶，她們三人像出籠的鳥兒飛向藍色的天空。

他們一到達高雄韓老先生就打了一個電話給韓道興。韓道興是接到了，但是他不能來看他們，因為他們畢業生這兩天正忙着操練分列式，準備典禮時校閱，而他又是實習指揮官，更分身不開。他既不能來，韓老先生就率性住在高雄，準備明天早晨再去鳳山。學校對家長教授雖有接待，但他們兩夫妻不願受拘束，又帶着三個附件，不如陪她們在高雄玩玩。不過他告訴了韓道興，要他替韓素梅她們弄三張觀禮證，以便明天同時到學校參觀畢業典禮分列式。

訂好了旅館房間，休息了一會，夏雲就吵着要出去「觀光」。她從小住在臺北，沒有來過高雄，只聽說高雄有愛河、西子灣，這兩個名字非常羅曼蒂克，她拉着韓老太太說：

「伯母，我們去遊愛河。」

「夏雲，我這麼大的年紀了，不能再戀愛。」韓老太太笑着回答：「我們還是去遊西子灣吧？」

韓老太太的話把夏雲她們三個人逗得笑了起來。夏雲聽說遊西子灣也十分高興，韓老先生對夏雲說：

「愛河夜遊，才有羅曼蒂克的情調。西子灣不妨白天欣賞。」

「韓伯伯，這兩個地方你以前都遊過？」夏雲問。

「我可以作妳們的嚮導。」韓老先生笑着回答，領先走出旅館。

夏雲手一招，叫了兩部計程車來，讓韓老先生韓老太太坐一部，她們三人坐一部。韓老太太自嘲地對夏雲說：

「夏雲，我要是有妳們那麼窈窕，這部車錢就省下來了。」

「伯母，車子歸我請客，」夏雲笑着回答：「您要是再發福，車門可進不了！」

韓素梅和張莉莉扶着她進車，她側着身子歪着進去，她們三人看了哈哈大笑。她自己也好笑。

車子行駛在寬濶的馬路上，馬路兩旁沒有臺北那麼高大密集的建築，却有紅豔如火的鳳凰木花，夏雲高興得叫起來。張莉莉輕輕地對她說：

「別像個土包子，那麼大驚小怪的。」

「臺北沒有這種花，我就歡喜它熱情如火，嬌艷欲滴。」夏雲說。「可不知道它叫什麼名字？」

「你眞是個土包子，這叫做鳳凰木。普遍得很，滿街都是。」

「小半仙，妳又不是學植物的，怎麼知道它叫鳳凰木？」夏雲還有點不相信。

「夏雲，虧妳是個大學生！妳應該回到小學去再唸幾年常識。」張莉莉說。

「世界太大，稀奇古怪的東西太多，怎麼能怪我不認識？」

「夏雲，妳眞是一張鐵嘴，從來不服輸。」韓素梅望着她一笑。

「素梅，妳是個百科全書，小半仙是個雜貨攤子，我這個半瓶醋怎麼抵得上妳們？」

「算妳還有自知之明。」張莉莉笑着拍了夏雲一下。

車子駛過愛河，轉入市區中心，經過百貨公司，夏雲突然想起要買游泳衣，準備在西子灣游泳。她要車子停下來，獨自跑進百貨公司。

她選了三件游泳衣帽，三種顏色，高高興興地跑回來。一鑽進車子，她就打開給韓素梅和夏雲看，她自己留了一件紅的，把黃的和綠的往韓素梅和夏雲面前一推：

「隨妳們選。」

她們兩人沒有打算游泳，也沒有想到她會替自己買游泳衣？因此又驚又喜。張莉莉笑着對她說：

「夏雲，妳何必拖我們下水？」

「小半仙，要玩一起玩，我一個人游有什麼意思？」夏雲說。

「妳何必亂花錢？游一次買三件。」韓素梅望望三件尼龍游泳衣帽，覺得夏雲太浪費。

「素梅，羊毛出在羊身上。這是我自己工廠的出品，我替我爸爸推銷生意，送給妳們做廣告，回去我還要向我爸爸收廣告費哩！」

「夏雲，妳這樣做廣告，妳爸爸會被妳做垮啦！」

張莉莉說得她們兩人都笑了起來。

她們的車子進入西子灣路口時，韓老先生夫婦的計程車正好轉來。他們兩人站在入口處等她們。

韓素梅付了車錢，夏雲笑着對韓老太太說：

「伯母，我不是故意黃牛，半路上心血來潮，下車買游泳衣，掉了隊，要妳自己掏腰包，眞對不起。」

「夏雲，妳別雨後送傘。」韓老太太笑着回答。「剛才我們差點被警察關進派出所，幸好遇見一個老朋友，代付了車錢，眞是丟人丟到西子灣！」

夏雲哈哈大笑，張莉莉笑彎了腰，韓素梅笑着對母親說：

「媽，您別讓我們在外面出洋相。」

「媽陰溝裡翻船，眞以爲夏雲會替我付車錢呢！想不到空歡喜一場。」

「伯母，您再說我眞要跳西子灣了！」夏雲指着韓老太太說。

「我知道妳想在我前面露兩手。」韓老太太笑着回答。

夏雲哭笑不得，抓着韓素梅用力搖了幾下。

「妳這眞是癩蛤蟆蛟住板櫈脚，瞎出一口氣。」韓素梅晃着身子說。

韓老先生買好了入場卷，向她們招招手，領先走了進去。

他們在一個布棚裡休息，喝汽水，吃西瓜。

今天西子灣風平浪靜，游泳的人很多，男男女女，紅紅綠綠，載沉載浮。有些女孩子在沙灘邊上潑水，大笑大叫。夏雲看了心癢，拖着韓素梅和張莉莉去更衣室。韓老太太囑咐她們說：

「西子灣不是游泳池，不要游遠了，在邊上泡泡就行，不要在我面前表演，我不會鼓掌的。」

「伯母，本來我想表演花式跳水，可惜這裡沒有跳板。」夏雲笑着回答。

「妳最好在沙灘邊上作狗爬，那樣我放心些。」韓老太太說。

他們三人笑着跑進更衣室。換好了游泳衣又手牽着手跑到水裡，弄得水花四濺。

她們慢慢地向中間游去，韓素梅和張莉莉游到一百多公尺就轉頭，夏雲藝高胆大，她仍然向前游，她的紅游泳衣特別顯目，有兩個青年人跟着她游過去。她游到防波堤，爬上去休息，那兩個青年人也跟着她爬上去。韓素梅有點替她躭心，張莉莉笑着說：

「她招神惹鬼，要是人家吃她的豆腐那不活該？」

夏雲在防波堤上坐了一會，突然站起來向水裡一躍，手脚伸得筆直，姿勢很美。在水裡竄了十幾公尺，才浮起來。

「該死！她就想在伯母面前顯本事。」張莉莉笑着駡了一句。

那兩個男的跟在她的後面躍入水中，她游得很決，他們也緊追不捨，彷彿比賽。夏雲一口氣游到韓素梅身邊，那兩個男的才走開。

「夏雲，我眞怕他們不懷好意。」韓素梅輕輕地說。

「光天化白，他們敢怎麽的？」夏雲滿不在乎地一笑。

「我怕那是兩條鯊魚，把妳吃掉。」張莉莉說。

「小半仙，妳這就錯了，他們是兩個孝子。」夏雲得意地一笑。「要是眞有鯊魚，他們準會捨命相救。」

「妳別想得那麼羅曼蒂克，妳眞有危險他們不調頭而去才怪。」張莉莉說。

「小半仙，妳看錯了，男人都會有那股傻勁，不然人類不會有戰爭。」

「夏雲，妳眞是胡扯一通。」韓素梅笑着罵她。

「素梅，妳也是個書呆子，很多事情是書上沒有的，有也不完全和書上說的一樣，人就有點奇怪。妳應該跟韓伯伯多學點心理學。」夏雲說。

「好吧，我們去請教韓伯伯。」張莉莉拉着韓素梅上岸，又回頭望夏雲一眼：「看妳游到防波堤去是什麼鬼心理？」

她們三人先後上來，一身濕漉漉的，不少男人盯着她們，甚至有人向夏雲吹口哨，夏雲昂然而過，沒有把那些人放在眼裡。

韓老先生悠然地抽着烟斗，双手抱着手杖，欣賞年輕人嬉水。韓老太太在吃冰淇淋，看見她們三人換好衣服過來，有說有笑。連忙叫了三客冰淋淇。夏雲說了一句「伯母眞好！」

韓老太太笑着說：

「不是伯母好，是冰淇淋好。」

她們三人都笑了起來。夏雲笑嘻嘻地說：

「伯母，您總是揭我的底，以後我眞不敢開口了？」

「夏雲，要是我們兩人不開口，那就天下太平了。」韓老太太說。

她們三人又格格地笑，韓老太太向韓老先生䀹䀹眼睛。韓老先生取下烟斗望着她說：

「妳何必在西子灣耍猴子？」

「韓伯伯，您針杪挑螺肉，挖得我們好苦！」夏雲笑着頓脚。

韓老先生笑着站了起來，摸摸鬍鬚說：

「走，我請妳們吃晚飯，遊愛河，不必老挺在西子灣出洋相。」

公共汽車剛好開來，他們匆匆忙忙離開。韓老太太走不快，素梅攙着她，夏雲和張莉莉趕去排隊，他們三人趕到時客人已經上完，差點誤了這班車。

車上的人很多，沒有空位，夏雲和張莉莉把位子讓給韓老先生夫婦，她們和韓素梅站在旁邊。一直站到百貨公司門口下車。

這一帶是高雄最熱鬧的地方，韓老先生帶她們逛逛百貨公司，逛逛書店，再帶她們到眞川味去吃晚飯。韓老先生夫婦抗戰時在四川教書，對四川口味仍然十分喜愛。

他們離開眞川味時快八點，大家安步當車，慢慢走到愛河邊。韓老先生拄着拐杖，灰長衫在晚風中輕輕飄揚，顯得十分瀟灑安祥。

愛河兩旁的路灯，映在水中，別有一番情趣，這是台北所沒有的。河邊的露天茶座，樹叢旁邊的男男女女，以及沿着河邊散步的情侶，更給愛河增加了幾分浪漫的氣氛。韓老太太沿着河邊走了一段，突然對韓老先生說：

「這是年輕人的世界，我們找個地方喝茶吧？」

韓老先生打量了一下，選擇了一個靠近河邊，燈光明亮的茶座，走了過去。夏雲她們跟在後面。

他們在一株夾竹桃旁邊的座位上坐下，要了兩壺清茶，夥計附帶送上一盤瓜子。

南部的天氣比臺北燥熱，韓老太太不大習慣，幸好愛河邊上有陣陣海風吹來，比白天涼爽多了。加之滿天星斗，沿河燈光，坐定之後，她覺得比在臺北家裡還舒暢。

韓老先生抽抽烟斗，喝口清茶，悠然自得。夏雲不能這樣斯斯文文地坐着，吃瓜子又舌乾唇燥，越吃嘴裡越沒有味道。韓老太太看她坐不住，笑着對她說：

「妳不必陪我們清坐，妳自由活動好了。」

她馬上把韓素梅張莉莉一拉，一手挽着一個，沿着愛河向南走。張莉莉問她：

「妳爲什麼拖着我們一道？」

「我怕遇着色狼。」夏雲坦率地回答。

「在西子灣妳怎麼那樣大胆？」

「此一時也，彼一時也。妳以爲我眞的吃了豹子胆？」

張莉莉和韓素梅都被她說得笑了起來。

她們三人一道在河邊散步，看見別人双双對對，也各人想着各人的心事。韓素梅想着姚琢吾，張莉莉想着韓道興。夏雲反而徬徨無主，Wood 和林詩誠都是看電影跳舞的朋友，都在追求她，但她一個也沒有決定。不過她並不煩惱，她還不想結婚，只想玩玩，她這次來南部也純粹是玩，沒有任何目的，和韓素梅張莉莉不同。

她們興盡離開愛河，回到旅舘時，已經十一點多了。

第二天早晨七點半，他們雇了兩部計程車，直駛鳳山。到達軍校時還不到八點。韓道興在校門口迎接他們，他全副戎裝，晒黑了很多，他看見張莉莉非常高興。他因爲忙着閱兵的事，不能陪他們，韓老先生夫婦一行五人，由學校接待人員招待參觀，休息。

九點鐘開始閱兵。操場很大，隊伍已經擺好，韓道興担任指揮，頭戴鋼盔，身佩指揮刀，口令响亮，十分威武神氣。

韓素梅她們坐在來賓席上，踞高臨下，看得清清楚楚。她們都在總統府前看過國慶閱兵，這個畢業典禮的場面雖然沒有那麼大，受閱的也僅僅是畢業生。但程序完全一樣，分列式整齊劃一，脚步踏在地上嚓—嚓—嚓！像有人打着拍子似的，一秒不差。

閱兵之後，又有儀隊表演，這是近年來的一個時髦項目。儀隊都是高頭大馬，花樣很多，贏得了不少掌聲。

中午大會餐，伙食很好，都是大塊文章，油膩很重，韓素梅她們不敢多吃。

飯後，學校派了兩部大巴士，招待家長來賓遊大貝湖。韓道興請了假，陪他們一道去。

「我們家裡歷代都沒有出過武人，想不到你成了個耍槍桿兒的？」韓老太太高興地望着韓道興說。

「二哥，你進了West Point，那和麥克阿瑟，艾森豪就是先後同學了。」韓素梅笑着說。

韓道興聽母親妹妹這樣說，心裡十分高興。夏雲打趣地說：

「General韓，將來當了五星上將，可別忘記我今天的捧場？」

「夏雲，妳別出我的洋相。」韓道興打量周圍的客人一眼，輕輕地說。

他和張莉莉坐在一塊，車上人多，張莉莉不大講話。韓道興藉着介紹沿途地名風景，和她閒談。

大貝湖離鳳山不遠，很快就到。它經過人工經營美化，比西子灣愛河優美得多，在台灣只有日月潭可以媲美。韓素梅、張莉莉、夏雲都是第一次來，看見如此優美的湖光山色，不禁歡呼起來。

韓道興借了一架新照相機，隨時選擇好的背景，替大家拍照。韓素梅爲了想讓他和張莉莉合照，從他手上接過照相機，代他拍了幾張。

夏雲看着碧綠澄清的湖水，很想游泳。韓道興告訴她這不是游泳的地方，她說大貝湖比游泳池、西子灣都好，發了一篇妙論。

在大貝湖遊了個把鐘頭，大巴士又把客人送到高雄火車站。趕上北上的柴油快車。

「General韓，謝謝你的招待。」夏雲亦莊亦諧地說。

「招待不週，不要見怪。」韓道興說。

「這次我玩得最痛快。希望下次你招待我遊西湖。」夏雲拖着張莉莉，跳上柴油快車。

韓老先生夫婦和韓素梅緊跟着上車。

韓道興向車上搖手，張莉莉在窗口向他搖手，夏雲惡作劇地把張莉莉的手捉住，張莉莉的臉一紅，夏雲格格地笑了起來。

第三十四章 過關斬將傳心法 化雨春風見盾銘

韓道興和張莉莉訂了婚，出國深造去了。

韓道良、韓素梅、姚琢吾、夏雲、張莉莉、朱紫娟同時戴上了方帽子。韓道良請到了獎學金，服完兵役之後再留美。姚琢吾去成功嶺補訓，服兵役，他和韓素梅同時攷取了本校哲學研究所，服完兵役再回來深造。夏雲攷取了自費留美，決定秋天出國。朱紫娟找到了英文教員工作，張莉莉由夏雲推荐給她父親當英文秘書。

夏雲的弟弟夏青，送進了設在中部的進德中學。

韓素梅自己的畢業攷試完畢之後，就特別加工給陶丹陶朱兩人補習，每天晚上都按時趕到陶公館，多教三十分鐘。因爲陶朱自從砍斷了四根手指，英雄夢幻滅之後，特別發奮讀書，進步很大。陶丹也吃過虧，上過當，陶朱改邪歸正，她一個人唱不起戲來，而且陶朱又是她的尅星，她在學校的一切行動，陶朱都告訴韓素梅，加之老大孫連城也送進了進德中學，羣蛇無首，她也能安心讀書了。因爲他們兩人都有進步，韓素梅教得也更起勁，她希望他們攷上聯攷，自己臉上也有光彩。

可是陶丹陶朱兩人都沒有信心。在聯考前夕，韓素梅沒有上課，只告訴他們考場上應該注意的事情，她把她自己歷次過關斬將的經驗都傳給他們。陶丹最後還是搖搖頭說。

「老師，我的功課太賴，我看這次是陪着公子趕考。」

「功課固然重要，信心也很要緊。」韓素梅鼓勵她說：「以妳現在的情形來講，只要不粗心大意，沉着鎮定，會有希望。」

「老師，今天晚上我要開夜車，把答案背熟，非考上聯考不可。」陶朱表示決心。

「那你非失敗不可。」韓素梅警告他：「今天晚上十點以前一定要睡，明天才有精神應付考試。我考試的頭天晚上，九點就睡，決不熬夜。」

她爲了讓他們兩人早睡，不到九點就走了。

第二天她又到試場去看看陶朱陶丹。他們兩人都考得垂頭喪氣。韓素梅也暗自耽心，只好安慰他們說：

「放心好了，考了公立再考私立，東方不亮西方亮，總會考上一個學校。」

陶朱還有餘勇，他決定以挨揍的精神，應付攷試。陶丹却十分洩氣，她對韓素梅哭喪着臉說：

「老師，現在是死馬當活馬醫，這次攷不起我就嫁人！」

韓素梅聽了好笑，隨後又安慰她：

「何必嫁人？今年攷不起明年還可以再攷。」

「老師，我這麽大的人了，還有臉陪十四五歲的毛丫頭一道攷？」

「不要洩氣，再接再勵。一兩堂沒有攷好，還可以補救。」

上課鈴聲一响，陶丹馬上飛步跑向教室。她人高馬大，把那些十四五歲的小女孩子都抛在後面。韓素梅用手絹掩住嘴笑。她想要是上體育課陶丹一定樣樣攷個第一。

聯攷放榜時，陶朱攷取了成功中學高中部，陶丹眞的名落孫山。韓素梅本來想去向陶朱道賀，又怕陶丹難過，只好不去。自從他們參加聯攷那天起，她就不再擔任他們的家教了。

後來私立學校放榜，她在報上看見陶丹攷取了靜修，她連忙趕去道賀。

她一進門，就發現院子裡有很多鞭炮壳，銀嬌個把月沒有看見她，顯得格外親熱。

「小姐，今天什麼風把妳吹來的？」銀嬌笑盈盈地問。

「我特地來向陶丹陶朱道喜。」

「韓小姐，他們像中了愛國獎券，同太太出去做衣服去了。」銀嬌說。

「他們攷取了學校，多做幾件衣服無妨。」

「韓小姐，這都是妳的功勞！」銀嬌提高嗓門說：「不然憑他們那兩塊料，也想攷取學校？」

「銀嬌，人都差不多，可惜他們的家庭教育不好。」

「老爺太太才不承認上樑不正下樑歪，他們只怪學校和家庭教師不好。」

「希望他們自己也負點負任，光靠學校和家庭教師不行。」

「韓小姐，總算他們這一對活寶萬幸，遇上了妳這麼個好老師，不然明年還要讀初三。」

「銀嬌，老師領進門，修行在各人，不完全是我的功勞。」韓素梅謙虛地說。「他們要是沒有攷取學校，那我眞沒有臉進門。」

韓素梅看陶新富夫婦和子女都不在家，坐了一會就向銀嬌告辭。銀嬌悄悄地對她說：

「韓小姐，今天準備了很多菜，妳吃了飯再走，說不定他們馬上回來？」

「銀嬌，我是來道喜不是來吃飯的，妳代我致意好了。」韓素梅邊說邊走出來。

「韓小姐，妳眞是送佛送上西天！我一定對他們說，看他們懂不懂禮？」銀嬌把韓素梅送到大門外。

韓素梅雖然沒有會到陶朱陶丹，心裡還是十分欣慰。

韓老太太爲了歡送夏雲出國，特地在家裡弄了一桌菜，把張莉莉、姚玉華、朱紫娟請來作陪。姚琢吾受訓去了，韓道良服兵役去了，除了小兒子韓道生之外，全是女孩子。她們彷彿撿了發財票，一見面就嘻嘻哈哈，格格大笑。韓老太太笑着對她們說：

「還是妳們女孩子好，不要受訓，不要當兵，說出國就出國，找工作也比男孩子容易。」

「媽，我早說了現在男女很不平等。」韓道生連忙接嘴。「總算您也說了幾句公道話。」

「媽是包大人斷案，公是公，母是母。」

夏雲她們聽了韓道生的話，已經好笑，聽了韓老太太的話更笑得前仰後合。

她們正在高興的時候，院子門外突然响起汽車喇叭聲。韓道生三步兩步趕去開門，原來是陶太太和陶丹陶朱他們。韓素梅一發現他們，連忙趕出來歡迎。

陶太太珠光寶氣，陶丹穿着漂亮的花裙子，陶朱一身筆挺的西服，打着紅蝴蝶領結，手裡捧着一座銀盾，上面刻着「作我碩劣」四個字。

「陶朱，你這是幹什麼的？」韓素梅奇怪地問。

「韓小姐，送給妳作個紀念。」陶太太笑着回答。

「陶太太，這眞不敢當哪！」韓素梅看到銀盾上面那四個大字，又驚又喜。

韓老太太笑着招呼陶太太他們，彼此是初見面，自然客氣一番。陶太太看見這個麼多大小姐，一個個如花似玉，看起來又很有學問，笑着問韓老太太：

「韓太太，這都是妳的千金？」

「陶太太，我那有這麼好的福氣？」韓老太太笑着回答：「她們都是素梅的同學。」

陶太太哦了一聲，又打量韓道生一眼，韓素梅介紹了一下，陶太太問：

「妳弟弟讀高一還是高二？」

夏雲她們笑了起來，韓素梅連忙說：

「他大二了。」

陶太太又望望自己的兒子女兒一眼，覺得他們差不多大小，竟相差這麽遠，不免有點慚愧。笑着對韓老太太說：

「韓太太，妳的福氣眞好，有這麽好的公子小姐。」

「陶太太，妳的公子小姐也很好呀！」韓老太太回答，沒有一點譏諷的意思。

「韓太太，要不是妳小姐教得好，這一次他們兩人未必攷得上高中呀！」

「陶太太，妳別客氣，是他們自己努力。」韓素梅連忙誇獎陶丹陶朱。

陶丹陶朱姊弟兩人在銀嬌面前作威作福，神氣得很，站在這裡彷彿矮了半截，不敢作聲。聽韓素梅這樣說，感激地望了她一眼。

「三姐，妳也別客氣。」韓道生拿出舊照相機，笑着對韓素梅說：「妳捧着銀盾，和妳兩位高足拍張照片，留個紀念。」

「小弟，你又烏龜晒背脊？」韓素梅笑罵韓道生。

夏雲拿起桌上的銀盾，往韓素梅手上一塞，把她推到門口，陶太太叫兒子女兒快去，韓道生向他們兩人招招手，他們走過來，站在韓素梅兩邊，彷彿哼哈二將。韓道生連續拍了兩張，一聲KO，和他們三人一道走進客廳。

「韓小姐，妳把他們兩人教好了，現在我又要舊話重提——」陶太太指指兒子女兒，望着韓素梅說：「請妳教教我和陶先生的英文。八十歲學吹鼓手，妳說遲不遲？」

「人生七十才開始，不遲，不遲。」韓素梅笑着回答。

夏雲她們格格地笑起來。

・全文完・

墨人博士著作書目（校正版）

書目	類別	出版者	出版時間
一、自由的火焰 }與《山之禮讚》合併易名《墨人新詩集》	詩集	自印（左營）	民國三十九年（一九五〇）
二、哀祖國	詩集	大江出版社（臺北）	民國四十一年（一九五二）
三、最後的選擇	短篇小說	百成書店（高雄）	民國四十二年（一九五三）
四、閃爍的星辰	長篇小說	大業書店（高雄）	民國四十二年（一九五三）
五、黑森林	長篇小說	香港亞洲社	民國四十四年（一九五五）
六、魔障	長篇小說	暢流半月刊（臺北）	民國四十七年（一九五八）
七、孤島長虹（全集中易名爲富國島）	長篇小說	文壇社（臺北）	民國四十八年（一九五九）
八、古樹春藤	中篇小說	九龍東方社	民國五十一年（一九六二）
九、花嫁	短篇小說	九龍東方社	民國五十三年（一九六四）
一〇、水仙花	短篇小說	長城出版社（高雄）	民國五十三年（一九六四）
一一、白夢蘭	短篇小說	長城出版社（高雄）	民國五十三年（一九六四）
一二、颱風之夜	短篇小說	長城出版社（高雄）	民國五十三年（一九六四）

一三、白雪青山　長篇小說　長城出版社（高雄）　民國五十四年（一九六五）
一四、春梅小史　長篇小說　長城出版社（高雄）　民國五十四年（一九六五）
一五、洛陽花似錦　長篇小說　長城出版社（高雄）　民國五十四年（一九六五）
一六、東風無力百花殘　長篇小說　長城出版社（高雄）　民國五十四年（一九六五）
一七、合家歡　長篇小說　臺灣省新聞處（臺中）　民國五十四年（一九六五）
一八、紅樓夢的寫作技巧　文學理論　臺灣商務印書館（臺北）　民國五十五年（一九六六）
一九、塞外　短篇小說　臺灣商務印書館（臺北）　民國五十五年（一九六六）
二〇、碎心記　長篇小說　小說創作社（臺北）　民國五十六年（一九六七）
二一、靈姑　長篇小說　小說創作社（臺北）　民國五十七年（一九六八）
二二、鱗爪集　散　文　水牛出版社（臺北）　民國五十七年（一九六八）
二三、青雲路　短篇小說　臺灣商務印書館（臺北）　民國五十八年（一九六九）
二四、變性記　短篇小說　臺灣商務印書館（臺北）　民國五十八年（一九六九）
二五、龍鳳傳　長篇小說　幼獅書店（臺北）　民國五十九年（一九七〇）
二六、火樹銀花　長篇小說　立志出版社（臺北）　民國五十九年（一九七〇）
二七、浮生集　散　文　聞道出版社（臺南）　民國六十一年（一九七二）
二八、墨人詩選　詩　集　臺灣中華書局（臺北）　民國六十一年（一九七二）
二九、鳳凰谷　長篇小說　臺灣中華書局（臺北）　民國六十一年（一九七二）

三〇、墨人短篇小說選	短篇小說	臺灣中華書局（臺北）	民國六十一年（一九七二）
三一、斷腸人	短篇小說	臺灣學生書局（臺北）	民國六十一年（一九七二）
三二、詩人革命家胡漢民傳	傳記小說	近代中國社（臺北）	民國六十七年（一九七八）
三三、心猿	長篇小說	學人文化公司（臺北）	民國六十八年（一九七九）
三四、山之禮讚	詩　集	秋水詩刊（臺北）	民國六十九年（一九八〇）
三五、心在山林	散　文	中華日報社（臺北）	民國六十九年（一九八〇）
三六、墨人散文集	散　文	學人文化公司（臺中）	民國六十九年（一九八〇）
三七、山中人語	散　文	臺灣商務印書館（臺北）	民國七十二年（一九八三）
三八、花市	散　文	江山出版社（臺北）	民國七十四年（一九八五）
三九、三更燈火五更雞	散　文	江山出版社（臺北）	民國七十四年（一九八五）
四〇、墨人絕律詩集	詩　集	臺灣商務印書館（臺北）	民國七十六年（一九八七）
四一、全唐詩尋幽探微	文學理論	臺灣商務印書館（臺北）	民國七十六年（一九八七）
四二、第二春	短篇小說	采風出版社（臺北）	民國七十七年（一九八八）
四三、全唐宋詞尋幽探微	文學理論	臺灣商務印書館（臺北）	民國七十八年（一九八九）
四四、小園昨夜又東風	散　文	黎明文化公司（臺北）	民國八　十年（一九九一）
四五、紅塵（上、中、下三卷）	長篇小說	臺灣新生報社（臺北）	民國八　十年（一九九一）
四六、大陸文學之旅	散　文	文史哲出版社（臺北）	民國八十一年（一九九二）

四七、紅塵續集	長篇小說	臺灣新生報社（臺北）	民國八十二年（一九九三）
四八、墨人半世紀詩選	詩　選	文史哲出版社（臺北）	民國八十四年（一九九五）
四九、張本紅樓夢（上下兩巨冊）	修訂批註	湖南出版社（長沙）	民國八十五年（一九九六）
五〇、紅塵心語	散　文	圓明出版社（臺北）	民國八十五年（一九九六）
五一、年年作客伴寒窗	散　文	中天出版社（臺北）	民國八十六年（一九九七）
五二、全宋詩尋幽探微	文學理論	文史哲出版社（臺北）	民國八十九年（二〇〇〇）
五三、墨人詩詞詩話	詩詞・理論	詩藝文出版社（臺北）	民國八十九年（二〇〇〇）
五四、娑婆世界（定本）	長篇小說	昭明出版社（臺北）	民國八十八年（一九九九）
五五、白雪青山（定本）	長篇小說	昭明出版社（臺北）	民國八十九年（二〇〇〇）
五六、滾滾長江（定本）	長篇小說	昭明出版社（臺北）	民國八十九年（二〇〇〇）
五七、春梅小史（定本）	長篇小說	昭明出版社（臺北）	民國八十九年（二〇〇〇）
五八、紫燕（定本）	長篇小說	昭明出版社（臺北）	民國九　十年（二〇〇一）
五九、紅樓夢的寫作技巧（定本）	文學理論	昭明出版社（臺北）	民國九　十年（二〇〇一）
六〇、紅塵六卷（定本）	長篇小說	昭明出版社（臺北）	民國九　十年（二〇〇一）
六一、紅塵法文本	巴黎友豐（you fonq）書局出版		二〇〇四年初版

附　註：

▲北京中國文聯出版社　二〇〇三年出版　大陸教授羅龍炎・王雅清合著《紅塵》論專書

▲臺北市昭明出版社出版墨人一系列代表作，長篇小說《娑婆世界》、一百九十多萬字的空前大長篇《紅塵》（中法文本共出五版）暨《白雪青山》（兩岸共出六版）、《滾滾長紅》、《春梅小史》、《紫燕》，短篇小說集、文學理論《紅樓夢的寫作技巧》（兩岸共出十四版）等書。臺灣中華書局出版的《墨人自選集》共五大冊，收入長篇小說《白雪青山》、《靈姑》、《鳳凰谷》、《江水悠悠》（爲《東風無力百花殘》易名）、《短篇小說・詩選》合集。《哀祖國》及《合家歡》皆由高雄大業書店再版。臺北詩藝文出版社出版的《墨人詩詞詩話》創作理論兼備，爲「五四」以來詩人、作家所未有者。

▲臺灣商務印書館於民國七十三年七月出版先留英後留美哲學博士程石泉、宋瑞等數十人的評論專集《論墨人及其作品》上、下兩冊。

▲《白雪青山》於民國七十八年（一九八九）由臺北大地出版社第三版。

▲臺北中國詩歌藝術學會於一九九五年五月出版《十三家論文》論《墨人半世紀詩選》。

▲《紅塵》於民國七十九年（一九九〇）五月由大陸黃河文化出版社出版前五十四章（香港登記，深圳市印行）。大陸因未有書號未公開發行僅供墨人「大陸文學之旅」時與會作家座談時參考。

▲北京中國文聯出版公司於一九九二年十二月出版長篇小說《春梅小史》（易名《也無風雨也無晴》）；一九九三年四月出版《紅樓夢的寫作技巧》。

▲北京中國社會科學出版社於一九九四年出版散文集《浮生小趣》。

▲北京群眾出版社於一九九五年一月出版散文集《小園昨夜又東風》；一九九五年十月京華出版社出

版長篇小說《白雪青山》大陸版，第一版三千冊，一九九七年八月再版一萬冊。

▲長沙湖南出版社於一九九六年一月初出版墨人費時十多年精心修訂批註的《張本紅樓夢》，分上下兩大冊精裝一萬一千套。立即銷完、因未經墨人親校，難免疏失，墨人未同意再版。

Mo Jen's Works

1950 *The Flames of Freedom*（poems）《自由的火焰》

1952 *Lament for My Mother Country*（poems）《哀祖國》

1953 *Glittering Stars*（novel）《閃爍的星辰》

The Last Choice（short stories）《最後的選擇》

1955 *Black Forest*（novel）《黑森林》

The Hindrance（novel）《魔障》

The Rainbow and An Isolated Island（novel）《孤島長虹》（全集中易名爲富國島）

1963 *The spring Ivy and Old Tree*（novelette）《古樹春藤》

1964 *Narcissus*（novelette）《水仙花》

A Typhonic Night（novelette）《颱風之夜》

Ms.Pei Mong-lan（novelette）《白夢蘭》

The Joy of the Whole Family（novel）《合家歡》

Flower Marriage（novelette）《花嫁》

1965 *White Snow and Green Mountain*（novel）《白雪青山》

The Short Story of Miss Chung Mei（novel）《春梅小史》

The Powerless Spring Breeze and Faded Flowers（novel）《東風無力百花殘》（《江水悠悠》）

Flower Blossom in Loyang（novel）《洛陽花似錦》

1966 *The Writing Technique of the Dream of Red Chamber*（literature theory）《紅樓夢的寫作技巧》

Out of The Wild Frontier（novelette）《塞外》

1967 *A Heart-broken Story*（novel）《碎心記》

1968 *Miss Clever*（novel）《靈姑》

Trifle（prose）《鱗爪集》

1969 *The Road to Promotion*（novelette）《青雲路》

1970 *A Sex-change Story*（novelette）《變性記》

The Biography of the Dragon and the Phoenix（novel）《龍鳳傳》

1971 *A Brilliantly lighted Garden*（novel）《火樹銀花》

1972 *My Floating Lif*e（prose）《浮生記》

Selection of Mo Jen's Poems《墨人詩選》

A Heart-broken Woman（novelette）《斷腸人》

Phoenix Valley（novel）《鳳凰谷》

Mo Jen's Works（five volumes）《墨人自選集》

Selection of Mo Jen's short stores《墨人短篇小說選》

1978 *Hu Han-ming, the Poet and Revolutionist*（novel）《詩人革命家胡漢民》

1979 *The Mokey in the Heart*（i.e. The Purple Swallow renamed）《心猿》

1980 *The Hermit*（prose）《心在山林》

A Collection of Mo Jen's Prose（prose）《墨人散文集》

A Praise to Mountains（poems）《山之禮讚》

1983 *Mountaineer's Remarks*（prose）《山中人語》

1985 *My Candle Burns at Both Ends*（prose）《三更燈火五更雞》

Flower Market（prose）《花市》

1986 *A Mundane World*（novel, four volumes, over 1.9 million words）《紅塵》

1987 *Remarks on All Poems of the Tang Dynasty*（theory）《全唐詩尋幽探微》

1988 *Remarks On All Tsyr*（prose poem）*of the Tang and Sung Dynasties*（theory）《全唐宋詞尋幽探微》

1991 *The Breeze That Came From The East Last Night in My Little garden Again*（prose）《小園昨夜又東風》

1992 *Travel for Literature in Mainland China*（prose）《大陸文學之旅》

1995 *Selection of Mo Jen's Poems, 1992-1994*《墨人半世紀詩選》

1996 *I'll look upon the World*《紅塵心語》

Chang Edition of the Dream of Red Chamber《張本紅樓夢》（修訂批註）

1997 *Cherish thy guests and the Muses*《年年作伴寒窗》

1999 *Saha Shih Gai*《娑婆世界》

1999 *Remarks on All Poems of the sung Dynasties*《全宋詩尋幽探尋》

1999 *Mo Jen's Classical Poems and Prose Poems*《墨人詩詞詩話》

2004 *Poussiere Rouge*《紅塵》法文譯本

墨人博士創作年表（二〇〇五年增訂）

年度	年齡	發表出版作品及重要文學紀錄摘要
民國二十八年己卯（一九三九）	十九歲	在東南戰區《前線日報》發表〈臨川新貌〉。淪陷區著名的上海《大美晚報》隨即轉載。
民國二十九年庚辰（一九四〇）	二十歲	在《前線日報》發表〈希望〉、〈路〉等新詩作品。
民國三十年辛巳（一九四一）	二十一歲	在《前線日報》發表〈評夏伯陽〉書評等文。
民國三十一年壬午（一九四二）	二十二歲	在各大報發表〈苦難的行列〉、〈贛州禮讚〉（長詩）、〈老船夫〉、〈盲歌者〉、〈自己的輓歌〉、〈抹去那怯弱的眼淚吧〉、〈生命之歌〉、〈快割鳥〉、〈鷂鷹與雲雀〉等詩及散文多篇。
民國三十二年癸未（一九四三）	二十三歲	在各大報發表長詩〈鋤奸隊長〉、〈搜索連長〉、〈遙寄〉、〈寫在第七個七七〉、〈父親〉、〈受難的女神〉、〈城市的夜〉及〈火把〉、〈擊柝者〉、〈橋〉、〈古鐘〉、〈汽笛〉、〈山居〉、〈沙灘〉、〈夜行者〉、〈孤芳〉、〈蚊蟲〉、〈蒼蠅〉、〈園圃〉、〈陽光〉、〈深秋〉、〈贈某詩人兼寫自己〉、〈哀亡命詩人〉、〈自供〉、〈白屋詩抄〉、〈哀歌〉、〈生活〉、〈給偶像崇拜者〉、〈戰書〉、〈燈下獨白〉、〈夜歸〉、〈失眠之夜〉、〈悼〉、〈殘英〉、〈黃昏曲〉、〈補綴〉、〈復活的季節〉〈擬戀歌〉、〈晨雀〉、〈春耕〉、〈天空的搏鬥〉等長短抒情詩。另發表散文及短篇小說多篇。

民國三十三年甲申（一九三九）	二十四歲	發表〈山城草〉五首及〈沒有褲子穿的女人〉、〈襤褸的孩子〉、〈駝鈴〉、〈無聲的哭泣〉、〈長夜草〉、〈春夜〉、〈擬某女演員〉、〈蛙聲〉、〈麥笛〉等詩及散文多篇。
民國三十四年乙酉（一九四五）	二十五歲	發表〈最後的勝利〉及〈煉獄裏的聲音〉、〈神女〉、〈問〉等長詩與散文多篇。
民國三十五年丙戌（一九四六）	二十六歲	發表〈夢〉、〈春天不在這裡〉等詩及散文多篇。
民國三十六年丁亥（一九四七）	二十七歲	發表〈冬天的歌〉、〈流浪者之歌〉、〈手杖、煙斗〉及長詩〈上海抒情〉等與散文多篇。
民國三十七年戊子（一九四八）	二十八歲	主編軍中雜誌、撰寫時論，均不署名。
民國三十八年己丑（一九四九）	二十九歲	七月渡海抵臺，發表〈呈獻〉、〈滿妹〉，及長詩〈自由的火燄〉、〈人類的宣言〉等及散文多篇。
民國三十九年庚寅（一九五〇）	三十歲	發表〈站起來，捏死他！〉、〈滾出去，馬立克！〉、〈英國人〉、〈海洋頌〉等詩。出版《自由的火燄》詩集。
民國四十年辛卯（一九五一）	三十一歲	發表〈春晨獨步〉、〈炫與殉〉、〈悼三閭大夫屈原〉、〈詩聯隊〉、〈心靈之歌〉、〈子夜獨唱〉、〈真理、愛情〉、〈友情的花朵〉、〈啊，西風啊！〉、〈歲暮吟〉、〈師生〉、〈往事〉、〈天書〉、〈歷程〉、〈雨天〉、〈火車飛馳在海岸湶上〉、〈帶路者〉、〈送第一艦隊出征〉等詩，及〈哀祖國〉長詩。
民國四十一年壬辰（一九五二）	三十二歲	發表〈未完成的想像〉、〈廊上吟〉、〈窗下吟〉、〈白髮吟〉、〈秋夜輕吟〉、〈秋訊〉、〈渴念，追求〉、〈寂寞、孤獨〉、〈冬眠〉、〈我想把你忘記〉、〈想念〉、〈成人的悲歌〉、〈訴〉、〈詩人〉、〈詩〉、〈貝絲〉、「春天的懷念」五首，〈和風〉、〈夜雨〉、〈臺灣海峽的霧〉等及散文、短篇小說多篇。出版《哀祖國》詩集。

民國四十二年癸巳（一九五三）	三十三歲	發表〈寄台北詩人〉等詩及散文短篇小說多篇。高雄百成書店出版短篇小說集《最後的選擇，收入〈華玲〉、〈生死戀〉、〈梅蘭馨〉、〈敵人的故事〉、〈最後的選擇》、〈蔣復成〉、〈姚醫生〉等七篇。大業書店出版長篇小說《閃爍的星晨》一、二兩冊。
民國四十三年甲午（一九五四）	三十四歲	發表〈雪萊〉、〈海鷗〉、〈鳳凰木〉、〈流螢〉、〈鵝鑾鼻〉、〈海邊的城〉、〈長夏小唱〉及散文、短篇小說多篇。
民國四十四年乙未（一九五五）	三十五歲	發表〈雲〉、〈F-86〉、〈題 GK〉等詩及散文、短篇小說多篇。香港亞洲出版社出版長篇小說《黑森林》，並獲中華文獎會國父誕辰長篇小說第二獎（第一獎從缺）。
民國四十五年丙申（一九五六）	三十六歲	發表〈四月〉等詩及散文、短篇小說多篇。
民國四十六年丁酉（一九五七）	三十七歲	發表〈月亮〉、〈九月之旅〉、〈雨和花〉等詩及長篇小說《魔障》。
民國四十七年戊戌（一九五八）	三十八歲	暢流半月刊雜誌社出版長篇連載小說《魔障》。
民國四十八年己亥（一九五九）	三十九歲	發表短篇小說、散文多篇。文壇雜誌社出版長篇小說《孤島長虹》（全集中易名爲《富國島》）。
民國四十九年庚子（一九六〇）	四十歲	發表〈橫貫小唱〉等詩及散文、短篇小說多篇。
民國五十年辛丑（一九六一）	四十一歲	發表〈熱帶魚〉、〈豎琴〉、〈水仙〉等詩及短篇小說甚多。奧國維也納富出版公司編選的《世界最佳小說選》選入短篇說〈馬腳〉，同時入選者有諾貝爾文學獎得主威廉福克納、拉革克菲斯特等世界各國名作家作品。

民國五十一年壬寅（一九六二）	四十二歲	發表〈青鳥〉、〈兩腳獸〉、〈晚會〉、〈祈禱〉等詩及短篇小說甚多。奧國維也納富出版公司又將短篇小說《小黃》（以江州司馬筆名撰寫者）選入《世界最佳小說選》，同時入選者有諾貝爾獎得主蕭洛霍夫，郭沫若及世界各國名作家作品。
民國五十二年癸卯（一九六三）	四十三歲	香港九龍東方文學出版社出版中篇小說《古樹春藤》。發表短篇小說、散文甚多。
民國五十三年甲辰（一九六四）	四十四歲	香港九龍東方文學社出版短篇小說集《花嫁》，收入〈教師爺〉、〈劉二爹〉、〈二媽〉、〈異鄉人〉、〈花嫁〉、〈扶桑花〉、〈南海屠鮫〉、〈高山曲〉、〈古寺心聲〉、〈誘惑〉、〈隱情〉、〈美珠〉、〈新苗〉、〈心聲淚影〉等十四篇。高雄長城出版社出版中短篇小說集《水仙花》，收入〈水仙花〉、〈銀杏表嫂〉、〈圓房記〉、〈江湖兒女〉、〈天鵝〉、〈賭徒〉、〈搶親〉、〈黃龍〉、〈風雪歸人〉、〈花子老趙〉、〈景雲寺的居士〉、〈人與樹〉、〈過客〉、〈阿婆〉、〈馬腳〉、〈小黃〉等十六篇。高雄長城出版社出版中短篇小說集《白夢蘭》。收入〈情敵〉、〈空手〉、〈師生〉、〈斷夢〉、〈黃昏曲〉、〈白夢蘭〉、〈平安夜〉、〈凱塞琳、萊蒙托夫與我〉、〈陽春白雪〉、〈亂世佳人〉、〈傷心之旅〉、〈白衣清淚〉、〈護士與病人〉、〈如夢記〉、〈除夕〉等十五篇。　高雄長城出版社出版《中華日報》連載的二十五萬字長篇小說《白雪青山》。　發表短篇小說、散文甚多。
民國五十四年乙巳（一九六五）	四十五歲	高雄長城出版社出版連載長篇小說《洛陽花似錦》、《春梅小史》、《東風無力百花殘》三部。　發表短篇小說、散文甚多。省政府新聞處出版長篇小說《合家歡》。
民國五十五年丙午（一九六六）	四十六歲	是年五月赴馬尼拉華僑文教講習會講授「紅樓夢的寫作技巧」及新詩課程一個月。商務印書館出版文學理論專著《紅樓夢的寫作技巧》，全書共十五萬字。商務印書館出版中短篇小說集《塞外》。收入〈塞外〉、〈鬍子〉、〈百合花〉、〈天山風雲〉、〈白金龍〉、〈白狼〉、〈秋圃紫鵑〉、〈曹萬秋的衣缽〉、〈半路夫妻〉、〈百鳥聲喧〉、〈風竹與野馬〉、〈美人計〉、〈夜襲〉、〈花燭劫〉等十四篇。

民國五十六年丁未（一九六七）	四十七歲	發表短篇小說、散文甚多。 小說創作社出版連載長篇小說《碎心記》。
民國五十七年戊申（一九六八）	四十八歲	小說創作社出版《中華日報》連載長篇小說《靈姑》。水牛出版社出版散文集《鱗爪集》，收入〈家鄉的魚〉、〈家鄉的鳥〉、〈雪天的懷念〉、〈秋山紅葉〉、〈學問與創作之間〉等散文七十六篇、舊詩三首。
民國五十八年己酉（一九六九）	四十九歲	商務印書館出版中短篇小說集《青雲路》。收入〈世家子弟〉、〈青雲路〉、〈空棺記〉、〈久香〉等四篇。
民國五十九年庚戌（一九七〇）	五　十　歲	商務印書館出版中短篇小說集《變性記》。收入〈變性記〉、〈嬌客〉、〈歲寒圖〉、〈泥龍〉、〈祖孫父子〉、〈秋風落葉〉、〈老夫老妻〉、〈恩愛夫妻〉、〈布販與偷雞賊〉、〈芳鄰〉、〈沙漠王子〉、〈沙漠之狼〉、〈世界通先生〉、〈寶珠的祕密〉、〈奇緣〉等十五篇。 幼獅文化事業公司出版長篇小說《龍鳳傳》。　臺北立志出版社出版長篇《火樹銀花》出版全集時易名《同是天涯淪落人》。
民國 六 十 年辛亥（一九七一）	五十一歲	立志出版社出版長篇小說《火樹銀花》。 發表散文多篇及在高雄《新聞報》連載長篇小說《紫燕》。
民國六十一年壬子（一九七二）	五十二歲	聞道出版社出版散文集《浮生集》。收入〈文藝的危機〉、〈貝克特高風〉、〈五十年華〉等散文十三篇，舊詩六首。學生書局出版短篇小說散文合集《斷腸人》。收入短篇小說〈斷腸人〉、〈薇薇〉、〈相見歡〉、〈滄桑記〉、〈恩怨〉、〈夜宴〉等七篇及散文〈文學系與文學創作〉、〈大學國文教學我見〉、〈作家之死〉等十五篇。　中華書局出版《墨人自選集》五大冊。包括長篇小說《白雪青山》、《靈姑》、《鳳凰谷》、《江水悠悠》（《東風無力百花殘》易名）及《短篇小說、詩選》（精選短篇小說二十八篇，抒情詩一〇六首），共一百五十萬字。
民國六十二年癸丑（一九七三）	五十三歲	發表散文多篇。 列入英國劍橋國際傳記中心（International Biographical Centre Cambridge England）出版的《國際詩人名錄》（*International Who's Who in Poetry. 1973*）。

民國六十三年甲寅（一九七四）	五十四歲	出席第二屆世界詩人大會。 發表散文多篇。
民國六十四年乙卯（一九七五）	五十五歲	列入正中書局出版的《中華民國文藝史》（1975）。發表〈臺北的黃昏〉新詩一首及散文多篇。
民國六十五年丙辰（一九七六）	五十六歲	列入英國劍橋國際傳記中心出版的 *Men of Achievement. 1976* 發表〈歷史的會晤〉新詩及散文、短篇小說多篇。
民國六十六年丁巳（一九七七）	五十七歲	應 I.B.C 邀請於三月間赴義大利翡冷翠出席國際文藝交流大會（The 3rd I.B.C. Intemational Congress on Arts and Communications）。會後環遊世界。發表〈羅馬之雲〉、〈羅馬之松〉、〈翡冷翠的女郎〉、〈翡冷翠之柳〉、〈塞納河〉等詩及羅馬掠影」、〈單城記〉、〈威尼斯之旅〉、〈藝術之都翡冷翠〉、〈西雅奈與比薩斜塔〉、〈美國行〉、〈江戶、皇宮、御苑〉、〈環球心影〉等遊記。 在《中國時報》發表有關中國文化論文〈中國文化的三條根〉，在《新生報》發表〈文藝界的『洋』瘋癲〉等多篇。
民國六十七年戊午（一九七八）	五十八歲	近代中國社出版長篇傳記小說《詩人革命胡漢民傳》。 列入英國劍橋國際傳記中心出版的《國際名人辭典》（*Dictionary of International Biogaphy.1978*）。《國際知識分子名錄》(*International Who's Who of Intellectual.1978*、《國際人名剪影》 *International Register of Profiles*）、《國際社會名人錄》（*International Who's Who in Community Service*），發表〈六月之荷〉詩一首。 在各報發表〈中國文化的宇宙觀〉、〈中國文化的真面目〉、〈文化、社會形態與當代文學創作（爲亞洲文學會議而作）〉、〈人與宇宙自然法則〉等。 出席亞洲文學會議。 列入中華書局出版的《中華民國當代名人錄》（*Who's Who of R.O.C. 1978*） 列入行政院新聞局編印的一九七八年英文《中華民國年鑑名人錄》（*China Yearbook Who's Who*）。

民國六十八年己未（一九七九）	五十九歲	學人文化事業有限公司出版長篇小說《心猿》（《紫燕》易名）。發表短篇小說〈春〉、〈杏林之春〉、長詩〈哀吉米・卡特〉及〈山之禮讚〉五首。短篇〈客從故鄉來〉、〈人瑞〉。理論〈中國古典小說戲劇〉、〈抗戰文學的整理與再創作〉（《中央日報》）等多篇。
民國六十九年庚申（一九八〇）	六十歲	秋水詩刊社出版詩集《山之禮讚》、收集六十四年以後新詩四十四首及七言絕律詩十首。　中華日報社出版散文集《心在山林》、收集〈花甲雲中過〉、〈老當益壯〉、及抒情寫景散文數十篇。 臺中學人文化事業出 版有限公司出版《墨人散文集》收集〈文化、社會形態與當代文學創作〉、〈人與宇宙自然法則〉、〈中國文化的三條根〉、〈宇宙爲心人爲本〉、〈文藝界的『洋』瘋癲〉等理論性散文數十篇。 在《中央日報・副刊》發表〈紅樓夢研究的正確方向〉，《中華日報・副刊》發表〈人生六十樹常青〉，《青年戰士報・新文藝副刊》發表〈山中人語〉專欄文章〈山水之間〉、〈生命長短價值觀〉、〈寶刀未老〉、〈七進七出鬼門關〉、〈報人甘苦〉、〈杏壇生涯〉等。 接受《大華晚報》採訪組副主任程榕寧兩次訪問，一爲談胡漢民生平，一爲談《易經》、《道德經》、命學，並發表〈醫學命學與人生〉專文。
民國七十年辛酉（一九八一）	六十一歲	繼續撰寫《山中人語》專欄。 應臺中市《自由日報》特約撰寫《浮生小記》專欄。 應行政院新聞局邀請參觀本省農漁畜牧事業單位，並在《中央日報》發表〈人在福中〉散文。 接受臺灣廣播公司《成功之路》節目訪問，於四月廿七日晚八時半播出。 在高雄《新聞報》發表〈撥亂反正說紅樓〉（六月十七、十八日）論文。
民國七十一年壬戌（一九八二）	六十二歲	九月赴漢城出席第二屆中韓作家會議，並在東京參加中日作家會議，曾暢遊南韓、北海道、大阪至東京名勝地區，歸後撰寫〈韓國掠影〉、〈秋遊北海道〉，發表於《中央日報》。 列入中華民國名人傳記中心出版的《中華民國現代名人錄》。

		列入英國劍橋國際傳記中心出版的《傑出男女傳記》（*Men and Women of Distinction*）並附照片。 列入美國 MarQuis 公司出版的《世界名人錄》（*Who's Who in the World*）第六版。 接受義大利藝術大學授予的文學功績證書。
民國七十二年癸亥（一九八三）	六十三歲	商務印書館出版散文集《山中人語》，收集散文七十篇。
民國七十三年甲子（一九八四）	六十四歲	商務印書館出版《論墨人及其作品》上、下兩冊，包括評論文章六十餘篇。 列入義大利 Accademia Itlia 出版英、法、德、義四種文字的《國際文學史》（*The History of International Literature*）及《百科全書：當代人物（*The Encyclopadeia: Contemporary Personalities*）。 端午節（六月四日）開筆撰寫已構思準備十餘年的一百餘萬字的大長篇小說《紅塵》，年底完成初稿四十餘萬字。 十月在韓國漢城舉行的第四屆中韓作家會議，事忙未能出席，但提出一萬餘字的論文〈古典與現代〉一篇。
民國七十四年乙丑（一九八五）	六十五歲	由江山出版社出版《三更燈火五更雞》、《花市》散文集等兩本，前者收入散文、理論二十四篇，後者收入散文遊記二十七篇。 八月一日退休，專心寫作《紅塵》，於十二月底完成九十二章，告一段落，共一百二十萬字，超出《紅樓夢》十餘萬字，內有絕律詩（聯）三十一首。
民國七十五年丙寅（一九八六）	六十六歲	年初開始研讀《全唐詩》，撰寫《全唐詩尋幽探微》，十一月完成，共十二萬餘字，一面在《新聞報・西子灣》發表，並連同歷年所作絕律詩三十七首，定名為《墨人絕律詩集》，一併交與臺灣商務印書館簽約出版。 列入美國 A.B.I.出版的 5000 Personalities of the World：英國 I.B.C.出版的 *The Intemational Authors and Writers Who's Who.*

民國七十六年丁卯（一九八七）	六十七歲	訪問考察東南亞地區、國家馬來西亞、新加坡、泰國、菲律賓、香港十七天，並出席多次座談會。 商務印書館出版《全唐詩尋幽探微》（附《墨人絕律詩集》）。 《紅塵》長篇小說於三月五日開始在（臺灣新生報）連載。 七月四、五日出席在臺北市召開的抗戰文學研討會。 八月一日出席在高雄市召開的第七屆中韓作家會議。
民國七十七年戊辰（一九八八）	六十八歲	元月二日完成《全唐宋詞尋幽探微》（附《墨人詩餘》）全書十六萬字。設於美國深受世界尊重的「國際大學基金會」（The Marguis Giuseppe Scicluna 1855-1907 Intemarional University Foundation）（Founded 1973）授予榮譽文學博士學位。
民國七十八年己巳（一九八九）	六十九歲	臺灣商務印書館出版《全唐宋詞尋幽探微》。 臺北大地出版社三版長篇小說《白雪青山》。 世界大學（World University）授予榮譽文學博士學位。
民國七十九年庚午（一九九〇）	七　十　歲	五月應大陸黃河文化實業公司邀請，作四十天文學之旅，與北京、上海、杭州、九江、武漢、西安、蘭州等地作家座談中華文化、文學創作，坦誠交換意見，獲得一致共識、真摯友情與尊敬，廣州電視臺並全程錄影，製作專輯播出，六月底返臺後即撰寫《大陸文學之旅》專著。 艾因斯坦國際學院基金會（Albert Einstein 1879-1955 Intemational Academy Foundation）授予榮譽人文學博士學位。 榮列英國劍橋國際傳記中心出版的 IBC Book of Dedications.占全書篇幅五頁，刊登照片五張，介紹五十年創作生涯，十分翔實，篇幅之大，爲全書冠，並禮聘爲 IBC 副總裁。
民國八十年辛未（一九九一）	七十一歲	二月底新生報出版《紅塵》，二十五開本，上、中、下三鉅冊。黎明文化事業公司出版《小園昨夜又東風》散文集。 應香港廣大學院禮聘爲中國文學研究所客座指導教授。 《紅塵》榮獲新聞局著作金鼎獎及嘉新優良著作獎。

年份	年齡	事蹟
民國八十一年壬申（一九九二）	七十二歲	文史哲出版社出版《大陸文學之旅》。 應聘香港廣大學院中研所客座指導教授。 一月五日開筆寫《紅塵續集》，自九十三章起至一百二十章止，共四十萬字，六月十日完稿，《紅塵》全書共一百九十萬字。續集自十二月一日開始在《臺灣新生報・副刊》連載近年，雙破長篇鉅著及連載紀錄。中國廣播公司《中廣小說選播》節目，亦於十二月一日十四時三十分，在AM657千赫第一廣播網開始播出長篇鉅著《紅塵》上、中、下三冊，由戴愛華小姐導播，集該公司播音精英，通力合作，龍老夫人一角由播音元老白銀飾演，其餘人物均爲一時之選，效果奇佳，前所未有。　北京「中國文聯出版公司」出版《也無風雨也無晴》。 墨人故鄉九江《師專學報》，於本年起開闢《墨人研究》專欄，與《陶淵明研究》、《黃山谷研究》，並稱三大專欄，甚受教育、學術界重視。
民國八十二年癸酉（一九九三）	七十三歲	十月下旬，偕《秋水》詩刊同仁涂靜怡、雪柔、麥穗、汪洋萍、風信子、林蔚穎等爲慶祝《秋水》創刊二十周年，訪問哈爾濱、北京、西安三大都市，與當地詩人座談交流，水乳交融，兩岸詩人因而建立深厚友誼。十一月初，隻身訪問昆明、探親，昆明作協主席曉雪、八十多歲老作家李喬、小說家張昆華、《春城晚報》副總編輯熊廷武、副刊主編原因、理論家教授余斌、作家湯世傑、李錦華等集會歡迎，其中多爲白族、彝族等少數民族作家，乃以雲南少數民族文化資源努力創作相勉，深獲共鳴。資深作家彭荊風，晚間並來下榻處暢談。 繼續應聘香港廣大學院中研所客座指導教授三年。 十二月新生報社出版《紅塵續集》，全書共四大冊，其實前後一貫，爲一整體，該報爲方便，乃以《續集》名之。一生心願心血得以完成，在輕、薄、短、小及商品文學獨占市場情況下，亦一大異數。北京「中國文聯出版公司出版《紅樓夢的寫作技巧》。

民國八十三年甲戌（一九九四）	七十四歲	一月開始研讀自北京購回的《全宋詩》，擬續寫《全宋詩尋幽探微》。 四月十一日接受臺北復興廣播電臺《名人專訪》節目主持人裴雯小姐訪問：談一生寫作歷程及大長篇《紅塵》寫作經過。 臺北《世界論壇報》副社長兼副刊主編詩人評論家周伯乃先生，特自五月三十一日起一連三天出版特刊，慶祝七十晉五誕辰暨創作五十五周年，除刊出〈小傳〉、〈七五人生一首詩〉、〈中國新詩與傳統詩詞的整合〉、〈叩開生命之門〉三篇新作外，並刊出蒙古族女詩人作家薩仁圖婭的〈墨人：屈原風骨中華魂〉，及馬來西亞霹靂州立女子中學校長，詩詞家、散文作家彭士麟女士論《紅塵》與大陸作家作品比較的書信，墨人著作校長，詩詞家、散文作家彭士麟女士論《紅塵》與大陸作家作品比較的書信，墨人著作目錄、美國兩個榮譽文學博士、一個人文學博士照片三張，《紅塵》獲獎照片一張，及周伯乃〈無限的祝禱〉文等。 八月七日，中國時報系的《工商日報・讀書版・大書坊》刊出蓓齡的《紅塵》墨人專訪文章，並配合攝影記者何日昌拍攝的墨人及《紅塵》四冊照片。 大陸廣州暨南大學中文系教授兼臺港暨海外華文文學研究中心主任、評論家潘亞暾，費時月餘撰寫《紅塵續集》論文達一萬餘字的〈偉大史詩的歸結〉，於九月二十一至二十五日在臺北市《世界論壇報・副刊》全文刊出，見解不凡，對《續集》的成功更使他大吃一驚，因此，更肯定《紅塵》的史詩價值、地位。 八月二十八日第十五屆世界詩人大會在臺北召開，僅提出〈中國新詩與傳統詩詞的整合〉論文一篇，並未出席、論文則由《中國詩刊》主編曾美霞女士代讀。
民國八十四年乙亥（一九九五）	七十五歲	一月，臺北文史哲出版社出版《墨人半世紀詩選》（一九四二－一九九四）。 一月十日應臺北廣播電臺《藝文夜話》主持人宋英小姐訪問，許導播秀玲決定十日開播《紅塵》全書四冊，每日廣播兩次。 中國詩歌藝術學會主辦、中國文藝協會協辦，於五月二十二日在臺北市中國文藝協會舉行《墨人世半紀詩選》學術研討會，與會詩人、評論家六十餘人，討論情況熱烈，並印發海峽兩岸評論家王常新、古繼堂、古遠清、李春生、楊允達、周伯乃等十三家論文專集。各家均推崇、肯定新舊詩兩方面的成就與半個多世紀的貢獻。

		英國劍橋國際傳記中心頒贈二十世紀文學傑出成就獎。榮列一九九五年英國劍橋國際傳記中心出版的 The Definitive Book of the Deputy Directors General of the IBC.佔全書篇幅五頁，刊登照片五張，爲全書之冠。
民國八十五年丙子（一九九六）	七十六歲	臺北圓明出版社出版涵蓋儒、釋、道三家思想的散文集《紅塵心語》。卷首有珍貴的文學照片十餘張。 臺北中國詩歌藝術學會出版《十三家論文》論《墨人半世紀詩選》。
民國八十六年丁丑（一九九七）	七十七歲	臺北中天出版社出版與《紅塵心語》爲姊妹集的散文集《年年作客伴寒窗》，各篇亦均以五、七言詩作題，內中作者詩詞亦多，並附錄珍貴文學資料訪問記、特寫、著作目錄等十餘篇。出任「乾坤」詩刊顧問，並主編該刊古典詩詞。完成《墨人詩詞詩話》、《全宋詩尋幽探微》兩書全文。
民國八十七年戊寅（一九九八）	七十八歲	構思六年的以佛學精義結合修行心得化爲文學創作的長篇小說《娑婆世界》，於三月二十八日開筆，十二月脫稿。共三十八章，五十多萬字。 英國劍橋國際傳記中心（IBC）出版《二十世紀傑出人物》以照片配合文字將墨人傳記刊卷首重要位置，並頒發獎狀。大陸中國國際經濟文化交流促進會、燕京國際文化藝術研究會等七大單位編纂出版的《世界華人文學藝術界名人錄》，中國國際交流出版社出版的《世界名人錄》，均爲十六開巨型中文本。
民國八十八年己卯（一九九九）	七十九歲	本年爲來臺五十周年，創作六十周年，中國習俗八十歲，昭明出版社出版長篇小說《娑婆世界》。 美國傳記學會（ABI）出版二十世紀《五百位有影響力的領袖》，以照片配合文字將墨人傳記刊於卷首重要位置並頒發獎狀。照片及詩詞五首編入中國《當代吟壇》巨著。　美國「世界智庫」與艾因斯坦國際學會基金會」聯合頒贈墨人傑出成就榮譽獎，以紀念千禧年，並榮列中國出版的《中華精英大全》。 美國傳記學會頒贈墨人「二十世紀成就獎」。

民國八十九年庚辰（二〇〇〇）	八十歲	臺北昭明出版社陸續出版定本長篇小說《白雪青山》、《滾滾長江》、《春梅小史》；文學理論《紅樓夢的寫作技巧》，連同民國八十八年出版的長篇小說《娑婆世界》，並列爲墨人一系列代表作品，以慶祝墨人八十整壽。 臺北詩藝文出版社出版《墨人詩詞詩話》。 臺北文史哲出版社出版《全宋詩尋幽探微》。
民國九十年辛巳（二〇〇一）	八十一歲	臺北昭明出版社出版長篇小說定本《紅塵》全書六冊及長篇小說《紫燕》定本。
民國九十一年壬午（二〇〇二）	八十二歲	五月三日偕長子選翰赴上海訪友小住。 英國劍橋國際傳記中心授予「終身成就獎」。
民國九十二年癸未（二〇〇三）	八十三歲	八月底偕夫人及在臺子女四人經上海轉往故鄉九江市掃墓探親並遊廬山。
民國九十三年甲申（二〇〇四）	八十四歲	準備出版全集（經臺北榮民總醫院檢查無任何疾病。）巴黎 you-Feng 書局出版豪華典雅法文本《紅塵》。
民國九十四年乙酉（二〇〇五）	八十五歲	此後五年不遠行，以防交通意外，準備資料。計劃百歲前開筆撰寫新長篇小說。北京「中央出版社」出版《強國丰碑》，以著名文學家張萬熙爲題刊出墨人傳略，爲臺灣及海外華人作家唯一入選者。並先後接到北京電話、書函邀請寄送資料編入《一代名家》、《中華文化藝術名家名作世界傳播錄》。
民國九十五年丙戌（二〇〇六）至民國一百年（二〇一一）——	八十六歲至九十二歲——	重讀重校全集，已與臺北市文史哲出版社簽訂出版《墨人博士作品全集》合約，民國一百年年內可以出版。此爲「五四」以來中國大陸與臺灣所未有者。